1968年10月、忠誠を誓う兵士たちを見守る人々。

©Li Zhensheng/Contact Press Images/amanaimages

1968年4月5日、ハルビン市郊外で行なわれた、「反革命分子」とされた人々の処刑。

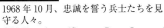

1976年9月、毛沢東の死を悼む中国。
©Li Zhensheng/Contact Press Images/amanaimages

# 文化大革命

## 人民の歴史 1962-1976

下

フランク・ディケーター

谷川真一 監訳

今西康子 訳

人文書院

THE CULTURAL REVOLUTION

目次

## 第3部　黒色の年代（1968-1971）



## 第4部　灰色の年代（1971-1976）

上巻目次

# 凡例

・本書は、Frank Dikötter, *The Cultural Revolution:A people's history 1962-1976*, Bloomsbury, 2016 の全訳である。
・訳文中、原注番号は（　）で示し、訳者の注釈は［　］で示した。
・中国語資料の引用は、既存の訳を参照しながら中国語原典からの訳出を心掛けた。
・中国の地名・人名のよみは日本語読みでルビをふった。
・日本語のよみやすさを考えて原文にない改行を適宜ほどこした。

# 文化大革命——人民の歴史 1962-1976

# 第3部　黒色の年代（1968‐1971）

# 第14章　階級隊列の純潔化

一九六八年九月七日、中国全土が勝利の紅色に染まったと宣言した演説のなかで、周恩来は、階級隊列の純潔化をも呼びかけた。すべてを清算するときが来たのである。裏切り者や変節者を狩り出す運動はすでに何か月も前から展開されていたが、いまやそれが最重要課題として位置づけられた。一般庶民も党員も同じようにこの運動に翻弄され、一九六八年夏から一九六九年秋にかけて数百万人が迫害を受けることになった。

この運動のそもそもの発端は、一九六七年三月の「六十一人叛徒集団事件」にまでさかのぼる。康生が、党上層部の六一人は一九三〇年代に国民党に投降した変節者であるとでっちあげて毛沢東に注進したのだった。毛沢東はこれを利用して劉少奇を、反逆罪という、死刑が適用される罪に問うた。その後数か月にわたって五〇〇〇人以上の党幹部が取り調べを受け、そのうちの何人かは迫害死に追い込まれた。

一九六八年二月五日、「六十一人叛徒集団」とつながりのある変節者や裏切り者が黒竜江省だけで一〇〇人以上見つかったとする党指導部の報告書が回覧されて、事態はさらにエスカレートした。「劉（少奇）、鄧（小平）、陶（鋳）およびその一味の彭（徳懐）、賀（竜）、彭（真）、羅（瑞卿）、陸（定一）、楊（尚昆）、安（子文）、蕭（華）など裏切り者と反革命修正主義者は、長期にわたって党内に潜んで、党・政府指導機関の要職をかすめ取り、裏切り者集団を形成してきた」という。このような党内に潜む敵や、スパイ、および外国列強や反革命勢力と結びついている者を摘発してその党籍を剥奪すべく、敵や傀儡政府の建国以前の檔案（身上調書）を調査せよ、との指示が下されたのだった。[1]

一か月後の三月一八日、江青が中央文革小組のメンバーとともに人民大会堂の演壇に立ち、新たな革命の敵「右派」の脅威を訴えると、康生はさらにこう述べた。「文化大革命の重要な目的は、党内に潜んでいる裏切り者やスパイを引きずり出すことなのだ」と。そして、劉少奇は国民党や日本にいちはやく屈した裏切り者であり、その妻の王光美はアメリカや日本や国民党のスパイである、と告げた。「彭真はスパイで裏切り者。彭徳懐は外国と気脈を通じたスパイ。羅瑞卿は共産党に入党したこともないスパイ。」賀竜は土匪。陸定一は蔣介石が放ったスパイ。譚震林も裏切り者（「その証拠はもうすでに握っている！」）。康生が延々と読み上げる共産党元指導者の起訴状が終わりに近づこうとしたとき、江青が身を乗り出して叫んだ。「それから鄧小平もです！」康生はすぐさま、鄧小平は脱走兵だと付け加えた。[2]文化大革命の標的はもはや「走資派」でも「修正主義分子」でもなく、敵に仕えるスパイなのであった。[3]

五月には、毛沢東がこの運動に御墨付きを与える形となった。北京のある印刷工場に関する報告書によると、中央弁公庁警衛局の部隊が二月五日の回覧に従って、建国後に党内に潜入していた二〇人以上の敵のスパイを暴き出したという。その報告書を読んだ毛沢東は、「これまでに目を通したこの種の報告書のなかで、これは最高の出来である」と述べたのだった。[3]

毛沢東は新たに成立した革命委員会に、敵のスパイを狩り出す任務を託した。各地の革命委員会はこの運動を利用して、自らの敵を根こそぎ排除していった。学校、工場、役所では、革命委員会がそれぞれ独自に拘置所を設置し、それぞれ独自に検察委員会（裁判官、陪審、執行人の三役をこなす委員会）を設立した。

実際の政敵や、政敵に仕立て上げた者を定期的に排除するのは必要なことだった。共産主義の歴史はつまるところ、絶えざる粛清の歴史なのである。しかし、この運動はそれ以前の運動とは質を異にしていた。文化大革命は、党も、政府も、軍も、たたきつぶしたのである。毛沢東は、一党独裁国家の統治機構が無秩序に拡大して、権力の重複や利益の衝突が起きるのを嫌っていた。自分の命令が迅速かつ確実に実行される、より即応的な指揮命令系統を望んだのである。それを追求した結果が、革命委員会だった。軍に牛耳られている革命委員会は、前例がないほどのすさまじい権力集中ぶりだった。全国の省級革命委員会のおよそ半数は、軍の将官がトップの座に就いていた。一九六八年の夏には、人民の共和国がどんどん軍事独裁国家の様相を深めていった。

地域によっても異なるが、党内粛清運動の嵐が最も激しく吹き荒れたのは、一九六八年の夏から一九六九年の秋にかけてだった。いたるところでスパイが見つかった。一九二〇年代から中国共産党地下組織の活動拠点だった上海では、建国前から内々に入党していた数千人が取り調べを受けた。共産党員と敵方とが二〇年以上にわたって、二重スパイ、偽証、偽名などを駆使しながら、生きるか死ぬかの駆け引きを繰り広げてきた地域なので、反逆罪をでっち上げる余地はいくらでもあった。合わせて三九の敵組織が発見され、三六〇〇人以上が拘禁されて迫害を受けた。共産党が上海を制圧した後に入党した者や政府職員となった者も審問を受けた。合わせて一七万人あまりが何らかのいやがらせを受けた。自殺に追い込まれた者や、撲殺された者、処刑された者は五四〇〇人以上に及んだ。(4)

粛清の対象となった人々は権力上層部にもいた。文化大革命以前に上海市党委員会を仕切っていた党幹部二〇人のうち、三人を除く全員が「裏切り者、スパイ、走資派」として糾弾された。しかし、犠牲者の大半は、共産党には属さない一般庶民であった。過去に外国とつながりのあった者はみな嫌疑をかけられた。一九四九年以前の上海は、ニューヨーク以外のどの都市よりも多くの外国人が滞在しており、また、ロンドンやパリをも凌ぐ多額の外国投資を受けていたので、三〇歳以上の市民はほぼ全員が外国と何らかのつながりをもっていた。たとえば、上海音楽学院は、ジュネーヴ音楽院の卒業生によって一九二九年に設立された。その後、ロシア生まれの作曲家でピアニストの、アレクサンドル・チェレプニンなど、国際的な音楽家を指導者に迎えて、一〇年のうちに世界レベルの音楽学院になったのだった。管弦系主任で、中国人で初めて上海交響楽団の楽団員となった陳又新は、摩天楼の屋上から飛び降りた。民族音楽系主任の沈知白もやはり自ら命を絶った。一九六八年末までに、上海音楽学院の十数人が死に追いやられた(5)。

外国貿易に携わったことのある者全員に嫌疑がかけられた。鄭念は、第一拘置所から引きずり出されて、党指導者が周到に仕組んだ批判闘争大会で、元社員たちと対決させられた。鄭念のかつての友人たちは「外国情報員」として糾弾された。秘書として雇われていた女性は、一九一七年のロシア革命の後、上海に逃れてきた大勢のロシア人の一人だったが、イギリスとソ連の二重スパイであるとされた。執拗に脅されて、圧力をかけられ、尋問されつづけた人々は、ついに音を上げて、かつての同僚のありもしない罪をでっち上げてしまうのだった。「告発と言っても、つまるところ、説得力あるテーマも、書き出しも、結末もなしに、スパイ劇を仕立てようとするような稚拙なものだった」と、鄭念は辛辣に指摘している。シェル石油の元会計主管は、明らかに動揺したようすで、しどろもどろになりながら、敵方のために働けば大金を支払おうと鄭念が約束してきたのだ、と答えた。拘置所に戻された鄭念は、毛沢東の肖像画が飾られた審問室で、何日にもわたって厳しい取り調べを受けた。この長期に及ぶ審問のさなか、鄭念は、自分を睥睨する毛沢東の顔に、まがまがしい自己満足の薄ら笑いを見て取った。拘置所での最悪の日々はまだ始まったばかりだった。(6)

北京では、一九六八年の夏の間に、およそ六万八〇〇〇人が正体を暴き立てられた。殴り殺された者は四〇〇人以上に及んだ。(7) 中学校や大学ではもう、教師が紅衛兵に迫害されることはなくなったが、代わって毛沢東思想宣伝隊から迫害を受けるようになった。問題は、文革期間中に「黒い一味」あるいは「反革命分子」と糾弾された大勢の教師のうち、ふたたび教職に就くことを認めてよい者はだれか、本当の敵はだれかということだった。望ましくない者を排除し、敵と味方を見分けるために、教師、党幹部、学生たちを宿舎に強制移動させて、常に相互監視のもとで共同生活をさせた。まず最初に、影響力のある知識人たちが人前で批判を浴び、次に、その他の人々が取り調べを受けた。

階級の敵であると判断する基準はあいまいだった。学習会で『毛主席語録』の一節を読み間違えただけでも反革命罪で告発された。しかしまもなく、真の標的はだれなのかが明らかになってきた。一九六六年五月に聶元梓が大字報で指導部を批判した北京大学では、失脚した学長と過去に密接な関係にあった職員全員が標的にされた。「やがて、表向きには語られない宣伝隊の目標がしだいに明らかになってきた。それは、市長の彭真と親交があるとして非難された北京大学学長の陸平から、かつて高く評価されていた教師や党幹部を一人残らず永久に消してしまうことだった。」あるとき、実験音声学が専門の寡黙な男性が、学習会の最中に反革命分子であると断じられた。だれもが呆気にとられた。すると、宣伝隊の隊長はここぞとばかりに言い渡した——政治的なことなど一切口にしたことがない者でも、心の内で良からぬことを考えているかもしれず、そのような心の中の罪も、もはやプロレタリアートから隠しおおすことはできないのだ、と。(8)

こうした重圧に耐えかねる者もいた。北京大学では二三人が自死を遂げた。一人は殺虫剤を飲み、もう一人は窓から飛び降りたが、自殺者のほとんどは首吊りだった。北京大学歴史学系に在籍するマルクス主義の専門家で、その生涯を革命に捧げてきた熱心な共産党員は、妻とともに大量の睡眠薬を飲んだ。発見されたとき、二人はベッドに並んで横たわり、衣服をきちんと整えて、顔には安らかな表情を浮かべていた。また、スパイだと告発された古代史の講師は、全身傷だらけの死体となって事務室で発見された。管理責任者も自ら命を絶った。北京市やその他ほうぼうの専門学校や大学の学部でもやはり、同じようなことが起きていた。(9)

一九六九年の春までに、北京市内だけで一〇万人以上が迫害を受けた。彼らは「頑迷な資本家」「反動的資本家」「スパイ」「裏切り者」「反革命分子」「反動的知識人」とされたが、そのほとんどは、出身階級ゆえに社会の最下層で生きることを余儀なくされた人々だった。(10)どの省でも、革命委員会の面々が、犯してもいない罪で政敵を告発したり、スケープゴートを見つけて罪をなすりつけたりと、この運動を利用して積年の恨みを晴らしたのだった。階級の敵の容疑者のほとんどは都市部で見つかったが、県域からも少なからぬ容疑者が発見された。

河北省では、当局が敵の組織を暴き出し、省全体で七万六〇〇〇人が投獄された。邱県《きゅうけん》県では、人口のおよそ一%に当たる一〇〇〇人以上がつかまった。県の拘置所では全員を収容しきれなかったため、主要な町の家屋四〇軒を徴発して拘置所がわりにした。一週間ほど勾留された者もいれば、勾留期間が何か月にも及んだ者もいた。その多くが、台湾の首都、台北に本拠地を置く「新国民党」に所属しているとして告発された。県内各地に作られた拷問室で無理やり告白を引き出し、それをもとにさらに多くの人々に嫌疑をかけていった。家宅捜索を受けた数百軒の家々では、床板を引き剥がし、壁をぶち壊すなどして、有罪とするための証拠捜しが行なわれた。「やつらを殺せ、やつらを捕らえて処分せよ」が革命委員会トップの決まり文句だった。七〇〇人以上が迫害を受けて死亡し、一三一六人が一生癒えることのない障害を負った。そうこうするうちに、農業がないがしろにされて生産量が落ち込み、人口の半分が赤貧生活を強いられるはめになった。その後の調査で、この事件はすべて完全なでっち上げだったことが明らかになった。(11)

河北省の他の地域でも「新国民党」の支部が見つかった。威県では、一つの村だけで一〇〇人を越える容疑者が、梁から吊されて殴打された。何人かは、耳に刺し通したワイヤーで束ねられていた。柏各荘国営農場——河北省の港湾都市、唐山《とうざん》の郊外に一九五六年に設立された、一〇万人を収容する広大な労働改造所——では、数百人が審問室にしょっぴかれ、「七〇種類の拷問方法」を用いて自白を強要された。一三〇人以上が死亡した。その数年後に訴えが取り下げられてからも、拷問で傷めつけられた体が元に戻ることはなかった。(12)

この運動は上からの指導で始まったものだが、あらゆる職業や地位の人々がこれを敵討ちや替天行道(天に替わって正義を行なうこと)の絶好のチャンスととらえていた。高原の敵方が優位に立っていた正定県のすぐ南に位置する、殺風景な鉄道の要衝、石家荘市では、一九六九年五月には、普段の二倍にあたる一日平均三八通の告発状が党本部に届いた。新楽《しんらく》県では、毎日告発状が届くだけでなく、人々が大挙して県の革命委員会に押しかけて隣人や同僚を密告した。同じく河北省の滄州《そうしゅう》市では、年配女性二〇人からなる自警団が、勝利路沿いに暮らす住民すべての地位や身分を徹底的にチェックした。「疑わしい者がいないかどうか」を明らかにするため、とのことだった。調査の結果、元地主であることをひた隠しにしてきた独り身の男性が一人見つかった(13)。

中国全土には二〇〇〇以上の県があったが、階級隊列の純潔化運動中には多数の県で一〇〇人以上が撲殺されたり、自殺に追い込まれたりした。死者数が四〇〇～五〇〇人に達した県もあった。ある推計によると、広東省全体では不自然死が四万件にものぼるという(14)。

広東省のような辺境地区は、他の地域に比べて暴力行為が多発する傾向が見られた。それは、敵対的とされる国々の近くで暮らす不穏分子の隠れ処になりやすい、ということも理由のひとつだが、それだけではない。こうした辺境地区は、共産党に対する忠誠心が疑われるさまざまな少数民族の居住地でもあった。ベトナム、ラオス、ミャンマーと国境を接する亜熱帯気候の雲南省では、政府の分類によると、人口の三分の一が「少数民族」であり、そのうちの相当数の人々がそれまで国境を跨いで行き来しながら生活していた。康生はこの地区に深い疑念を抱いており、雲南省党委員会書記の趙健民を「隠れた裏切り者」「国民党のスパイ」だとして告発した。一九五九年まで雲南省トップだった公安部長の謝富治は、個人的な恨みを晴らすべく、康生を煽った。

一九六八年一月、京西賓館での会議の席上、康生は趙健民を名指しでこう非難した。「四〇年以上にわたる私の革命経験に照らすと、おまえは毛主席と党指導部に対して深い階級的恨みを抱いているという気がする。」この発言をもって、雲南省における趙健民のスパイネットワークを根絶するための運動が開始された。数万人が巻き添えになった。その一部は少数民族だった。ベトナムにほど近いイスラム教徒の町、沙甸《さでん》は、反革命分子の拠点であると断じられて、数百人が逮捕され、屈辱的な拷問を受けた末に拘禁された。この魔女狩り的な迫害の結果、一九六九年までに雲南省全体で一万七〇〇〇〇人が死亡し、六万一〇〇〇人が一生癒えることのない障害を負った[15]。

内モンゴル自治区にも嫌疑がかけられた。国土の十分の一以上を占めるこの地域は、モンゴル人民共和国やソ連と国境を接しており、その大部分は、砂塵が堆積した黄土層と草原に覆われた高原だった。中国共産党は一九四七年、スターリンと紅軍の戦略的支援を受けて、この地域を支配下に置くことに成功し、内モンゴル自治区と宣言した。ソ連で訓練を積んだモンゴル人、ウラーンフーが何年も前に結成していた内モンゴル人民革命党員は、中国共産党に吸収される形で解党された。

「モンゴルのハーン（蒙古王）」と呼ばれていたウラーンフーは、自治区の指導者となった。しかし、毛沢東の大飢饉ののち、急進的な農業集団化がもたらした惨状が明らかになるにつれて、ウラーンフーは毛沢東とは距離を置くようになり、一九六二年一月の七千人大会では厳しい言葉で大躍進政策を非難した。内モンゴル自治区内では、人民公社に対する統制を緩め、劉少奇が先導する社会主義教育運動にもほとんど取り組まなかった。「階級闘争を決して忘れるな」というスローガンの嵐が吹き荒れはじめると、ウラーンフーは階級の差の存在自体に疑念を表明した。「大半の遊牧民の頭のなかには階級など存在しないのだから、階級区分を強行したの大変主観的であった。」一九六六年六月、ウラーンフーは北京に呼び出され、六週間におよぶ会議で徹底的に締め上げられた。七月二日、劉少奇と鄧小平がかわるがわる、思いつくかぎりの罪を挙げて、「生産を利用して階級闘争に取って代わらせている」「民族分裂主義を宣伝している」「独立王国を築こうとしている」「修正主義者」「毛主席に反対している」などとウラーンフーを厳しく批判した。ウラーンフーは失脚し、政治の表舞台から姿を消した[16]。

康生と謝富治が、一九六八年初めにこの問題を蒸し返し、ウラーンフーが一九三〇年代に結成した内モンゴル人民革命党の元党員に対してスパイや裏切り者の嫌疑をかけ、テロによる粛清を発動したのだった。党員の大多数は平凡なモンゴル人の農民や遊牧民だったが、こうした人々に粛清の矛先が向けられた。内モンゴル自治区の各地に拷問室が設置され、およそ八〇万人が拘禁されて、審問を受け、大衆集会で吊し上げられた。そこで用いられた拷問方法は、文化大革命の基準に照らしても凄惨極まりないものだった。舌を引きちぎられ、歯をやっとこで抜かれ、眼球をえぐり出され、真っ赤に焼けた鉄で肉に焼印を押された。女性たちは性的虐待を受け、胸や腹や下半身に焼け火箸で焼印を押された。男性たちは革の鞭で背中を激しく殴打され、肉が裂けて背骨が露出することもあった。生きたまま火炙りにされた者もいた(17)。

モンゴル人は（内モンゴルの）人口の一〇％に満たなかったが、犠牲者の七五％以上がモンゴル人だった。モンゴル人はほとんど一人残らず逮捕された地区もある。フフホトの鉄道局では、モンゴル人の従業員四四六人中、二人を除く全員が迫害を受けた。党幹部、管理者、学者、技師など、モンゴル人のエリートは徹底的に排除され、惨殺された。あらゆる出版物でモンゴル語の使用は禁止となった。死者数の合計は一六〇〇〇人から二三〇〇〇人にのぼると推定されている。集団虐殺《ジェノサイド》のようなありさまだった。この大虐殺を中心となって煽動したのは、自治区の革命委員会主任の滕海清将軍だった。一九六九年五月、滕海清は毛沢東から活動停止を命じられるが、処罰を受けることはなかった。内モンゴルは軍の支配下に置かれることになった。領有する土地は分割され、その大部分が隣接するいくつかの省に統合された(18)。

# 第15章　上山《じょうざん》下郷《かきょう》

階級隊列の純潔化運動は、文化大革命以前に党内に潜入したスパイ、変節者、裏切り者を排除することを目的としていた。したがって若者にはほとんど影響がなかった。しかし、一九六八年九月七日、天安門楼上に現れて革命委員会の成立を祝ったとき、周恩来の頭の中にはまったく別の構想があった。学生・生徒たちは「国の工場、鉱山、農村に下って大衆から学ぶ」べきである、と。(1)

秋の間、彼らは毛沢東思想宣伝隊の庇護のもとで学習しながら、学校やキャンパスで過ごしていた。しかし、一九六八年一二月二二日に正式な命令が下った。「我々には二本の腕がある、街でむだ飯を食うのはやめよう」と『人民日報』が報じたのだ。毛沢東は学生・生徒に対し、農村に行って農民から再教育を受けるように命じたのだった。(2)

数か月のうちに、町や都市から若者の姿がすっかり消えた。それから一〇年間にわたって、数百万人の学生・生徒が遠方の農村地域に送られることになる。北京では、あたり一帯に旗が打ち振られ、ブラスバンドの演奏が鳴り響くなか、期待に顔を輝かせた若者たちが列をなして鉄道駅に向かって行進していくのが見られた。駅は学生・生徒や親や友人たちでごった返しており、「手提げ鞄と洗面器を携えて列車に乗り込む者もいれば、列車の窓枠につかまって車内のだれかに話しかける者もいた。」拡声器からは革命歌が鳴り響いていた。『毛主席語録』から作られたこんな歌もその一つだった。「世界は君たちのもの、また我らのもの。けれども結局は君たちのもの。君たち青年は朝八時九時の太陽のごとく精気と活力に溢れている。君たちは我らの希望。」翟振華はこの歌をすでに一〇〇回近く聞いていた。聞くたびに胸が誇らしさでいっぱいになった。けれども、これから延安に向けて出発しようとする日、その歌詞は空虚に響いた。「世界は私たちのものですって？　うそだわ！(3)」

九月に周恩来が、大衆から学ぼうと呼びかけたのを受けて、すでにおおぜいの若者たちが自発的に出発していた。彼らは毛主席を心の底から信じる忠実な追随者だった。これは我々の世代に課せられた真の試練なのだ。我々は革命の紅き継承者であり、明日のリーダーなのだから。農村で己を鍛えてさらに革命に貢献するのだ——そう考えている若者たちもいた。

新疆、内モンゴル、満洲にある、軍の農場に送られた学生・生徒たちは、誇らしげな気持ちで人民解放軍に加わった。高原は軍への入隊が決まったとき、とうとう自分の使命を果たすときが来たのだと思った。冬用の軍服は最高級の木綿で作られていた。「大きな鏡に映った自分の姿にすっかり見とれた。こんなすばらしい服を着るのは生まれて初めてだった。赤い星の帽章こそつけていないが、自分はもう正真正銘の兵士だ。(4)」

喜びに満ちた田園生活を思い描いて、自ら進んで農村に赴いた若者たちもいた。農村は美と豊かさに溢れた場所として紹介されていたからだ。飼い猫を仲間の紅衛兵から救おうとした北京の中学生、瑞楊は「北大荒」（満洲はそう呼ばれていた）に大いなる期待を寄せていた。「私が思い描く北大荒は、神秘的で胸がわくわくする場所だった。広大な未開の地。雪山に果てしなく広がる松林。ログハウス。キャンプファイアー。狩猟にスキー。野生動物。潜伏している敵。夜間にソ連から国境を越えて忍び込んでくるスパイ。(5)」

　革命の中軸をなす農民たちにじかに触れるという趣旨に感銘を受けて、この運動が正式に発動される前に、自ら農村に向けて出発した学生・生徒たちもいた。ともに一六歳の徐小棣とその友人は、一九六八年の夏、北京から自転車で大興県に行き、日当三角（一〇分の三元）で肉体労働にいそしんだ。しかし、この試みは一か月で終わった。資本主義的な労資関係が復活した、といううわさが村中に流れはじめたからだ。(6)

　もともと幻想など抱いていなかった若者たちは、何か月間もずっと宿舎で寝起きすることになって、ひたすら退屈するばかりだった。彼らもやはり何か新しいものを求めていたのだ。

　この運動に何とか抵抗しようとする者もいた。農村部への下放は一時的なものではなかった。学生・生徒たちは戸口簿（戸籍票）を警察に差し出さねばならず、もはや合法的に都市に居住することはできなくなった。彼らは家族や友人との別離で心に傷を負っただけでなく、都市住民の特典や特権をすべて失うことになったのである。

　湖南省では、出発命令を受け取った学生・生徒の四分の一ないし二分の一が、いずれこの運動も下火になるだろうと高をくくって知らぬ振りをしていた。多くの親は、わが子を農村に送り出すのをどうしてもいやがり、地元の党幹部に嘆願したり、上層部に裏から手を回したりした。そして、農村部に送られてしまう前に、大急ぎで、地元の政府機関や工場にわが子の勤め先を探した。黔陽県《けんよう》では、学生・生徒一〇人のうちの四人までがそんなぐあいだった。身分証明書を改竄したり、わが子の名前を偽ったりする親もいた。少数ながら公然と抵抗する親もいた。「わが娘は、私の政治的誤りを理由に迫害を受け、農村に送られようとしています。しかし私は反革命分子ではありません。娘を農村に送りたいなら、まず私の汚名を晴らしなさい。さもなければ、一日たりとも家から出しません。たとえ、娘の食い扶持のために闇市場から穀物を買うことになってもです。そうなったらどうするつもりか、見せてもらおうではありませんか！」

抵抗したのは、家庭だけではなかった。文革期に結成された大衆組織の多くが元メンバーとの関係を維持しており、学生・生徒を都市部にかくまうのに手を貸そうとした。党幹部の中にさえ、上山下郷政策を断固拒否する者がいた。「徴兵業務を一〇倍やるほうがまだましだ！　若い学生・生徒たちを農村に送るようなまねは絶対にしない。」

学生・生徒たち自身も抵抗した。とくに、農村地域での生活の実態が、最初に下放された学生たちの一団から都市部に漏れ伝わるようになると、強硬に抵抗するようになった。「生きている限りはぜったい農村には行かない。死んで担架に乗ってから行こう」と、ある造反派青年は述べている[7]。

満洲に到着するや、瑞楊の幻想は粉々に打ち砕かれた。瑞楊が下放された地域には、雪を頂く山々もなければ、原生林もなかった。あったのは、無数の蚊がはびこる広大な湿原のみ。血に飢えた大きな蚊が、作業着の上からどんどん刺してきた。週七日、朝六時から畑で働き、まともな食事も与えてもらえなかった。深さ三〇センチの泥沼を一歩一歩懸命に進みながら、鎌で大豆を刈り取っていった。瑞楊は自分の肉体と闘いながら、自分自身を極限まで追い込んでいった。「これは試練であり、審判であり、最前線の戦いなのだ」と、のたれ死にする恐怖を感じながらも、懸命に自分を鼓舞した。部屋に浴室はなく、公共浴場もなかったので、初めのうちは入浴せずにいた。すると、髪の毛にシラミがわいてしまい、やむなく、みんなの前で裸になって、宿舎のブリキのたらいで体を洗うようになった。衣類の洗濯も容易ではなかった。水を井戸から汲み揚げて、天秤棒で担いでこなければならなかったからだ。水は氷のように冷たかった(8)。

それでも、瑞楊は恵まれているほうだった。雨風をしのぐ場所さえない学生たちがおおぜいいた。湖北省では、住み処があるのは下放学生のおよそ半分にすぎず、その多くは洞窟、廃寺、豚舎、納屋などで暮らしていた。湖南省では、学生の四人に三人が住所不定だった。数週間ごとに、住処を求めて転々と渡り歩く者もいれば、吹き曝しの廃屋をかろうじて手に入れた者もいた。理屈のうえでは、住宅手当付きの指定された村に来ているはずなのだが、たいてい地方幹部がそれを取り上げてしまった。当局は、木材の購入に必要な資金を提供して住宅不足を解消しようとしたが、村の指導者たちはその木材を棺桶の製造に流用した。葬儀の数日後に、親族が棺桶を掘り出して、板材を学生に返してきたこともあった(9)。

家具は貴重品だった。大躍進政策期に鉄鋼生産量を上げようとして、農民たちがどんどん樹木を伐採し、材木を土法炉にくべたのだ。その結果、湖南省では、緑豊かだった森林がすっかり破壊されて禿山と化していた。かつて樹木が鬱蒼と茂っていた長沙一帯は茫漠たる泥の海となっていた。湖南省の森林破壊は、文化大革命の頃にはすでに再生不能なほどに進んでおり、材木は依然として入手困難な希少品だった。都市部でも、ベッドがなかなか買えずに、床の上で寝ている人たちもいた。湖北省天門《てんもん》県には、ベッドも蚊帳もないどころか、「鍋や釜さえ持っていない」学生たちがいた(10)。

農村部では、家具を作るどころか、火を焚くことすらままならなかった。どこかに焚き木になるものはないかと、農民たちはいつも捜していた。脱穀後のもみがらも燃料として使われた。大躍進政策期の大規模な森林伐採のせいで山々が「禿山」になってしまった丘陵地では、農民たちは家から八キロも離れた場所まで小枝を集めに行かねばならなかった(11)。

湖南省は例外ではなかった。山東省でも、文化大革命の発動とともに燃料不足が深刻化した。一般庶民が利用できる石炭の量が、三分の一削減されたからだ。学生たちが農村部に下放された一九六八年から一九六九年にかけての冬には、暖を取るために自宅の家具や藁葺き屋根を火にくべる農民もいた。山東省莱西県《らいせい》では、小さな橋は取り外されて、焚きつけ用に細断された。かいばが燃料用に使われてしまい、豚が餓死するありさまだった[12]。

食料も乏しかった。農民たちは、自分たちが食べていくだけでも大変なのに、他人の食い扶持など気に掛けていられなかった。毛沢東の大飢饉は一九六二年にほぼ収束したが、その後も数千万人が食うや食わずの状態にあった。都市部でさえ食料が不足していた。文化大革命で再び生活状況が悪化する直前の一九六六年春、南京では、肉は依然として配給制で、唯一市場に出回る野菜類もカビが生えたり傷んだりしていた。街の西門の外には長江が流れているのに、人々は魚を求めて行列しなければならなかった。果物をめぐって殴り合いのけんかになった。市場に入荷する果物は一日に三〜四トン程度であり、平均すると一人当たり数グラムほどにしかならなかったのだ[13]。

学生たちが下放された農村各地の状況は、それよりもはるかに劣悪だった。一九六六年の秋に安徽省や山東省を旅行した凌耿と学友たちは、何度も乞食や浮浪者に出会っている。畑は荒廃地と化しており、木々は樹皮を剥がれていた。「ときおり道端に死体が横たわっているのを見かけた。」正確な統計はないが、山東省だけを見ても、一九六六年の春には一〇〇〇万人が食料不足に陥っていた。河北省滄州市［南側が山東省に隣接］では、数千人が飢餓水腫（低栄養で水分が貯留し体がむくんでくる状態）にかかっていた。衣類も含め、所持品の一切を売り払ってしまった末に、浮浪者になる者も少なくなかった。山東省鄄城《けんじょう》県では、生活苦から我が子を売ってしまう親もいた。一年後の一九六七年の春、山東省では一四〇〇万人が餓死の危機に瀕していた。文化大革命期を通してずっと、おおぜいの農民が飢餓状態から解放されることはなかったのだ(14)。

農村に下放された学生のほとんどが、そこで目の当たりにした極貧生活に愕然となった。上海の徐家匯蔵書楼近くの家で生まれ育った文貫中は、国共内戦の激戦地だった満洲の四平《しへい》に送られた。上海の彼の実家も、所持品をすべて食料と交換してしまい、むきだしの床で身を寄せ合って食事をしていたが、まさか、農村に来てこれほどの赤貧を目にするとは思ってもいなかった。農民たちは、草、藁、泥などで作った小屋に暮らしていた。雨が降ると、小屋はくずれて泥の山になった。衣類は一家に一揃いしかなく、屋内では丸裸だった。かろうじて残っている食料には蛆や蠅が群がっていた(15)。

数字を挙げると、個人の談話や回想録だけではわかりにくい、食料不足の規模が見えてくる。湖南省の多くの地域では、下放された学生の四人に三人までが食料不足に苦しんでいた。一万七〇〇〇人の若者が村々に送り込まれた衡陽《こうよう》地区では、若者たちの八三%が食うや食わずの状態に置かれていた(16)。

翟振華が送られたのは、延安の洞窟住居——つい二年前に熱心な紅衛兵たちが毛主席の旧居を一目見ようと行列を作った革命の聖地——だったが、食事は毎日、トウモロコシパンとジャガイモ料理とキャベツの漬け物だった。肉が出されることはめったになく、植物油もほとんど使われなかった(17)。

満洲に送られたある学生は、茹でキャベツとジャガイモとビーツの食事で命をつないでいた。満洲に来てから五か月目に初めて一度、油を使った料理が出た。冬になると気温が零下四〇℃まで下がり、食堂で出されるのは菜っ葉がちょろっと入った塩辛いスープだけになった。北大荒ではどこでもみな、重労働のうえに粗末な食事しか与えられず、女子学生の一〇人に九人が月経異常をきたしていた(18)。

それ以外にもさまざまな病気が頻発した。江西省と雲南省は、下放青年にとっておそらく最悪の環境で、上海から来た学生の六人に一人が、肝炎から心臓病までさまざまな慢性疾患をわずらった。中国の北方に追放された学生たちは、長期にわたるヨウ素不足が原因で甲状腺腫を発症した。体の衰弱の激しい病気にかかると、もはや働くこともままならず、病気、生産力低下、栄養不良という負のスパイラルに陥っていった。[19]

罹患率のデータはなかなか手に入らないが、湖南省では、ある調査チームが、知識青年の若死にが「後を絶たない」と報告している。言うまでもなく、死因には自殺が挙げられており、服毒自殺や入水自殺の例が報告されている。農村にも暴力が蔓延していて、村の政治抗争の巻き添えになる学生もおり、学生が道端で死体となって発見されることもあった。軍が管理する生産隊では規律が厳しく、体罰が日常的に行なわれていた。雲南省だけでも、多数の若い学生が兵士に殴打され、そのうちの三人が死亡している。[20]

自分の境遇について抗議文を書く学生も少数ながらいた。湖南省のある若者は、一九六九年に農村行きが決まったときの誇らしげな気持ちを綴ったうえで、「ところが今はどうでしょう? 一日一日がただ過ぎていくだけです。本にも、新聞にも興味を失い、祖国の未来にも、人類の夢にもまるで関心がなくなりました。食い扶持を稼ぐために働くただの獣になってしまったかのように、食べては、働き、また食べるということをただ機械的に繰り返しているだけです。」また別の学生は、農民社会での疎外感に苦しみ、労働改造所での無期懲役にしてくれたほうがましだと、故郷の当局に何度も訴えた（明らかに彼は、獄中生活がどんなものか全くわかっていなかった）。翟振華は「無用な招かれざる客」である自分がたまらなくいやだった。「お国は、私たちのうまい使い道が見つからずに、ごみくず同然に農村に捨てたのだ。農民は私たちなど必要としておらず、私たちは足手まといになっているだけ、迷惑をかけているだけだった。[21]」

初めのうち、仕事は非常にきつく、とくに軍の生産単位に配属された学生たちは大変だったが、やがて、飽き飽きするような日々の繰り返しにも苦痛を感じるようになった。満洲の湿原に送られた瑞楊が記しているように「テレビもなければ、映画もなく、図書館も、卓球も、チェスも、ポーカーもなかった。」何とか本を手に入れてくる学生もいれば、トランジスタラジオを組み立てて外国のラジオ放送を聴く学生もいた。少数ながら、野犬狩りに出かける者や、野草や木の実を集めにいく者もいた。徒党を組んで、夜中に畑から野菜を盗んでくる者もいた。[22]

女子生徒は恰好の餌食となった。軍の生産単位に配属された者や、集団で農村に送り込まれた者は仲間がいるので安全だったが、一人きりでどうすればいいのか困惑していて、村長のなすがままにされてしまう女子生徒が少なくなかった。男性が身勝手にふるまう一党独裁国家では、もともと性的虐待が日常茶飯事だったが、こうして農村に送られた学生たちは、農村社会の序列の最下層に置かれ、ますます虐待を受けやすくなっていた。安徽省阜陽《ふよう》県のある生産大隊では、若い女性六人が暴行を受け、そのうちの二人は自殺し、一人は気が狂れてしまった。[23]

上層部に対して、単独あるいは集団で被害を訴える者もいた。湖北省黄岡《こうこう》県からは、若い女性一〇人の署名入りの書状が届いた。それによると、農村に着いたとたんに全員がいやがらせや暴行を受けるようになり、その結果、数人が妊娠し、強姦相手との結婚を強要されたという。しかし、このようにレイプ被害を訴える女性はごくまれだった。被害を訴えても、よくて無視されるだけで、農民から更なるいやがらせを受けることが少なくなかったからだ。「不適切な行為」で男を唆したとして非難されることさえあった。[24]

いずれにせよ、地方当局の反応はどう見ても及び腰だった。湖南省では、一九七一年にレイプ加害者数人が銃殺されたものの、当局の見解は「若い女性に対する強姦や強制結婚が、通常の性的関係の一種と見なされている地域もある」というものだった。もちろん、その土地特有の文化のせいにするのは、責任を逃れる方法のひとつだった。しかし、都市部の若い学生を農村に送って「大衆に再教育」させる、という毛主席の知恵に疑義を挟もうとする者は、権力上層部の中にはだれもいなかった。[25]

一九六八年に数百万人の青年の下放を決定したのも毛沢東であり、また、一九七三年にそれを一部修正したのも毛沢東だった。福建省の中学教師である李慶霖《りけいりん》が、農村に下放されている息子の惨状を綴って毛沢東宛てに送ったところ、三〇〇元とともに次のような毛沢東の手紙が送られてきた。「李慶霖同志へ、わずかですが生活の足しになればと、三〇〇元を送ります。全国各地で同じようなことが起きているようで、全体として解決しなければならないでしょう。毛沢東。[26]」

それをきっかけに慌ただしい動きが巻き起こった。中南海では、周恩来を議長とする緊急会議が開かれた。毛沢東は暗に、こうした事態が起きた責任を周恩来に負わせたのだ。たちまち、全国各地で起きている強姦事件が明るみに出てきた。湖北省では、武漢の西方わずか六〇キロメートルの天門県で行なわれた体系的調査により、一九六九年から一九七三年の間に、二〇〇〇人を超える若い女性が暴行、強姦、あるいは報告書に言うところの「糠蹋《こうとう》」の被害を受けていたことが明らかになった。そのなかにはまだ一四歳の少女たちもいた。長年、湖北省党委員会書記をつとめてきた副総理の李先念は、報告書の余白にこう書き添えている。「おそらく天門県だけではないだろう。湖北省の他の県はどうなのか？」湖北省には四〇以上の県があったので、この数字から推定すると、湖北省だけで少なくとも八〇〇〇人の女性が虐待を受けていたと考えられる。

同じような報告が、全国各地から北京に届けられた。遼寧省では、三四〇〇件にのぼる暴行や強姦の実態が明るみに出た。指導部は激怒した。「公安部は何をやっている！　手ぬるいことをするな！」周恩来が声を張り上げた。「畜生は殺せ。さもないと人民の怒りは鎮まらないぞ！」李先念が叫んだ。翌年、湖北省では、若い学生に対するいたずら、暴行、強姦の罪で五〇〇人以上が刑に処された。七人は死刑だった(28)。

状況はいくぶん改善されたが、上山下郷運動のほうは依然として続けられた。毎年、百万人の若い学生が農村に送られた。彼らの多くは、毛沢東の死後も農村部から離れることができなかった。農民の娘と結婚した者もいれば、都市の居住許可証を取得できなかった者もいる。合計すると、一九六二年から一九七八年の間に、およそ一八〇〇万から二〇〇〇万人の学生が都市部から追放された。

農村部に送られたのは、学生だけではなかった。一九四九年に竹のカーテンが降ろされるとすぐに、新政権は、社会秩序に脅威を与え、公共資源を浪費するとされるありとあらゆる人々を都市部から追い出し始めた。数百万人にのぼる難民や除隊兵士のほか、売春婦や乞食やスリもみな農村に送られ、農村部はありとあらゆる不良分子の巨大なゴミ捨て場となったのだった。その数年の間に、戸籍管理制度によって人の移動が厳しく制限されるようになり、当局と民衆の間でいたちごっこが繰り広げられることもあった。

農村部にくらす者にとって最も効果的な生き残り戦略は、村を離れて都市に移り住むことだった。都市部では安価な労働力が必要とされていたので、当局は不法に移住してくる者がいても見て見ぬふりをしていた。こうして生まれた大勢の最下層労働者は、汚くて、骨の折れる、ときに危険な仕事に就かされた。しかし、出稼ぎ労働者には身分の保証がなく、いつなんどき農村に追い返されるかわからなかった。ときおり取り締まりが行なわれるたびに、正式な身分証明書を持たない人々は都市から一掃された。捕まれば村に送り返されてしまい、それでも懲りずに繰り返す者は労働改造所送りとなった。

大躍進政策が最高潮に達した一九五八年には、工業生産の目標が絶えず上向きに修正され、一五〇〇万人以上の農民が都市に移り住んだ。ところがその三年後、国家が破綻して、二〇〇〇万人が農村に送り返されたのだった。(29)

一九六八年九月七日、学生は山に上り、郷に下って偉大なプロレタリア大衆から学ぶべきであると告げた周恩来は、党に対しても、党内粛清によって「行政機構を合理化」し、余剰人員は農村に送り返して生産活動に従事させるように求めた。文化大革命の混乱に乗じて数百万人が都市部に移り住んでいたが、ここにきて総理は、彼らも退去させるべきときが来たことを知らせたのである。(30)

一九六六年夏の紅衛兵運動のもとで、出身家庭の悪い者が全国で四〇万人ほど都市部から追放されたが、今回の強制移住の規模はそれをはるかに凌ぐものだった。上海だけを見ても、一九七五年までの間に、学生九五万人のほかに、さらに約三三万人が追放された。小さな都市の場合には、農村部に追放される一般人の数が、追放される学生数の二倍にのぼることもあった。湘水《しょうすい》と瀟水《しょうすい》が合流する湖南省南部の丘陵地、零陵《れいりょう》県では、学生一万七〇〇〇人に対し、三万五〇〇〇人の都市住民が農村地域に追い払われた。洞庭湖にほど近い衡陽市では、追放された学生の二倍にあたる、三万人の一般人が農村に追放された。

一〇人中九人が餓死の危機にさらされた。一か月にわずか一二キログラムの皮付穀物で暮らしていかねばならなかったからだ。これでは一日一〇〇〇キロカロリーにも満たない。国際援助団体が必要最小限と見なす一日一七〇〇～一九〇〇キロカロリーを摂取するためには、二三～二六キログラムが必要だが、それをはるかに下回る量だった[31]。

農村で生きていく力があろうがあるまいが、一家全員が追放された。「反革命分子」と難じられた六一歳の黄英は、姑、妻、娘とともに農村に送られた。また、背骨が曲がった劉素材は、妻が学習障害を患っていたため、四歳から一四歳の四人の子どもの養育は彼の肩にかかっていたのだが、農村に送られたことで、どうにか暮らしていくこともままならなくなった。農村では、どれほど懸命に働いても自分一人食べていくのが精一杯で、家族全員を養うことなど到底不可能だったからだ。苦境に立たされたのは劉素材だけではなかった。湖南省では、下放された家族のおよそ五分の一が、一家の稼ぎ手の力では、子ども、病人、障害者、高齢者など、家族を養っていかれるだけの労働点数を稼ぐことができなかった。多くの場合、行商人、職人、機械工、事務員、教師といった農業経験の全くない人々がいきなり農村に下放されて、自分と扶養家族を養っていかざるを得なくなったのだ[32]。

この社会主義国家では出身階級が極めて重要だったが、それにも増して重要なのが自活力であり、自分の力で食べていかれないのは非常に不名誉なこととされた。つまり、生活困窮者は社会の厄介者のように扱われたのだ。国家経済が低迷するなか、政府は社会資源を浪費するだけの人間を減らしにかかった。全国の多数の地域で、こうした最も弱い立場の人々が社会から追い出されるはめになった。河北省の中規模港湾都市、唐山では、数万人におよぶ失業者や浮浪者が街から追放された[33]。

上海市では、当局が市の人口を三分の二にまで減らそうと考えていた。早くも一九六八年四月に、退職した労働者と病気休業中の者は全員、農村に戻るようにとの命令が下り、正式な身分証明書がなければ年金も医療費助成も受けられなくなった。学生やその他の不良分子を含め、六〇万人以上が追放された一年半後には、下放対象者の人数を合計三五〇万人にまで増やそうという新たな計画が持ち上がった。すべての失業者と退職者に加え、医療従事者の半数が下放の対象となった。慢性疾患を患っている人々もリストに加えられた。監獄も市外に移転しようということになった。計画が完全に履行されたわけではないが、上海市の人口はその後何年間も一〇〇〇万人程度にとどまっていた。(34)

正道を踏み外した党幹部もやはり、農村で再教育を受けることになり、「五七幹校」に送られた。第二次世界大戦中の延安では、だれもが同時に兵士にも労働者にも学徒にもなって、戦闘においても労働においても集団と一体になることが求められていたが、そこで築き上げられたビジョンこそが、文化大革命の大きな推進力となっていた。一九六六年五月七日、毛沢東は林彪に宛てた書簡のなかで、この延安のモデルを絶賛し、人民が異なる技能を身に付けて生産に貢献することを奨励するよう指示した。ちょうど二年後の一九六八年五月七日、黒竜江省はこの「五・七指示」の精神に基づいて、農村部に「五七幹校」と呼ばれる労改農場を設立した。「走資派」や「修正主義分子」など、問題のある幹部をここに送り込んで、強制労働を通じて思想改造を行なった。九月三〇日、毛沢東は「大勢の幹部を農村に送って労働させれば、彼らがもう一度学び直す絶好の機会となろう」と述べて、この試みに太鼓判をおした。それから一週間もしないうちに、『人民日報』が五七幹校をほめる社説を掲載し、黒竜江省の例に倣うように全国に呼びかけた。(35)

全国各地に五七幹校が作られた。北京大学では、教師も党幹部も宿舎に入れられて、毛沢東思想宣伝隊の監視のもとで共に学んでいたが、この流れを受けて五七幹校を作ることになり、その場所として選ばれたのが、江西省の鄱陽湖《はようこ》近くの泥深い干拓地だった。そこは、見渡すかぎり黄砂に覆われた原野が広がる荒涼落莫たる地であった。北京から南に一〇〇〇キロメートル以上も離れたこの地でなら、周到に管理された環境のもとで、宣伝隊が問題ある知識人や疑わしい幹部を観察することができるというわけだ。毛主席に対する忠誠心を示した者は都市部に呼び戻されたが、我を張り通す者は非難され、永久に追放されたままだった。この党内粛清運動を生き抜いた、最も信頼できる教師と幹部だけが、キャンパスに残ることを許されたのだった。

荒れ地のど真ん中に設置された四棟の仮設小屋が、江西省の幹校だった。必要なものは何もかも一から自分で作らねばならず、雨風をしのぐ住まいもそうだった。竹竿をワイヤーで結んで骨組をつくり、竹皮を編み、泥を塗ったもので壁をこしらえた。ロープを張って衣類を干した。屋根からは雨が漏れてくるので、ひどい場所には洗面器を置かねばならなかった。雨が降っても濡れないように、竹竿の骨組にビニールシートを結んでその下で寝た。そのうちにだんだんと、もっと頑丈な煉瓦の建物が造られるようになったが、それに使う煉瓦も、固い泥をスコップで切り出してきて水と混ぜ、長方形の木型に入れて窯で焼き、一個一個作っていった。

五七幹校は軍によって管理されており、全員が一〇人からなる班（小隊）に所属し、班が一〇個で連（中隊）が構成されていた。規律は厳しく、労働は一日に九～一〇時間、週に七日という苛酷なものだった。連長（中隊長）は、雨降りのときに野外労働を命じたり、理由もなく煉瓦を別の場所に運ばせたりと、常にあの手この手で人を試そうとした。できるかぎり惨めな生活をさせることが自分たちの義務であって、そうしてこそ労働による再教育の目的が達成されるのだと彼らは考えていた。軍事教練もあり、それが真夜中に実施されることもあった。また、全員強制参加の学習会もあり、教師や党幹部たちが朝早くから集まって毛沢東思想を学んだ。

中国屈指の科学者、医師、技術者、思想家たちも、研究室や事務室から遠く離れたこの地で、泥を掘ったり、煉瓦を焼いたり、小枝を集めたり、こやしを運んだりと厳しい肉体労働を課された。あるとき、ケンブリッジ大学で学んだ数学者と、モスクワ大学で博士号を取得した物理学者が豚を屠殺しようとしたのだが、ヘマをやらかしたために、豚が逃げ出して、そこらじゅうが血だらけになってしまった。そんなことがあっても、毛沢東思想の熱狂的信者はおおぜいおり、もっと社会の生産的な一員にならねばならない、と自分を叱咤する被収容者もいた。楽黛雲は、宣伝隊の掲げる目標に異論はなく、「自分たちの扱われ方に憤りをおぼえたことはほどんどなかった」と述べている。文化大革命のさまざまな苦難から離れて、簡素な生活を送れることを歓迎する人々もいた。

といっても、全員がそのような平静な心持ちでいられたわけではない。土色の無表情な顔をした聶元梓は、もはや尊敬される造反派の英雄ではなく、毎朝、尿の溜まった重いバケツを空にする仕事を課せられていた。聶元梓の宿敵で、かつて北京大学学長のもとで党委員会副書記として権力を握っていた彭佩雲も、まったく同じ仕事を割り当てられていた。宣伝隊は彼らの活力を削ぐことに熱を入れていた。このようにして、文化大革命期に登場したあらゆる派閥のリーダーたちが、全国各地の幹校でつぶされていったのだ。(36)

ほとんどの五七幹校は、社会から完全に切り離されていた。ときおり地元の市場に出かけたり、郵便物の受け取りや食料品の購入のために町に出かけたりすることはあったが、そもそも手本にせよと言われている模範的な労働者や農民や兵士の姿はどこにもなかった。重労働をしたからといって、それが何かの役立つというわけでもなかった。彼らの力では食べていくことさえできなかったので、幹校には穀物、食用油、野菜、肉を定期的にごっそりと支給しなければならなかった。

ともかくも、五七幹校に送られた政府の役人は、帰還の見込みもなく農村に下放されたおおぜいの一般人や学生に比べれば、恵まれた環境に置かれていた。そして人数も圧倒的に少なかった。甘粛省では、一九七〇年の春までに五七幹校で生活したのは、党の役人全体のおよそ五%で、二万人に満たなかった。それに対して、農村に追放された学生は五〇万人にのぼった。河北省では、三万二〇〇〇人余りの党幹部が農村部で再教育を受けていた。しかし、全国の他の省と同様に、一九七〇年秋にはそのほとんどが元の職位に戻ることを許された[37]。

# 第16章　戦争準備

疎らに生える樺の木と、鬱蒼とした藪に覆われているダマンスキー島は、全長が二キロメートルにも満たず、幅もせいぜい八〇〇メートル程度の小さな島である。中国語で「珍宝島」と呼ばれるこの島は、中国とソ連の国境をなすウスリー川の中流域にある。冬になると、ウスリー川は氷結し、赤い夏毛を落として厚い灰茶色の冬毛になった満洲ワピチが、凍てつく川の上を歩く姿が見られたりする。ダマンスキー島の領有権をめぐって、この地域では紛争が後を絶たず、白い冬季軍装に身を包んだ国境警備兵たちが、鉤竿、熊槍、狼牙棒〔柄頭に棘状の突起物を多数取り付けた棒状の武器〕を持って戦いを繰り広げてきた。縦列走行のトラックが川の中国側に止まるや、何百人もの兵士がトラックからぞくぞくと降りてきて、拡声器から軍楽を響かせながら、戦闘のためのウォーミングアップをすることもあった[1]。

衝突が起きても重火器が使われることはなかったのだが、両国の緊張がどんどん高まっていき、とうとう一九六九年三月に一触即発の事態となった。三月二日未明、武装した数十人の中国軍兵士が凍った川を渡って島を占拠し、至近距離から対岸の国境標識を狙撃したのだ。人民解放軍の迫撃砲が、敵の陣地に集中攻撃を浴びせた。数時間にわたって十字砲火を浴びせたところで、ソ連の増援隊が到着し、敵方を粉砕するためのミサイル発射台を配置した。

二週間後の三月一五日、ダマンスキー島でふたたび数千人規模の衝突が起こった。しかし、今度はソ連側の備えが厚く、数十台の戦車や装甲車で反撃してきた。この武力衝突で数百人が死亡した。

数か月前から、中国は、国境紛争での主導権を取り戻すために戦闘の態勢を整えていた。作戦はすべて北京の京西賓館からの指図によるものだった。京西賓館とウスリー川の部隊との間には、直通の電話回線が設けられていた。重要な決定はすべて周恩来が下していた。しかし、三月一五日の戦闘の後、毛沢東が介入した。「ここで停止せよ。これ以上戦うな！」毛沢東はすでに目的を達していた。それはソ連に警告を発するとともに、軍事衝突を利用して国内の緊張を高めることだった(2)。

中ソ国境での衝突に片がつくとすぐに、プロパガンダ機関は陣太鼓を打ち鳴らし始めた。「戦備を整えよ！」がスローガンとなった。誇張をまるでいとわぬ毛沢東は、中国は「早く、大きく、核戦争を戦う」準備をしなければならないと告げた(3)。

二週間後、長く待たれた第九回党大会（中国共産党第九回全国代表大会）が北京で開催された。毛沢東はようやく、一九五六年九月の第八回党大会での決定事項を覆すことに成功した。一三年前、代表たちは、一九五五年に毛沢東が農業集団化を急ごうとして失敗した「社会主義高潮」路線について、陰であれこれ言うようになっていた。おりしも、一九五六年二月にフルシチョフがスターリン批判を行なった半年後であり、全人代の代表たちも個人崇拝を批判し、党規約から「毛沢東思想」という表現をすべて削除したのだった。

毛沢東は、国境地帯での衝突によって醸成された好戦的雰囲気を利用して、代表たちに厳重な箝口令を敷いたうえ、夜のうちに彼らを軍の専用機で北京に運んだ。代表たちは、党大会について誰とも議論しないように指示を受けていた(4)。

党大会では、林彪が主たる政治報告を行なった。その報告書は、毛沢東の周到な監督のもとで張春橋と姚文元が起草したもので、文化大革命を賞賛するとともに、階級敵に対する厳しい警戒を予告するものだった。それをうけて周恩来が「プロレタリア司令部の副司令」を絶賛し、林彪を毛沢東の後継者として正式に指名するように求めた。新たな党規約には「マルクス・レーニン主義、毛沢東思想こそが、中国共産党の指導思想の理論的基礎である」と規定されていた。毛沢東思想は中華人民共和国の国家的イデオロギーであることが、改めて確認されたのである。

大会最終日、代表一五〇〇人による、新たな中央委員会委員の選出が行なわれた。投票には意図的な操作がなされていた。定数と同じ人数の候補者リストが用意されており、代表の過半数が名前に×印を付けないかぎり、候補者全員が選ばれるしくみになっていた。国境地帯で武力衝突があったせいで、軍による権力掌握が進めやすくなっており、候補者の三分の一以上が陸、海、空軍出身者で占められていた。康生、林彪、周恩来の夫人たちとともに、江青も新メンバーに加わったが、彼女を支持しない代表も一〇人おり、それが誰だったのかをさぐる秘密裏の調査がのちに行なわれた。しかし、江青の中央文革小組の活動は夏の間に徐々に下火になっていき、一九六九年の九月には完全に終息した(5)。

権力の絶頂にある林彪のもとで、中国はさらにいっそう軍国主義化されていった。ダマンスキー島での武力衝突から数か月で、中国は完全に戦時体制に突入した。ところがその後、一九六九年八月半ばにソ連の報復を受けることになる。中ソを隔てる七〇〇〇キロメートルの国境の反対側の端にある新疆ウイグル自治区で、二機のヘリコプターと数十台の装甲車に支援された三〇〇人を越えるソ連兵が、奇襲をかけて敵陣深くに攻め入り、中国の前線部隊を殲滅したのである。

三月にダマンスキー島で起きた武力衝突は、モスクワの指導部を動揺させた。人民解放軍はソ連領内への大規模襲撃を企てているのではないか、との不審を抱かせたのだ。ソ連共産党の強硬論者は、「中国の脅威」を排除すべきだとまで主張した。ソ連国防省機関紙『赤い星』は、「現代の山師」には徹底的な核攻撃を浴びせると約束する記事を掲載した。

新疆ウイグル自治区での局部攻撃でひとまず主導権を取り戻したソ連は、戦争への準備を急ぎ始めた。五日後、ワシントンの在米ソ連大使館は、ソ連が中国の核施設を攻撃した場合の対応について、アメリカ側に打診した。アメリカはそれを無視した。ソ連共産党中央機関紙『プラウダ』は、中国がどれほど危険な国になったかを理解するよう世界に対して訴えた。まるで核保有国同士の全面戦争が差し迫っているかのような論調だった(6)。

毛沢東はあわてた。まさかソ連が開戦を企図するとは思ってもいなかったからである。ウスリー川やアムール川が自然国境を形成している満洲とは違って、不毛の砂漠に覆われている新疆の広大な辺境地域は、もともと国境線が曖昧だった。しかもロプノールの核実験場が目と鼻の先だった。また、徹底した植民地政策により数百万の中国人がこの地域に移住してはいたが、住民の大多数を占めるのはやはり、ウイグル人、カザフ人、キルギス人、タジク人など、家畜の集団化政策に不満をもち、真の独立を望んでいる民族集団だった。毛沢東の大飢饉末期の一九六二年には、子どもを連れて僅かばかりの家財を携えた家族など、六万四〇〇〇人以上が国境を越えてソ連領内に逃げ込んでいた(7)。

この地域のソ連軍は、数で中国軍を圧倒していただけでなく、中距離ミサイルをも配備していた。さらに、数年前の一九六六年一月、ソ連はウランバートルと相互援助条約を締結し、新疆ウイグル自治区と国境を接するモンゴル人民共和国に軍隊を駐留させていた。

戦争の影が北京を覆っていた。しかし、「戦いに備えよ」のスローガンにもかかわらず、中国は文化大革命による長年の大混乱で、まったく備えができていなかった。さしあたって林彪は、軍事費を二倍にするように要請した。八月二八日、党中央委員会は、ソ連やモンゴルと国境を接する省や自治区に軍隊を動員するように命じた。こうして中国は臨戦態勢に突入し、国民はソ連の大規模な軍事侵攻に備えるように求められた。

その一方で、陰ではひそかに、北京はそれまでの強硬な態度を引っ込めて、国境問題についてソ連と話し合うことに同意した。しかし、コスイギンが緊張緩和に向けていくつか外交的譲歩を提示してきても、林彪と毛沢東は深い疑念を抱いたままだった。モスクワの平和的な姿勢は、今後攻撃しようと目論んでいることを隠すための煙幕にちがいないと見ていたのだ。

このような恐怖が蔓延していたため、一〇月二〇日、ソ連の代表団が国境問題について話し合うために北京を訪れることになったとき、党および軍の指導者は全員、北京を離れるようにと命じられた。毛沢東は武漢に避難した。周恩来だけが北京に残り、軍参謀とともに、郊外にある地下司令センターに移動した。一〇月一七日、林彪は蘇州《そしゅう》の掩蔽壕から「一号命令」を下し、すべての軍事組織に厳戒態勢をとらせた。中国全土で、一〇〇万人の兵士、四〇〇〇機の軍用機、六〇〇隻の軍艦が戦略的な配置に就いて待機した。しかし、一〇月二〇日には何も起こらなかった。(8)

一九六八年九月にはすでに、出身階級の悪い家族や、都市居住許可証のない農民、臨時雇用の労働者、退職者、傷病者、若者、多数の党幹部など、ありとあらゆる人々の下放が始まっていたが、この第三次世界大戦の脅威を利用して、数百万人の農村部への追放を加速させていった。農村からの不法移住者を狩り立てるとともに、五七幹校に送られている者の妻子や、農村に永久追放された者の家族も都市部から追い立てていった。広東省や福建省では、蚊張や琺瑯洗面器や台所用品を詰め込んだ籠や袋をさげて街を出ていく人々の長い列が見られた(9)。

都市部に残った人々は戦争に備えるように求められた。上海などの都市では、次のようなことがらを解説するパンフレットが配布された——爆弾の描く軌道(真下には落ちずに、飛行機の推進力で前方に落下)、核攻撃を受けたらいかにして身を守るか、塹壕の掘り方、ライフル銃でどうやって飛行機を撃つか、建物のどこに避難するのがいいか、応急手当の方法、消火の方法、そして外国の戦闘機の見分け方。ソ連やアメリカの飛行機やヘリコプターのマークやシルエットを描いた掲示板も現れた(10)。

たちまち、街という街に、反ソ連、反アメリカの大字報が貼り出された。上海の外灘に現れた漫画には、花柄のカーテンから首を出して平和を語りながら、陰でこっそりマッチを掴んで、足指に挟んだ巨大ロケットに点火しようとしているブレジネフ書記長が描かれていた。また別の漫画には、もの欲しそうに地球を撫でながら、ソ連のトップを唆しているニクソン大統領が描かれていた(11)。

国民全員がこのプロパガンダを信じていたわけではない。国内の緊張を高め、地域住民を囲い込むために国境地帯の小競り合いを利用しているのだとわかっている人々もおおぜいいた。河北省邯鄲《かんたん》市で行なわれたある意見調査から、銃撃戦もないのに何の騒ぎなのだろう、と疑問に思っている住民もいることが明らかになった。しかし、たいていの人はパニックになった。第三次世界大戦の猛襲を恐れて、農村へ避難する人々もいた。街に留まったまま、所持品をすべて売り払い、大決戦までのカウントダウンをしながら最後の酒宴を楽しむ人々もいた。家畜を徴発されるのを恐れて、豚をすべて屠殺してしまう農民もいた。戦争になるのを恐れて人々が買い占めに走り、店から電池やロウソクがすべてなくなった地域もあった。

歓迎して喜ぶ人々も少数ながらいた。共産党政権の転覆を予測する反革命スローガンも登場した。ある県では、地下集団が「アメリカやソ連と協調して北京を攻撃せねばならない！」と地元民に武装を呼びかけた。前もって敵軍に協力しようというのか、あちこちで火の手が上がった。興奮のあまり、敵軍への協力を志願する者まで現れた。馮貴淵《ふうきえん》もそんな一人で、「ソ連の兵隊がやって来たら、私は出迎えにいくぞ」と豪語していた。共産主義政権が崩壊した後の人生設計を始める人たちもいた。河北省万全《ばんぜん》県では、地主の妻の馬玉娥が子どもたちを連れて、二〇年前の土地改革のときに取り上げられた家屋のようすを見に行った。(12)

どうしようもない絶望感も、戦争への期待を生む要因の一つになっていた。雷鋒を見習おうと励んだかつての模範生、翟振華は、今では延安の洞窟住居に暮らしながら、ひそかに戦争を願うようになっていた。「戦争は災難をもたらすけれども、チャンスも届けてくれる。こんな希望のない人生を生きるくらいなら、戦場で勇ましく戦って死んだほうがずっといい。そして、もし死なずにいられたら、戦後の中国は今よりもぜったいに良くなるはずだ――私はそう思っていた。もちろん、こんなことを考えるなんて正気の沙汰ではないが、私はまさに狂気の時代を生きていたのだった。(13)」

しかし、たいがいの人は厳しい訓練に明け暮れた。工場労働者、政府職員、そして学童までもが民間防衛の訓練を受けた。上海では、子どもたちが隊列を組んで行進し、笛の合図で全員が目を覆って地面に体を投げ出し、リーダーがもう一度笛を吹くと全員が飛び起きてまた元気に行進を始める――そんな光景が見られた。ダミーの銃声に合わせて行進させるところもあった。北京では、子どもたちが木で作った銃を持ち、敵味方を区別する紙片を胸にはりつけて、市街戦のまねごとをした。兵士たちは新兵に小火器［携行できる銃器］の扱い方を教えた。サーチライトを用いた夜間演習がたびたび行なわれるようになった。[14]

民衆に対して献血の呼びかけがなされた。しかし何よりもまず民衆に求められたのは、塹壕や防空壕を掘って貢献することだった。毛沢東は人々に「洞穴を深く掘って、穀物を大量に蓄えよ」と呼びかけた。すでに一九六五年六月の時点で、毛沢東は次のような提案をしている。「それぞれの家の下に深さ一メートルほどの地下壕を掘れれば一番いい。各戸が地下壕を掘って、すべての家をトンネルで繋げば、国はまったく費用を負担せずにすむ。」第二次世界大戦中にドイツが市街地の争奪をめぐってソ連と熾烈な白兵戦を展開した「スターリングラード攻防戦」を思わせる終末論的ビジョンを示しながら、毛沢東は市街戦に備えるよう各都市に要請した。一九七〇年六月、ある外国人訪問者に対して毛沢東は、すべての建物が地下トンネル網で繋がり、人々は地下壕に潜伏しながら学習し、射撃練習をして、敵を苦しめるだろう、と説明している。[15]

首都北京は、毛沢東が望んだとおりになった。熱狂的な建設ラッシュが巻き起こり、一年間以上にわたって北京の街は大量の土と「信じられないほど多数の」煉瓦に埋め尽くされた。百貨店や庁舎の内部に深い穴が掘られ、電動リフトを使って、掩蔽壕や狭い回廊が張り巡らされた広大な地下空間に降りられるように工事が進められた。天安門広場には巨大な板囲いが立てられて、クレーンや杭打ち機を隠していた。人民大会堂と地下の迷宮をつなぐという重大任務が軍に託されていたのだった。[16]

技師や軍の監督のもとで建設工事が行なわれているところでは急ピッチで作業が進み、首都北京にはついに八五平方キロメートルにおよぶ地下都市が出来上がった。その中にはレストラン、クリニック、学校、劇場、工場が作られ、ローラースケートリンクまであったらしい。有毒ガス除去フィルターや厚さ三〇センチメートルの鋼鉄製放射線遮蔽扉を備えた地下壕もあった。地下都市には穀物や食用油も備蓄され、日光がなくても育つキノコ類が、特殊な地下農園で栽培されていた。

穴掘り作業の一部は、すでに数年前から始まっていた地下鉄工事と併せて行なわれた。一九六九年一〇月一日、中華人民共和国建国二〇周年を記念して、近郊の兵舎と北京駅をむすぶ北京地下鉄一号線の試運転が始まった。(17)

掘削作業では事故が絶えなかった。とくに、地質学の知識もなければ、工学技術の基礎すら知らない地方幹部の指図に従って、市民が漫然と作業しているような現場では事故が多発した。延安精神は、結局のところ、大衆の集合知を大いに歓迎する一方で、専門家の知識をブルジョア的だとして見下していた。多くの小規模プロジェクトでは、掘り出した泥を一輪車に積んで街路に捨てていた。大雨が降るとそれがぬかるんで自転車が滑ったり、荷馬車がひっくり返ったり、側溝が詰まって水が溢れたりした。上海の浦西《ほせい》地区では、八つの主要道路の一〇〇か所以上に、掘り出した土や瓦礫や腐ったごみが積み上げられ、その量は三万トンに及んだと推定される。何もかもが泥まみれで、まるで巨大台風が猛威をふるったあとのようだった。中国全土の多数の街路で同じような光景が見られた。(18)

主要な建設プロジェクト以外では、地質調査が実施されなかったため、家屋が損壊する事故が相次いだ。一九四三年に国民政府に返還されるまで上海共同租界だった黄浦区では、ずさんなトンネル工事のせいで、崩落したり、倒壊したりする家屋が十数軒に及んだ。補強がいいかげんな地下壕が崩壊し、作業員が生き埋めになって死亡する事故も起きた。こうしたことが常態化していた。学童も穴掘り作業への参加が義務づけられていたので、子どもたちが作業場の陥没で窒息死することもあった。(19)

人々は、煉瓦の製造でも貢献するように求められた。大躍進政策期には、鉄鋼生産量を二倍にせよとの呼びかけを受けて、全国各地の家の裏庭に即席の溶鉱炉がつくられたが、それを彷彿とさせるように、全国津々浦々、どの町にも即席の煉瓦窯がつくられた。掘り出した泥を煉瓦にすることができれば、それを使って地下壕を補強できるというわけだ。北京では、巨大な残土の山のわきに土製の窯が造られて、一人あたり煉瓦三〇個のノルマが課された。煉瓦の表面には、当然ながら、反ソ連のスローガンが焼き付けられた。ある報告書によると、上海では「人々は率先して自宅の鶏舎や養殖用水槽を壊して煉瓦を供出した。さらに、ベッドや家具の下支え、壁の補強、ストーブの炉台、床面の鋪装に使われている煉瓦を差し出す者までいた。」人々は即席の煉瓦窯にくべる石炭をも供出し、その結果、既存の構造物から漁ったり回収したりした煉瓦以外に、七〇〇〇万個の煉瓦を生産することができたようだ。[20]

死亡者の数は、煉瓦の数ほど熱心には記録されていないが、死亡事故が多発していたことはまちがいない。砂、石、耐火粘土、あるいは煉瓦で作られている煉瓦窯は、倒壊したり、爆発したりすることがあったからだ。一九七一年の国慶節を目前に控え、上海市が煉瓦生産の新記録を打ち立てようとしているとき、普陀区にある煉瓦窯の一つが爆発事故を起こし、生き埋めになるなどして一二人が死傷した。俄作りの煉瓦窯による死亡事故は、一九七〇年代半ばまでなくならなかった。[21]

北京市は、中国最大の地下ネットワークの構築をめざす競争のトップを走っていた。上海市も大きな後れは取っておらず、二五〇万人を収容できるという、ハチの巣状に入り組んだ地下トンネルを建設していた。河北省の主要六都市で、合わせて一〇〇万人以上が地下壕に避難可能だった。一九七〇年末には、中国の七五の大都市が、住民の六割を収容できる地下壕を備えるに至った。そのほとんどは手作業で掘られたものだった。[22]

戦略上重要な位置にある山々には、地下トンネルが縦横に張り巡らされており、なかにはバス数台が横に並ぶほど広いトンネルもあった。山東省の省都、済南のはずれにある郎茂山の地下を貫くトンネルは、幅が八メートル、高さが七メートルもあり、一万トン以上の穀物を備蓄できる地下貯蔵施設につながっていた。その近くの萬靈山の地下深くに作られた駐車場には、軍用車両二〇〇台を収容することができた。荒涼とした甘粛省の奥地にさえ、一九七〇年の末までに一〇〇万平方メートル近い地下壕が掘られた。延安は、他地域から隔絶された山奥にあるからこそ、毛沢東が数十年前に対日戦の拠点に選んだ場所だが、そこでも翟振華や村の精鋭作業員たちが黄土高原地帯をシャベルで掘り進まねばならなかった(23)。

とてつもない労力を費やしたにもかかわらず、そのほとんどは徒労に終わった。一九七〇年一一月、入念な演出のもと北京の地下壕を訪問したアメリカのジャーナリスト、エドガー・スノーは、狭い回廊を通って、完成したての掩蔽壕に案内された。スノーはそこで、祖国カンボジアの軍事クーデターで追放されて北京に留まっていたシハヌーク殿下から電話を受けた。

しかし、これほどの備えをしたにもかかわらず、戦争は結局起こらなかった。地下の迷宮は、完成したとたんに世間から忘れ去られ、カビや害獣・害虫のすみかとなった。多大な労力をかけて掘ったトンネルの多くは結局、塞がれてしまった。地下トンネル網は軍の機密とされて、自らの素手で掘った当人さえも近づくことは禁じられた(24)。

大人も子どもも、国中のほとんどすべての人々が地下壕の建設に参加した。文化大革命の政治的内紛で社会の分断が深まっているときに、戦争の脅威は国民の結束を生み出すのに役立った。人々はいがみ合っている暇などなくなった。そして、都市部から避難して、塹壕を掘り、食料を蓄えることに明け暮れているうちに、派閥心もしだいに抑えられていったのだった。

それまでずっとスターリンを師と仰いできた毛沢東は、かつての師の重大な過ちに気づいた――スターリンはフルシチョフが将来の強敵になることを見抜けなかっただけでなく、大規模な侵略を受けた際の包括的な撤退計画をまったく立てていなかったのだ。一九四一年六月、ドイツが国境を越えて一〇〇個師団をソ連領に侵攻させるという、史上最大の軍事作戦「バルバロッサ作戦」を開始してからようやく、疎開対策協議会が設置された。前例のない撤収計画に基づいて、最重要とされる一五〇〇以上の工場が解体され、東方に送られた。夏のあいだ二五〇万人の兵士を西の前線基地に送り込んだ列車が帰るときに、産業用機械を載せて東へと運んだ。疎開した工場の移転先をウラル地方、中央アジア、シベリアに確保することがもう一つの難題であり、機械類の多くは一九四二年の春まで倉庫に入れられたままだった。膨大な労力と費用を投じたものの、工場疎開で救うことができたのは、ドイツ軍に占領された工場三万二〇〇〇のごく一部にすぎなかった。遅まきながら手を尽くしたが、結局、ロシアは人口の四割と産業の多くを失うことになった(25)。

毛沢東は同じ轍は踏むまいと決意した。一九六四年一〇月にフルシチョフが失脚する前、中国とソ連の間で非難の応酬が続き、両者の緊張がピークに達すると、毛沢東はモスクワが攻撃を仕掛けてくる可能性について考えた。「新疆や黒竜江省、あるいは内モンゴルを占領するために、ソ連が派兵してくる可能性はあるだろうか?」脅威となるのはソ連だけではなく、その当時、アメリカもベトナム戦争への関与を強めつつあった。そこで毛沢東が出した答えが、外国からの攻撃にさらされやすい沿岸や内陸の国境地域から遠く離れた僻地に「三線」を建設することだった(26)。

三線建設とは、中国の内陸奥地に産業基盤を完備することに他ならなかった。一九六四年から一九八〇年にかけて、中国北部や沿岸の人口の多い平野部から遠く離れた辺境の地に、国内の工場の一部を移転するという途方もない計画が実行に移された。三線の中心となったのは、聳え立つ山々が肥沃な盆地を囲んでいることから、しばしば天然の要塞と称される四川省だった。そのほか、陝西省や湖北省から、雲南省や貴州省の高原にかけて広がる山間地域も、移転先の候補に選ばれた。工場全体を解体して移転する場合もあったが、都市部の工場の機械類と作業員の一部だけを内陸奥地に移すことのほうが多かった。(27)

ゼロから建設された工場施設もあった。人を寄せつけない不毛地帯でありながら、豊富な鉱物資源に恵まれている四川省南部の攀枝花《はんしか》に、一九六五年、巨大な製鉄所が出現した。中国全土から送られてきた数万人の建設労働者が、炭鉱の採掘、鉄道の敷設、発電所の建設にあたった。北の成都から攀枝花を経由して南の昆明にいたる鉄道は、トンネル長の合計が数百キロに及ぶ山岳路線で、その敷設だけで三三億元の費用を要した。

中国共産主義青年団（共青団）のある団員は、一九六五年、攀枝花に向かう最初の一団に加わった。「身一つで旅立った私たちは、調理に使う石炭さえ携えていなかった。ところが、山に生えているのは、薪にはならない低木ばかり……私たちはずっと同じ服のまま、日射しから身を守るつば広帽子をかぶり、水筒を下げてあたりをさまよった。二本の足で歩く以外に、移動手段は何もなかった。」

しかし、どれほどの困難があろうとも、三線建設は進められていった。せっかちな毛沢東は、「攀枝花製鉄所が建つまでは眠ることもできない」と言って中華人民共和国冶金工業部をせきたてた。資金不足を懸念した彼は、『毛主席語録』やその他の著作物の印税を三線建設のために寄付した。(28)

一九六五年、国家によってこの新都市の境界線が引き直されて、周囲のいくつかの人民公社の農民八万人以上がその管轄下に組み込まれた。人々は身を粉にして働き、死亡率は驚くべきことに一三％にまで達した。過酷な環境のもとで、軍隊の規律に従い、大至急計画を実行せねばならない、ということ以外にもいろいろ問題があった。三線を研究しているある歴史学者が指摘しているように、攀枝花をはじめとする三線ではどこでも、本格的な工事に取りかかる前の準備がほとんどなされていなかった。事前の調査なしにいきなり工事を始め、問題が生じるたびに場当たり的に修正するので、余計に手間がかかった(29)。

一九六六年から一九六八年までの間は、文化大革命の影響で三線の建設工事のほとんどが滞り、攀枝花での工事も、輸送の混乱のせいでたびたび中断を余儀なくされていた。しかし、一九六九年三月のダマンスキー島での衝突事件以降、新たな投資の波が到来した。そのほかの内陸奥地を鉄道網でつなぐための人海戦術に、数十万人の臨時労働者が動員された。戦争になるぞと脅して政府が民衆を駆り立てたキャンペーンたけなわの時期には、線路一メートルごとに人夫が二人ずつ投入された。

内陸各地の高い山の上にまで、何百もの工場が建設された。湖北省西部の内陸都市、十堰《じゅうえん》にある国営第二自動車製造工場は、一四〇以上の工場や研究機関と連携しながら生産活動を行なっていた。タイヤ、ゴム、塗料、車両部品を生産している関連工場の多くは、この地域のあちこちに散在していた。狭い谷間に建てられた工場もあれば、山を掘り抜いた巨大な洞窟に建てられた工場もあった。新たな鉄道が敷かれても、それを使って部品や製品を輸送できないところも多かった(30)。

三線建設がおよそ六〇〇万人の労働者を呼び込んだため、この地域の総人口は四〇〇〇万人に膨れ上がった。その圧力は、受け入れ能力の限界を超えていた。十堰では、わずか五〇〇人ほどの店の売り子たちが、二〇〇万人の客をさばくはめになった。彼らは気まぐれな思いつきのままに、日替わりで特定の商品だけを売るようになった。たとえば、月曜日の午前中はビニール靴だけ、それも三八サイズのみ、といったぐあいだ。もう少し大きいサイズの靴が欲しいときは、翌日にもう一度来なければならなかった。それでも靴を買えた者は恵まれていると思われていた。品不足があまりにもひどくて、新工場の労働者のなかには靴が一足もない者もいたからだ。電球、魔法瓶、タオル、靴下、缶詰、洗面器もやはり品薄だった。また、敷設されている電話回線では、電話機の六％しか接続することができなかった。中心都市である遠安《えんあん》の目抜き通りですら、一〇〇メートルおきに電球が一個ぶらさがっているというわびしさだった。

しかし、三線の労働者の生活は、地元の農民に比べればまだましだった。ありとあらゆるものが戦争準備に投入されたことで、もともと低かった新工場周辺の住民の生活水準はさらに落ち込んだ。マッチすら手に入らない村もあれば、簡単な水車を修理するのに必要な釘さえ足りない村もあった[31]。

食物不足も深刻だった。三線の工場の多くはわざと人里離れた場所に作られていることが、事態をさらに悪化させていた。たとえば、国営第二自動車製造工場の近くにある大食堂のメニューは、具なし水餃子か大根スープの二種類だけだった。野菜は品薄で手に入らず、労働者たちは包子や水餃子に醤油をちょっとかけて食べるしかなかった。肉などというものは、春節を祝うときにしかお目にかかれない贅沢品だった[32]。

こうした湖北省西部の場合は、内陸の僻地という特殊事情があったが、国内の先進地域もやはり、同じような問題に苦しめられていた。「一線」とは国境地域や沿岸部のことで、満洲の工業地帯から、天津や上海といった東海岸の主要沿岸都市にいたるエリアだった。「二線」はそれ以外の地域だったが、都市部の工場が数百キロほど内陸に移転してきたため、こうした地域もやはり戦争準備の圧力にさらされた。天津から五〇〇キロと離れていない河北省南部の邯鄲でも、新工場の労働者たちの食事は清湯

［透明なスープ］と漬け物少々だけだった。「我々の労賃は社会主義、我々の食費は資本主義」。食堂での食事の値段をそう嘆く者もいた。戦略上、工場はわざと農村の奥地に建てられていたので、工場の周囲に商店はひとつもなかった。労働者たちは、タバコとの物々交換で、地元農民から必要なものを手に入れた。もっと大きな買い物をするには、たとえば靴がほしいときには、三〇キロほど離れた街まで出かけていかねばならなかった(33)。

三線の規模たるや驚異的で、戦争に備えるためにおよそ一八〇〇の工場が内陸奥地に建設された。ある学者が指摘しているとおり、一九六四年から一九七一年までの間、国家の産業投資のおよそ三分の二がこの事業に向けられていたことから見ても、三線建設こそが文化大革命期の経済政策の柱をなすものだった。ともかくも、それによって内陸部の交通運輸網の基礎が築かれた。

しかし、このとてつもない規模の事業は、たとえ周到な準備と計画に基づいて実行したとしても、極めて高くつくものになったであろう。なにしろ、あちこちに分散している辺鄙な場所に、しかも、高い山や狭い谷筋に沿った難しい地形を克服しながら建設するのだから。それは、差し迫る破局に備えよという掛け声が飛び交うなか、ひたすら猛スピードで進められていった。「我々の知るかぎり、ほとんどすべての事業で大幅な遅延と追加コストが発生した。工事に取りかかる前の準備が不十分だったためだ」と、三線を研究するある専門家は記している。一九七〇年七月にようやく、最初の溶鉱炉が攀枝花で稼働を始めたが、それ以外の三か所の製鋼所は、一九八〇年代に入ってもまだ建設中だった。甘粛省酒泉《しゅせん》市の製鋼所は六回も設計の変更が行なわれ、一〇億元以上が投じられながら、ようやく鉄鋼の生産が開始されたのは二七年後のことだった。そのほかの事業でも、巨額の費用が浪費された。何人かの経済学者の算定によると、三線建設は、生産性損失だけを考えても、数千億元にのぼる国家予算の無駄遣いになったという。三線建設を最優先させたために、是が非でも投資が必要な他部門の予算まで奪ってしまったからだ。おそらくそれは、二〇世紀の一党独裁国家がおかした、むだな資本配分の最大の例だろう。経済発展という点から見た場合、三線建設は大躍進政策に次ぐ災厄だった。(34)

# 第17章　大寨《だいさい》に学べ

一九六九年四月の第九回党大会（中国共産党第九回全国代表大会）の最終日、代議員による新たな中央委員会委員の選出が行なわれた。選ばれた者の中にひとり、真っ黒に日焼けして、皮膚が革のように硬く、無精髭を生やしている文盲の農民がいた。彼の名前は陳永貴《ちんえいき》。日除けのためにいつも頭にきっちり巻いているトレードマークの白いタオルを見れば、それが陳だとわからない代議員はいなかった。

六年前に、陳永貴の村が洪水で壊滅状態に陥ったとき、彼は政府の援助をすべて断って、生産大隊の農民たちを激励し、純然たる意志の力だけで村を穀倉地帯へと変えたのだった。中国北部の不毛の黄土高原に位置する大寨村は、たちまち毛沢東の注意を惹きつけた。一九六四年一二月二六日の毛沢東の誕生日に、陳永貴は北京に招かれて毛沢東と食事を共にした。そのとき以来、「農業学大寨（農業は大寨に学べ）」というスローガンが掲げられるようになる。三線建設が工業政策の柱となったように、このスローガンこそが、その後一五年間の農業政策を決定づけたのだった。

大寨は、毛沢東が何よりも大切にしている考え方――人間は自然を克服できるという考え方――を例証してくれるものだった。そして何よりも、自力更生の理念を象徴するものであった。陳永貴は「三つの不要」の原則を貫いて、国からの救済食糧、救済資金、救済物資を拒否したのである。

自力更生の理念は、ここにきて初めて打ち出されたものではない。毛沢東は大躍進政策期にすでに、資本の不足を労働力で補うことこそが急速な工業化の鍵であると考えていた。中国の偉大な財産は数億人の労働力であるとはっきり述べていた。結局のところ、歴史を動かしてきた原動力は人民にほかならない。集団化がなされれば、我々の祖先が数千年かけてやってきたことを、数か月のうちに成し遂げられるであろう、と。農民たちは巨大な軍隊の兵卒となって、人民公社に組み込まれ、地方幹部の指示のままに、軍隊的に組織された生活を送ることになった。

大躍進の試みは完全な失敗に終わったが、自力更生の理念が捨て去られることはなかった。とくに、大規模事業が次々と中止に追い込まれ、ソ連が高度な軍事技術の移転を凍結してきてからは、盛んに自力更生が叫ばれるようになった。一九六四年時点ですでに中国には友好国がほとんどなく、その二年後に文化大革命が始まると、孤立はますます深まるばかりであった。そのような状況のなか、自力更生は、民衆を援助せずに放置しておく恰好の口実になった。ふたたび豊富な労働力で乏しい資本を補わなくてはならない事態になると、民衆は国に頼らずに自助努力をせよと命じられた。国からの援助を受けずに、農民たちの手で乾燥地を肥沃な農地に変えていった大寨は、まさにその手本だったのである。

北京から南西におよそ三五〇キロ、貧しい山西省の片隅に位置する涸れ谷と急斜面ばかりの大寨村が、毛沢東のたたえる模範人民公社となった。大寨には、一年間に数十万人が訪れ、その多くが、自力更生、刻苦奮闘、完全平等主義といった革命の教訓を熱心に学ぼうとした。陳永貴が村民たちの先頭に立って、やせた傾斜地を段々畑にしていく姿を描いたポスターが無数に出回った。政府の援助をまったく受けずに、林檎や胡桃や桑の木を植え、蚕や蜜蜂を飼い、鶏や豚の世話をする村民たちの日々の生活を追った新聞記事や雑誌記事が掲載され、長編映画も上映された。大寨では村民全員が無料で教育や医療を受けられるとプロパガンダでは紹介されていた。一九六八年時点ですでに約一三〇万人が村を訪れており、大寨村はいまや、公会堂や特別食堂にくわえ、外国首脳や友好国の高官代表団をも含めた訪問客をすべて収容できる本格的なホテルを備えるまでになっていた(1)。

大寨は、実のところ、大躍進政策の焼き直しにすぎなかった。大寨では何もかもが集団化された。一九六四年二月、「大寨路線」に続けと呼びかける『人民日報』の社説を受けて、「おおいに意気込み、つねに高い目標をめざし、多く速く立派にむだなく社会主義を建設しよう」という大躍進運動のスローガンが復活した。大寨が模範とされるなかで、大躍進運動期の狂乱がふたたび巻き起こり、農民たちは昼だけでなく夜も、そして雨の日も雪の日も働くことが求められるようになった。物質的誘因は資本主義的だとして一蹴され、代わって政治的熱意が重んじられるようになり、作業場に拡声器を設置して、農民たちが休憩している間も延々とプロパガンダの音楽や歌を流した。大躍進政策期には、冬の水利工事から夏の鉄鋼生産まで、民衆が次から次へとインフラ事業に動員されたが、それとまったく同じように、この大寨モデルは、大義のための無私の献身によって山を動かし、トンネルを掘り、運河を作るよう民衆に強いたのである。「三年間、艱苦奮闘して中国の面貌を変えよう」が一九五八年当時のスローガンだった。それが一九六四年には、「三年間、刻苦勉励して我らが村を大寨のように変えよう」となった。何年か前、大躍進運動をたたえる巨大なスローガンが山腹に刻まれたが、それと同じように、「学大寨」という文字が、中国全土の数千の山の斜面の大きな石に刻まれた。陳永貴自身、大躍進の旗印のもとに突き進み、私有財産をすべて取り上げて集団化した。一九六一年以降、全国で自留地が再導入されたあとでさえ、大寨には私的な土地がまったくなかった。

しかし、文化大革命の最初の二年間、大寨はビジョンでしかなかった。一九五八年のとき、毛沢東は、党が一致団結して大躍進運動に取り組むように万全を期した。しかし一九六六年には、彼は民衆を党内の実際の政敵や仮想敵にけしかけて、同僚を追い落とすのに忙しかった。

紅衛兵たちのなかに熱狂的な信奉者がいなかったわけではない。文化大革命はそもそも「資本主義の道を歩もうとするフルシチョフのような修正主義者」を打倒する政治運動から始まったものだった。主要都市すべてに紅衛兵が出現した「赤い八月」には、急進的な学生の一部が周辺の農村に出て行って「資本主義」の遺物を徹底的に攻撃した。たとえば南京では、一九六六年八月一八日、林彪が天安門広場で旧社会の破壊を呼びかけたその日に、紅衛兵たちが近郊の農民の自留地をすべて強制的に集団化した。(2)

その後、何か月にもわたって暴力の嵐が吹き荒れたが、農村部で暴力がひどかったのは概して、大きな町や都市に近い村だけだった。正定では、高原と友人たちが、街から一時間ほど離れた幹線道路沿いの村落に向かったが、もうすでに地方指導者たちが悪質分子を締め上げていた。元地主、富農、その他の階級敵は、ほかの村民よりも早く起きて、通りを清掃する義務を課せられていた。「彼らはみな、白い文字で身分を記した黒い腕章をつけているので、すぐにわかった。(3)」

農村部のまた別の地域では、紅衛兵たちが寺院を打ち壊し、神木を倒し、黄暦［古代皇帝が占い師とともに作った日めくりカレンダー］など迷信のにおいのするものすべてを焼き払った。しかし、その場合もやはり、破壊行為を受けた村のほとんどは、都市近郊または鉄道や幹線道路沿いの村だった。農村地域の大部分は、町や都市を襲っている大騒乱の影響をほとんど受けていなかったのである。

毛沢東自身、食料が都市部に安定的に供給されないかぎり、革命の遂行は不可能であることをよくわかっていた。したがって農村部を混乱させるつもりはまったくなかったのだ。一九六六年九月一四日、政府は、文化大革命を県城（県庁所在地）と大都市に限定するとし、学生や紅衛兵が農村の混乱を煽ることを禁じた。周恩来は紅衛兵の代表にこう語っている。「我々は革命を遂行せねばならないが、生産活動も続けなくてはならない。生産を止めてしまったら、我々はいったい何を食べるのだ？」(4)

それでも、一九六七年に全国のほとんどの地域が内戦に突入すると、どの派閥もみな、周囲の農村地域から戦闘員を補充しようとした。湖南省双峰《そうほう》県では、一部の農民に、県城に集まって保皇派を責め立ててほしいと声が掛かった。要請に応じた農民には、通常の労働点数に加えて二毛（〇・二元）が支払われた。多くの人々が大喜びで、まるで祭りにでも行くかのように一張羅を着、たくわえを持って出かけた。彼らはやってきて党委員会を非難するとすぐに、どこかに散っていった。さっそく新しいタオルや手鏡を買いに行く者もいた。(5)

同じ湖南省でも、派閥抗争が農村部にまで拡散して、悲劇的な結果をもたらした地域もあった。前述のとおり、一九六七年八月一〇日、中央文革小組は、長沙市の造反派のゆるやかな集合体に対して、それまでの裁断を覆した。「湘江風雷」と呼ばれるその造反派組織は、湖南省全域に支持者がいた。数日後、北京の承認に勢いを得た道県の支持者たちが、地元幹部や軍の支援を受けている強力な相手に痛烈な打撃を与えた。

それからというもの、農村地域で暴力事件が相次ぐようになった。というのは、敗北を喫した派閥のメンバーが、大惨事が目前に迫っているという噂を広めたからである。それによると、元地主の子女や富農や反革命分子など、主に悪質分子から構成され、蔣介石と手を組んで反乱を起こそうとしている「湘江風雷」が、国民党の軍隊とともに中国本土に攻撃をしかけてくるという。それから数週間のうちに、五〇〇〇人近い人々が、出身階級が悪いことを理由に殺害された。犠牲者の中には乳飲み子もいた。道県は特異な例だとしても、農村部での集団殺戮について研究しているある専門家によると、文化大革命期には全国の村々で四〇万人以上が計画的に虐殺されたという。手を下したのは紅衛兵ではない。隣人同士が殺し合ったのである。(6)

こうした虐殺事件の多くは、広東省、広西省、湖南省など、少数の省に限られていた。そして、こうした省でも多くの村は、悪質分子に三角帽子をかぶせて街中を引き回し、批判闘争大会で吊し上げるというお決まりのやり方をするだけで、地元の民兵の監督下で組織的な集団殺戮が行なわれるようなことはなかった。数千万人が殴打されながら働かされて餓死した大躍進運動期に比べると、文化大革命初期の数年間は、農村部はほとんど影響を受けずに済んでいた。

とはいえ、農民たちも、ただ黙って都市部での大混乱を傍観していたわけではない。彼らにもやはり恨みつらみがいろいろあった。そうした不満の最たるものが、大躍進政策での急進的な集団化だった。共同食堂の建設のために、煉瓦や家具・道具類がどんどん徴発された。ほとんどすべての私有財産が廃止されて、人々の下穿きまでが共有となった人民公社もある。村民たちが共同食堂外で調理することがないようにと、鍋や釜も没収された。長屋はすべて取り壊された。堆肥を作り、宿舎を建て、村民を移し、道路をまっすぐにするなど、より良き未来のための場所をあけるため、あるいは、その場所を占有している者を罰するためだった。家具も農具も、国の鉄鋼生産高を上げるために裏庭溶鉱炉に投入されたが、結局、役に立たないくずの山が生まれただけだった。家畜の数がどんどん減っていった。輸出向けに屠殺されたからというだけではなく、病気や飢餓で死亡したからだった。墓地をならして農地を増やし、墓石は潅漑事業に利用された。疲弊しきった農民たちを命令に従わせるために、地方幹部は威圧行為や暴力行為に訴えた。

毛沢東の大飢饉ののち、農民に対する人民公社の統制力が弱まったが、それでも農民たちは、国家による穀物の販売独占に不満を抱き続けていた。自ら収穫した農産物に対する権利を取り戻したいと思っていた。自分の土地を所有したいと願っていた。一九五五年に戸籍管理制度が導入されて以来、移動の自由が奪われてしまったが、農民たちはその自由を取り戻したいと切に望んでいた。自由な取引の場を求めていた。

農村部の一部地域では、文化大革命の大混乱が農民たちに、共産主義体制下で失われた自由をある程度取り戻す機会を与えてくれた。政府役人のほとんどが、北京に端を発した政治闘争に巻き込まれており、自らの生き残りをかけて戦っている者もいたので、農村部に関する体系的調査などほとんどなされていないが、党の保管文書から当時の実態がおぼろげに見えてくる。

陝西省内の三〇の県についての包括的調査から、地方市場の三分の二以上が政府の監督を受けずに営業していることが明らかになった。政府の支配力はすでに失われていた。農村部の一部地域では、莫大な規模の取引が行なわれていた可能性がある。省都西安にほど近い二つの村、引鎮と三橋では、材木の闇市場だけで一日におよそ三万元の取引が行なわれていた。窓枠や扉や柩が飛ぶように売れ、黒山の人だかりで道が塞がれてしまうほどだった。農民一〇〇人からなるチームがあちこちで、国家の計画の範囲を完全に越えて、山々の木々を伐採していった。一九六六年の夏、地方当局が文化大革命への対応に追われていたとき、すでにこうした傾向が現れ始めていたのだった。(7)

陝西省耀県《ようけん》県の県域では、毎日一万人以上が市場に押し寄せ、往来は客でごったがえしていた。市場取引が認められている品物もあったが、そうではない配給物資も、国による穀物専売制をまったく無視して大量に売られていた。一日の取引量はサツマイモが二・五トン、落花生が数百キログラムに及んだと推定される。市の立った日にはかならず、自転車が八〇台ほど売買された。無許可で商売している行商人や地元商人もおおぜいいた。陝西省富平《ふへい》県には、まったく野放図な市場が何か所かあって、無免許の医師、巡回歯科医、肉屋が料金を取って商売していた。電池、電球、染料、石炭はもちろんのこと、一九六六年に禁止された冥鏹［神像の前で燃やす金銀紙］の市場も活況を呈していた(8)。

富平県でも、ほかの地域と同様に、毛沢東の大飢饉のさなかには闇市が繁盛していたが、その後、経済が徐々に回復するにつれて闇市は姿を消していった。ところが、文化大革命が発動され、紅衛兵の活動で交通運輸網が限界に達し、地方経済を窒息させるようになると、ふたたび闇市が姿を現したのである。しかし、今度は以前のように、陰でこそこそ商売していて警官の姿を見たとたんに逃げ出すのではなく、多くの闇商人が大胆不敵な態度をとるようになり、逮捕されそうになると堂々と抵抗した。市場検査員が訊問しようとするとたちまち、同情的な見物人にどっと取り囲まれるので、なかなか手出しができなかった。政府役人が商売のじゃまをしようとすると、徒党を組んでそれに抵抗する行商人たちもいた。宝鶏《ほうけい》市では、怒り狂った群衆が検査員を殴り殺す事件も起きた(9)。

陝西省は内陸部の貧しい省だったが、こうした闇商売は、文化大革命の嵐が吹き荒れている沿岸部諸都市のど真ん中でもさかんに行なわれていた。広州には、闇市場で売る商品ばかりを製造している闇工場もあった。そして、闇市場で取引されるのは、穀物などの配給物資やお香のような取引禁止物だけではなかった。石油、金、武器、弾薬、爆薬、ダイナマイトなど、現金さえ持っていればだれでも手に入れることができた(10)。

農村部では、やはり政治的混乱に乗じて、農民たちが自留地の拡大を要求した。この場合も確かな証拠を得るのは難しいが、陝西省定辺《ていへん》県では、一九六七年の春に何人かの農民が自留地を二倍に増やしている。一世帯で飼うことが認められている家畜は通常、数頭までだったが、ここでもやはり農民たちは混乱に乗じて五〇頭もの羊を獲得している。陝西省安康《あんこう》県の農民のなかには、人民公社を離れて独立して生きていく人々や、一旗揚げようと都市部に出ていく人々もいた。こうした傾向がどんどん高まって、事実上の脱集団化へと向かう村落もあった。(11)

脱集団化は、一部の限られた地域だけに見られた現象ではない。甘粛省でも、いくつかの人民公社が解体され、農民たちは新たに得た自由を利用して自留地を倍増させ、家畜頭数を増やしていった。江蘇省の一部地域では、農民たちが国に押収された寺院や霊廟の返還を求めた。山西省では、共有財産をすべて分割して単独所有し、家畜を屠殺してその肉を非公式の市場で売る農民もあらわれた。

中央政府はこれに懸念を強め、一九六七年二月、『人民日報』は、「社会主義経済の破壊」と「革命的人民からの奪権」をもくろんでいる農村部の反革命勢力に対して警戒を怠るべからずと民衆に命じた。危機にさらされたのが、農村地域で最も重要な活動のひとつ、春の耕作であった。地域全体が種播きの季節への関心を失ってしまったのだ。陝西省の関中《かんちゅう》平原（土地が肥沃な渭水盆地一帯）では、地方幹部の力ではこの事態をどうすることもできず、とうとう軍が介入するはめになった。六〇〇万枚ものチラシを印刷して、陝西省のいたるところに飛行機で空中投下し、集団農場に戻って働くよう農民たちに命じたのだった。(12)

しかし、党は農民と戦いを交えるつもりはなかった。

一九五九年三月、農村部の人民は穀物をため込んでいるという報告を受けた毛沢東は、徴収率を収穫高の三分の一にまで大幅にアップするように命じた。そして、割当量に到達しなかった地域を報告させた。毛沢東はさらに、徴収業務用のトラックを一万六〇〇〇台追加した。当時、「先発制人、後発制於人」「先発すれば人を制し、後発すれば人に制せらる」という言葉が流行した。収穫を終えたとたんに党幹部がやってきて、農民の口に入る前に取り上げてしまうからだ。このような強制的な取り立ても、その後に起きた飢饉の一因となった[13]。

それから八年後の一九六七年五月、またしても農民が穀物をため込んでいるという報告を受けた。しかし、毛沢東は同じ過ちは犯さなかった。今回はそれを逆手に取り、農村にどんどん穀物を蓄えて農民の自力更生をはかるように命じた。「農民が穀物収穫量を少なめに報告すれば、民衆に蓄えができていく」というのだ。周恩来もこう述べている。「いつまでたっても農民は農民。少しでも状況がよくなれば資本主義に戻っていく……個人経済は数千年間続いてきた。一方、農業集団化はつい数年前からにすぎない。個人経済の習慣の力は大きいのだ」と。政府は今回、徴収率を上げることはせず、その代わりに、農村に売り戻される穀物の量を減らした。大寨の自力更生の精神を讃えるということは、とりもなおさず、国は一切、穀物の援助はしないということだった[14]。

一九六八年、ついに農村部にも文化大革命の嵐が押し寄せた。革命委員会に権力が移譲された地域では、たちまち秩序が回復していった。浙江省では、林彪派四天王の一人である空軍司令員、呉法憲が後ろ楯となっている第二十軍が勝利を収めた。浙江省では、一九六八年一月以来ずっと軍が支配権をにぎり、敵方についていた無数の人々を排除していった[15]。

まず手始めに行なったのが、大寨モデルを浸透させることだった。「農村部での資本主義の復活をもくろむ、中国のフルシチョフによる悪質な計略を断固打破する」ために、第二十軍は、党幹部一〇〇人からなる代表団を山西省に派遣して、陳永貴から学ばせた。戻ってきた代表団は、浙江省のすべての人民公社に自力更生の精神を広めていった。あちこちにポスターが掲げられ、新聞記事、ラジオ放送、記録映画でも大寨モデルが讃えられた。農村部での資本主義との戦いが宣言されたのだった。(16)

その後の二年間に、さらに三万人の党幹部や農民が、すべて公費負担で大寨に派遣された。その多くがすっかり感化されて戻ってきた。一九六九年の末までに、二〇〇〇以上の村落が自力更生の模範とされるようになった。ほかの省と同様に、浙江省の場合も、「南堡」という大寨モデルの浙江省版が現れた。南堡の村は、一九六九年七月の洪水で甚大な被害を受けたが、南堡の村民たちは、国の援助には頼らずに、党委員会書記の李金栄の指導のもとで奮闘した。家屋を再建し、水田を修復し、全力を尽くして経済的独立を達成したのである。一九七〇年七月三日、『人民日報』は南堡を、「人定勝天」［人間は努力をすればどのような困難にも打ち勝つことができるという教え］の手本であると絶賛した。浙江省だけでも一六〇〇万人を超える人々が南堡の村を見学にやって来た。

しかし、締めつけが行き過ぎた地域もある。経済の再集団化への意欲に燃えるあまり、自留地を廃止したうえ、私有の家畜を屠殺してしまった党幹部もいる。浙江省全体では、すべての生産隊の四分の一で、大躍進期に逆戻りしたような急進的な農業集団化が行なわれ、会計業務に関する責任が、生産大隊（人民公社と生産隊の中間にある、農村部における第二段階の組織）に引き渡された。これは、村民が収入配分の権限を失ったことを意味する。いくつかの県では、そのような生産隊がすべての生産隊の八割をも占めていた。薪を集めたり、水牛を育てたりするだけで、「資本主義者」と非難されるようになったのだ。(17)

一九六八年以降、軍が大寨モデルを強行するようになると、全国の他地域でも同じような状況が見られるようになった。甘粛省では、汪鋒と劉瀾涛が「資本主義の道」を歩んだとして非難され、自留地全体のおよそ三分の一にあたる七万七〇〇〇ヘクタール余りが人民公社に返還された。林肇、玉門、蘇北などいくつかの県では、「すべての自留地が返還」された。いくつかの村では、すべての樹木や家畜がふたたび人民公社の管理下に置かれるようになった。[18]

再集団化の波が押し寄せると、当然ながら民衆の抵抗が巻き起こり、農民たちは没収される前に家畜を屠殺し、樹木を伐採しようとした。人民公社が「資本主義の邪風」を一掃しようとしているというニュースが広まるや、村民たちは泥煉瓦の家々の間に自分の豚を追い立て、その叫び声が往来にも響きわたった。湖南省では「庭先はどこもかしこも屠殺場になり、人々の手はみな血に染まった」。村民たちはこっそりと豚の肉を燻製や塩漬けにして土器の壺に詰め込んだ。[19]

似たような事例はほかの省でも見られる。河北省の隆堯《りゅうぎょう》県では、自留地はもともと保有地全体の六％にすぎなかったが、一九六九年までにすべての土地が残らず人民公社に取り上げられた。高原と友人たちが文化大革命を戦った正定県では、一九六八年の夏には、農村部全域が大躍進政策期に逆戻りしたかのようだった。豚や羊を飼っている農民は「資本主義者」と非難されたので、家畜の糞尿を使った肥料作りもできなくなった。樹木はすべて共有財産となった。河北省の各地で、諸々の重要な決定を下す責任が農民の手を離れ、その上の人民公社に移った。農民たちがずっと昔から農作業の合間にやってきた副業も禁止された。集団経済に直接役立たない道具はすべて没収するといった、極端なやり方をする党幹部もいた。[20]

再集団化に伴って、国家にとっての穀物の重要性が改めて強調され、「穀物こそ生命線」がメインスローガンとなった。大躍進政策期と同様に、農村部の人民はすべて穀物を生産するように命じられた。穀物の栽培に適した土地であろうとなかろうと、代替作物の栽培は一切禁止だった。果樹、茶の木、薬用植物は切り倒され、野菜は踏みつけられた。放牧に適した草原も、場合によっては家畜を殺してまで、穀物栽培地に変えられていった。薄い表土しかない土地には、大量の肥料がまかれた。どれほど不毛な地でも荒れ地でも、努力で自然を克服して、大地から穀物をもぎり取っていった。[21]

およそ信じられないような場所に段々畑や棚田が出現した。陳永貴が大寨の谷を埋め、山腹に段々畑を築いて穀物を増産したように、国をあげて「山上からも、湖底からも穀物を収穫」しようとした。気候も地形をまったく無視して、湖を埋め立て、森林を伐採し、砂漠を潅漑して、何が何でも大寨をまねようと、モンゴルの草原から満洲の湿原にいたるまで絶望的な試みが繰り広げられた。中国全土の村々に、教条的・画一的なモデルが押しつけられたのだ。やみくもにまねをした極端な例を挙げるならば、平らな土地にわざわざ段々を作って、ひたすら大寨に似せようとした地方幹部もいた。[22]

陳永貴が中央委員会委員に選出されてから、「大寨に学べ」運動は強化され、一九六九年八月から一九七一年九月の間にピークに達した。大寨モデルはここにきて戦争準備と結びつき、どの地域も穀物を増産して余剰分を備蓄せよと圧力をかけられた。

延安で、翟振華は、黄土に覆われた山に段々畑を築く手伝いをさせられた。農民たちは、この開墾作業のため、地面が凍りついてる冬場以外は、年がら年中大わらわだった。四川省の重慶にくらしていたある女性は、山間部の荒地の開墾に駆り出されたときのことを記憶している。非難されるのが怖くてだれも抵抗できなかった。「私たちは山間地に棚田を作って土や肥料を運び入れた。わずかでも地面があれば、穀物を育てようとした。けれども、山林原野をどんなに苦労して開墾しても、穀物が育つ耕地にはならなかった。」[23]

大雨や洪水で土砂崩れを起こしやすい急傾斜地にも段々畑や棚田が作られた。斜面が削られて、岩盤が露出してしまったところもある。また、豪雨のたびに崩れて、年がら年中補修せねばならず、表土がますます余計に必要になったところもある。

草原の開墾も行なわれたが、乾燥地を人工的に灌漑したために塩害が多発した。雨が少ないと、灌漑水に含まれている塩分が流出せずに土壌中に蓄積されて、農作物が育たなくなってしまうのだ。強制収容所に送られて荒地の開墾に従事したある「国家の敵」は、寧夏《ねいか》回族自治区の畑のようすを次のように綴っている。

> どちらを向いても耕作放棄地がはてしなく広がっていた。耕地はいまや厚い塩の層に覆われており、まるで汚れた雪原のよう、喪服［古来中国では葬儀のとき白い喪服を身につける］に身を包んだ孤児のようだった。放棄されて以降、幾度も風雨に晒されてきたにもかかわらず、地肌にはまだ鋤を入れた跡が残っていた。この地では、人間も自然も共に、むち打たれ、酷使されてきたのだ。「大寨に学べ」運動は、結果的に、塩類の蓄積で草一本すら生えない不毛の土地を作り出してしまったのである。[24]

河北省の張家口《ちょうかこう》に近い壩上草原《ばじょうそうげん》でも、広大な草原が砂嵐のせいで、一面に茶色い砂が広がる不毛な大地となった。北京から遠く離れた青海省でも、およそ六七万ヘクタールの緑の牧草地を耕作地にしたが、たちまち砂漠化によって、回復不能なほどに環境が悪化した。[25]

すべて大寨の名のもとに、湖の埋め立て、河川のダム建設、湿原の干拓が行なわれた。湖北省では、数百の湖が姿を消した。湖北省と湖南省の境にある中国最大の淡水湖、洞庭湖は、五六万ヘクタールあった面積が二八万二〇〇〇ヘクタールにまで縮小した。雲南省の滇池《てんち》は、屏風のように聳え立つ山々に囲まれた中国第六の淡水湖で、周囲の山々には、寺院、仏塔、殿閣、さらには一九世紀に道教の道士が掘った回廊や石窟が点在していた。この滇池も、軍が動員した数十万の人々の手によって一九七〇年春に埋め立てられた。山々を爆破して巨礫を作り、それを湖に投げ込んで農地に変えようという事業であった。雲南省革命委員会のトップの指揮監督のもとで、埋め立て作業が進められていった。夜明けとともに、軍隊が農民たちを湖へと駆り立て、溝を掘って土を盛り、小石を運んで水田を作らせた。そのほとんどが手作業だった。戦争の危機が迫っているという切迫感を利用して、圧力を強め、より高い目標の達成に向けてチーム同士を競わせた。しかし結局、埋め立てた土地は水浸しで柔らかく、農地にはならなかった。さらに土を投入したが、それでも収穫高はあまりにも低かった。さまざまな生態系のバランスが崩れて回復不能となり、青く澄んでいた湖水は茶色く濁ってしまい、固有種の多くが死滅した。一九六九年には漁獲量が六〇〇万トンを超えていたのだが、その一〇年後には一〇万トン余りにまで落ち込んだ[26]。

中国全土で、軍が積極的に介入して、大寨モデルを推進した。軍は農民たちを歩兵のように扱って生産量を上げようとした。軍の管理下にある満洲の国営農場では、全員が朝の三時半に笛の合図で起床した。みんな、毛主席を支持していないと非難されるのを恐れて、遅刻すまいと必死だった。一人ひとりの作業成果が記録され、最下位だった者は公開の闘争集会で吊し上げられた。上海出身の女子生徒、南楚は、堆肥を山盛りにした籐籠を背負って全速力で畑まで運んだ。汗で衣服がぐしょぐしょになり、真冬にはしょっぱい汗が口角で凍ったが、それでも全速力で走った。そのうちに、ぐしょぐしょだった衣服が氷の鎧となって、体を動かすたびにカラカラと音をたてた。何とかこのキャンペーンを生き抜こう――だれもがそればかり考えるようになった。「腰が痛み、筋肉が悲鳴を上げ、骨も疲弊していたが、私たちは何か月もストイックに耐え続けた。[27]」

地方幹部もまた、人々を限界まで駆り立てて働かせた。彼らは自分の村を次なる大寨にし、北京に招かれて毛主席に会うのだと心に決め、何とか地元で奇跡を生み出すそうと躍起になっていた。ある村民が語っているように、「「大寨に学べ」運動は大躍進運動の続きだった。[28]」

大躍進運動と同様に、「大寨に学べ」運動もまた、大いなる欺瞞に満ちた演出だった。大寨それ自体がでっちあげで、その模範的農民たちは、毛沢東が書いた劇を演じさせられている役者だった。奇跡の大豊作は、数字を水増しし、他の村から穀物を借りてきて達成したフェイクだった。潅漑設備のほとんどは、人民解放軍の手で建設されたものだった。大寨村は、自力更生にはほど遠く、巨額の補助金やその他いろいろ国から支援を受けていた。大寨で起きたのと同じことが国じゅうで起きており、攀枝花の製鉄所にしても、滇池の埋め立てにしても、莫大な労働力とエネルギーと資金が外向きのプロジェクトのために惜しげもなく浪費された。この運動について研究しているある著名な学者は次のように述べている。「政治的な抑圧、誤った理念、そして優先順位や適正な方法に関する独断とが重なって、自然に対する攻撃、環境破壊、人間に対する虐待がこれほど集中的に行なわれたことは、歴史上いまだかつてなかった。[29]」

# 第18章　更なる粛清

一九六八年の夏から一九六九年の秋にかけて、新たに設置された革命委員会が党内の粛清に乗り出し、その権力を行使して政敵を次々に排除していった。敵のスパイ、裏切り者、変節者たちが、プロレタリア革命路線を標榜することで過去に働いた悪事を隠しながら、共産党が設立した機関の中にうまうまと入り込んでいる――というのが表向きの説明だった。この粛清運動は、党員の過去の背信行為を問うものであって、建国以前の資本主義の悪しき影響を受けていない若い世代にはあまり関係がなかった。学生たちはむしろ、農民による再教育を受けるために農村部に送られていた。

しかし、複雑な派閥間抗争の実態や、文化大革命の最盛期に現れた大衆組織の驚くほどの多様性に照らすと、建国後に生まれた人々の政治的信頼性についてもいろいろと疑惑が持ち上がった。一九六九年末に党内粛清運動が下火になってくると、若年世代の隠れた敵を狩り出す新たな運動が発動された。北京当局は、毛沢東が一九六六年に彭真は北京を修正主義の牙城にしたと告げた通知を想起させる「五・一六」という名の反革命組織が存在すると主張した。

「五・一六通知」は、文化大革命の口火を切った党内文書であり、その一年後の一九六七年五月一七日に初めて公表された。この通知のなかで毛沢東は、彭真以外の修正主義分子は「いまだに我々から信用され、後継者として育成されている」と指摘した。これは暗に周恩来の失脚を意味しているのだと受け取った紅衛兵たちもいた。総理は「反革命の裏切り者」で「ブルジョア反動路線」の代表であるとする大字報があちこちに掲げられた。江青が主導して、総理の過去を暴き立てようとした。(1)

しかし、毛沢東が介入して、この忠実な部下を守った。数か月後の八月初め、総理に対する攻撃が再び退けられると、「五・一六分子」が反革命組織のメンバーの烙印を押され、迫害や中傷が始まった。八月二二日のイギリス大使館焼き討ち事件後、迫害はさらにエスカレートしていき、詳細な計画にもとづいて、政府や軍の事実上すべての部門に地下メンバーがおり、あらゆるレベルで組織的陰謀が企てられている、との主張が繰り広げられた。周恩来はこの機に乗じて、中央文革小組内にいる自らの政敵数人に報復し、外交部の奪権を急進派青年たちに唆した王力など、江青派の主要人物の何人かを追い落としにかかった。周恩来は、外交部内の煽動者、姚登山を大使館焼き討ち事件のスケープゴートに仕立てて、「五・一六集団」の「中核メンバー」であると糾弾した。そのほかにも数十人が失脚した。(2)

しかし、粛清運動が最高潮に達したのは、その二年半後のことだった。一九七〇年一月二四日、周恩来は人民大会堂に集った人々に対し、地下組織のもたらす危険について演説した。「五・一六」と称しているものは、じつは複雑きわまりない秘密組織であって、そのなかには「外国の帝国主義者、修正主義や反動主義者、隠れた反革命分子、国民党のスパイ、党内の変節者、裏切り者、走資派、修正主義分子、さらには地主、富農、右派分子、悪質分子など含まれている」と説いたのだった。二か月後の三月二七日、「左派」「右派」を問わず、党路線から逸脱した者全員に捜査対象を拡大するとの通知がなされた。

一九七〇年の春には、周恩来と最も密接な関係のある外交部内で、「五・一六陰謀」の追随者が一〇

〇〇人以上見つかった。その数は外交部の全職員のおよそ半分にまで及んだ。(3)

反革命組織のメンバーはいたるところに潜んでいるようであった。革命委員会は、陰謀を口実にして、文化大革命中に堂々と意見を述べた者をすべて排除していったので、迫害を受けた者は数百万人に及んだ。「僧将（和尚将軍）」許世友が権勢を振るっていた南京では、一〇〇万人の住民のうちの二万七〇〇〇人あまりが粛清運動の標的となった。許世友は造反派を激しく憎悪し、反革命分子だとして徹底的に迫害した。重要な容疑者の場合には、すべてを告白させるために将官の顔をひっぱたくなど、許自らが審問を行なった。南京大学の全教職員の三分の一以上が迫害を受けた。一〇〇人が拘禁され、二一人が迫害死した。南京林学院では、教師一〇人中九人が犠牲になった。文化大革命に参加せよとの呼びかけに応じた人々――たとえば、北京に旅行した学生、党幹部を批判した紅衛兵、奪権に参加した造反派、そして何よりも許世友に逆らったことのある者――は身の危険にさらされた。(4)

宗爾力は、文化大革命の最盛期に、許世友を批判する大字報を書くという誤りを犯した学生のひとりだった。その後、彼のいた大学は軍の監督下に置かれ、卒業後に送られた国営農場も軍に管理されていた。宗爾力は何度も自己批判を書かされたあげく、一九七〇年の初めに、「五・一六分子」発見のために設置された――やはり軍の管理する――「学習班」に移送された。そこは学習班とは名ばかりの監獄で、軍将校から、陰謀に加担した疑いのある学生と教師の長い氏名リストを手渡された。「それを見て、絶対に何かおかしいと思った。「五・一六集団」なんて聞いたこともなかったからだ。自分はまったく知らない、と答えた。ところが不可解なことに、仲間たちが次々と容疑を認めるのだ。罪の告白は毎回、大衆集会で学習班の全員を前にして行なわれた。」結局、軍を公然と批判したことのある者全員が容疑者リストに載せられていた。皮肉なことに、許世友を支持する派閥に加わっていた造反派も、やはり反

逆罪に問われることになった。「造反派だから、というのがその理由だった。軍は造反派を毛嫌いしていた。」(5)

粛清の嵐は南京だけにとどまっていなかった。江蘇省の各地で、多くの人々が反革命分子として迫害された。一説によると、犠牲者の数は、百花斉放運動後の一九五七年の反右派闘争で「右派」のレッテルを貼られた人々の数の二〇倍に上ったという。当時、「五・一六分子は、親戚のなかにも、盟友のなかにも、至る処に隠れている」という歌が流行した。無錫《むしゃく》市では、三〇人の容疑者の告白にもとづいて、一万一〇〇〇人が連坐させられた。他の地域と同様にここでも、被疑者は強制的に他の人物の名前を挙げさせられた。拷問を受けた人々は、何の根拠もなしに誰かの名前を挙げたので、容疑者の数は増える一方だった。職員全員が逮捕された政府機関もあった。

江蘇省全体では、この粛清運動によって二五万人以上が影響を受けた。審問中に負傷したり、殴り殺されたりした者は六〇〇〇人を超える。誰かを告発するように迫られて、むしろ自殺の道を選ぶ被疑者たちもいた。ある女性は、首にシーツを巻き付けて窓から飛び降りた。しかし、死してもなお彼女は、党に対する背信行為を働いたとして糾弾された。批判闘争大会の壇上に引き出された彼女の同僚たちはみな次々に、自分を地下集団に引き込んだのは彼女だと供述した。(6)

江蘇省はとくにひどい例だが、他の省でも軍司令員に抵抗する勢力が残っているところでは、この粛清運動を利用して実際の政敵や仕立て上げた政敵を排除していった。韋国清が造反派に軍隊を差し向けた広西チワン族自治区では、多数の人々が逮捕された。上海では、張春橋に逆らったことのある者は全員、監獄に送られた。この粛清運動は、文化大革命中に反抗した人々に対する迫害の最終章だった。統計データはなかなか手に入らないが、巻き添えになった人々は中国全土で三五〇万人に上ると推定されている。(7)

一九六九年一一月一二日、党から除名処分を受けてから一年後、劉少奇が独房で死亡した。ベッドから起き上がれないほど衰弱していたが、沐浴、着替え、排泄など身のまわりの世話をする者はだれもいなかった。からだじゅう褥瘡だらけで、げっそりとやつれ、毛髪は長く伸びてぼさぼさだった。両脚の筋肉が萎縮して立ち上がることができなかったが、それでも看守は、自殺されるのを恐れ、体を包帯でベッドに縛りつけていた[8]。

一九六七年に逮捕されて以後、批判闘争大会で吊し上げられて繰り返し暴行を受け、糖尿病の薬も処方されなかった。肺炎も患っていたが、第九回党大会まで生かされていた。毛沢東から党中央委員会会議で劉少奇の審査報告をさせられた周恩来は、かつての同僚を「裏切り者、敵の回し者、罪悪を重ねた帝国主義者、現代修正主義、国民党反動派の走狗」と批判した。劉少奇の遺体が火葬に付されたあと、劉少奇専案組［「専案組（中央専案審査小組）とは、文化大革命時に粛清の対象となった指導者の審査を行なった機関のこと］はささやかな宴会を催し、自分の任務が完了したのを祝って乾杯した[9]。

しかしそれでもまだ、党に危害を及ぼしかねない修正主義分子や反革命分子がおおぜいいた。周恩来は、国家の戦争準備を妨害する反革命分子に対しては、断固たる措置を講ずるべきだと申し立てる書簡を毛沢東に送った。毛沢東はこれに同意した。一九七〇年一月三一日、中国共産党中央委員会は、あらゆる「反革命活動」を打ちこわすように呼びかけた。反革命の定義はきわめて曖昧で、「破壊的」と見なされるものは何でも含まれた。一週間後の二月五日、中央委員会は「貪汚（収賄）」「投機」「浪費」をも徹底的に取り締まるように指示を出した。この指示の内容も同じく曖昧であり、こうした言葉の法的定義が全くなされていなかった。ということはつまり、闇市場で卵を一個売ることから、食堂で食用油を使い過ぎることまで、計画経済の枠組みから外れるほぼすべての経済活動が違反行為と見なされる可能性があった。これら二つの運動は一九七〇年の二月から一一月まで続き、その時期がほとんど重なっているので、合わせて「一打三反」運動と呼ばれている。共産党がこうした曖昧な言葉を使った裏には、「五・一六陰謀」に参加したかどでは告発できない一般庶民を攻撃しようとする冷酷な意図があった。

数百万人の生活が破壊された。湖北省だけで、一七万三〇〇〇人が「反革命活動」に携わったとして取り調べを受け、さらに二〇万七〇〇〇人が収賄、投機、あるいは浪費のかどで起訴された。「一打三反」運動はわずか一〇か月で終了したとされているが、革命委員会は一九七一年にふたたび、一〇万七〇〇〇人の「反革命分子」を迫害し、二四万人を経済犯罪のかどで告発した。一九七一年九月に林彪が死亡したとき、その数は合わせて七三万六〇〇〇人にのぼっていた。最終的に容疑が晴れた者もいるとはいえ、湖北省全域のどの村でも、ほぼ五人に一人がこの運動の犠牲になった計算になる。(10)

「五・一六陰謀」の場合と同様に、容疑のほとんどはでっちあげだった。一九六七年に『揚子江評論』という雑誌を創刊した、ある造反派グループの場合が良い例である。彼らは急進的な共産主義者で、その中には青年時代の毛沢東を真似ようとする者もいた。大躍進期の再来を望む彼らは、文化大革命の最盛期に、武漢郊外の農村地域で厳格な共産主義を試みた。生産隊をすべて廃止し、人民公社の上層部が生産に関わる一切を管理するしくみにした。個人所有の家畜はすべて没収された。毛沢東の大飢饉のあと廃止された共同食堂が復活した。個人の家屋は取り壊され、村民たちは集団宿舎に集められた。この試みは激しい反発に遭ったが、地元の軍隊がすみやかにそれを抑えた。

一九六八年七月、毛沢東が派閥抗争の停止を命じたところで、『揚子江評論』にかかわる造反派の運命は決まった。それから数週間のうちに、武漢の湖北省革命委員会が『揚子江評論』は「極めて反動的」であると断じ、メンバー数人を逮捕した。その一年後の一九六九年九月、北京当局が『揚子江評論』は「ひとにぎりの敵の回し者、スパイ、反革命分子が陰で操っている寄せ集め集団」であると述べると、迫害の規模はどんどん拡大していった。もともとメンバー十数人のグループだったのに、湖北省全体で数千人が迫害を受けることになった。一九七一年には、反革命取締運動の一環として、一万五〇〇〇人もの『揚子江評論』の追随者がつかまった。その大多数は、『揚子江評論』などという出版物は聞いたこともない人々だった[11]。

犠牲者のほとんどは、文化大革命の派閥抗争とはほとんど無関係の人々だった。一九七一年だけで、湖北省における反革命取締運動の犠牲者は八万九〇〇〇人余りに上ったが、彼らはみな出身階級の悪い人々だった。他の地域と同様にここでも、運動の矛先は出身階級の悪い者に向けられていた。党に対する不満をちょっとでも口にすると、それが真実であろうとなかろうと、とんでもない目に遭わされた。毛沢東のポスターに穴をあけたとして告発された者もいれば、反動的スローガンを書いたかどで訴えられた者もいる。外国のラジオ放送を聴いても逮捕された。数百にのぼる架空の地下組織がでっちあげられて摘発され、「敵と通じていた」として告発された。香港やマカオの親戚に連絡をとったことのある市民や、ソ連共産党の機関紙『プラウダ』紙に投稿したことのある市民も摘発を受けた[12]。

射殺されることはほとんどなかった。常習犯は労改（労働改造所）送りとなったが、大多数の人々は「学習班」に送られて、毛沢東思想宣伝隊の厳しい監督のもとで再教育を受けた。こうした状況に置かれてもなお、頑として権力に立ち向かおうとする人々もいた。再教育のために学習班に送られたとき、ある男性はこう述べた。「三年間続けるというのなら、三年間抵抗してみせよう。六年間続けるというのなら、六年間抵抗してみせよう。(13)」

しかし、だれもがみな、そのような強靱な精神力をもっていたわけではない。延々と続く嫌がらせ、情け容赦ない審問、当局が仕組んだ虚構の罪に苦しめられて、もうそれ以上生きていることに意味を見出せなくなる人々もいた。運動が始まって最初の六週間だけで、湖北省全体で六〇〇人以上が自らの命を絶った。(14)

湖北省は特別のように思われるかもしれないが、甘粛省でも同じような数字が得られている。運動が始まって最初の三か月で、甘粛省の人口の一・五％にあたる二二万五〇〇〇人以上が告発されている。一九七〇年の末には、その数が三二万人にまで増えた。甘粛省の住民の五〇人に一人が告発された計算になる。いくつかの町が共同で強制捜査を行なって、数百人を一斉逮捕したところもある。平涼市の場合がそうで、わずか一日で三九三人がつかまった。(15)

湖北省と同様に、甘粛省でも自殺率が非常に高かった。自殺の報告はきちんとなされなかったうえ、地方当局が数字を低く抑えようとしていたので、正確な自殺率はわからない。しかし、一九七〇年一〇月までに二四〇〇人以上が自らの命を絶っている。涇川《けいせん》県だけで、一か月に満たない間に四五人が自殺した。(16)

他の地域と同様に甘粛省においても、「反革命」組織が次から次へと摘発されていった。成県《せいけん》県では民主党員が一六人が見つかり、和政《わせい》県では、救国党の幹部九人が逮捕された。一九七〇年五月までに、二〇〇〇を超える反革命的な組織、党派、陰謀を粉砕したと当局は誇っている。ここまでくると、甘粛省革命委員会のトップでさえ、こうした組織を告発するにあたっては慎重を期するようにと忠告しはじめた。全くのでっちあげが多々含まれていたからである。(17)

地方当局はどこも、文化大革命に貢献していることを示すために摘発件数を増やそうと、互いにしのぎを削った。内蒙古と接しているシルクロード沿いの町、甘粛省武威《ぶい》市では、主要病院のほとんどが閉鎖に追い込まれるほど多数の医師が逮捕された。医療関係者五人が「反革命」のかどで告発されたが、そのうちの一人は「自由を好む」罪で有罪となり、もう一人は、一九六三年に海外ラジオ局の放送を聴いたとして起訴された。さらにもう一人は、一九六六年に反動主義的な歌を歌っているところを立ち聞きされていた。壁にスローガンを落書きした子どもまでが非難を浴びせられ、街中を引き回された。成果を上げるように大きな圧力がかけられていたので、三週間もしないうちに裁断が十数回も覆されることもあった。手枷や足枷で拘束した相手を拳固で殴りつけるなどして成果を上げ、割当て人数を達成していった。(18)

農村部では、「大寨に学べ」運動が、集団的労働に携わる者すべてに繁栄と豊かさを約束した。そして、大寨モデルを徹底させる手段として革命委員会が利用したのが、汚職、投機、浪費を取り締まる「三反」運動だった。文化大革命の混乱に乗じてひそかに私利を図っていた全国数百万人の一般庶民にこの「三反」の鉄槌が下った。自留地を広げた貧しい農民から、闇市場でいくばくかの野菜を買った一般庶民までが、資本主義の道を歩んでいるとして糾弾されたのだった。

湖北省では、一九七〇年二月から一九七一年一〇月までの間に、当局からいやがらせを受けた七三万六〇〇〇人のうち、四四万七〇〇〇人がそうした一般庶民だった。甘粛省でも、三反運動の開始から三か月の間に追及を受けた二二万五〇〇〇人のうち、一六万九〇〇〇人が一般庶民だった。甘粛省武山《ぶざん》県の人口四〇〇〇〇人以上のある町では、およそ四人に一人が、闇市で物を売り買いしたのではないかとの嫌疑をかけられた。人口の四分の一を逮捕することなどおよそ不可能だが、そのうちの何人かに厳しい措置を講じて見せしめにすることで、その地域の全員を従わせることができた。(19)

ここで標的となったのもやはり出身階級の悪い人々だった。「反革命分子」として迫害されることはないにせよ、農村での資本主義の復活を裏で操る「黒幕」として告発された。武山県では、大勢の人々が闇市場に出入りしていたが、当局は「地主」や「富農」その他の階級の敵、五〇人に狙いを定めて攻撃した。こうしたやり方は武山県だけにとどまらなかった。甘粛省全体では、出身階級の悪い者が一二万二二二三人おり、その多くが集団経済を損なっていると省当局は算定していた。省都蘭州では、党機関紙が、社会主義への道を阻んでいるとして彼らを激しく非難した。「一部の地域では、いまだ思想改造されていない一握りの地主、富農、反革命分子、悪質分子、右派分子が資本主義の道を歩もうとして、人民公社の集団経済に激しく逆らい、これを切り崩しにかかっている。農村地域における資本主義的傾向や、革命に逆行する経済主義の悪しき風潮が、いまだ社会主義的生産をひどく損ねているのである。」(20)

他の省でもやはり、悪質分子を撲滅せよとの号令が下った。雲南省では、汚職、横領、投機に手を染め、集団農業を怠っている妖怪変化を当局が断罪した。(21)

社会の底辺にいるのけ者たちは、計画経済からほんのわずかに逸脱しただけでも責め立てられた。しかし、行政当局の役人であっても「資本主義のやり方」をとっていると告発されれば、やはり排除の対象となった。甘粛省の和政県と広河《こうが》県では、政府職員の一〇人に一人が粛清された。同様の粛清は、他の省でも行なわれた。河北省では、通商貿易の監督官庁の役人の六分の一にあたる、四万五〇〇〇人の党幹部が容疑者と見なされ、徹底的な取り調べを受けた。数千人が逮捕、降格、または解雇の処分を受けた。(22)

いったいどれだけの人々が、一九六九年四月の第九回党大会後に実施された粛清の犠牲になったのかは全くわかっていない。「五・一六分子」狩りだけで、三五〇万人もの人々が巻き込まれた可能性がある。しかし、それよりもはるかに凄まじかったのが「一打三反」運動であった。趣旨が非常に漠然としていたので、政敵の排除をもくろむ革命委員会にとっては好都合だった。湖北省や甘粛省の統計データが中国全土の縮図であるとすれば、国民の五〇人に一人――総人口八億余りのうちの一六〇〇万人――がいずれかの時点で告発を受けたことになる。当局に目を付けられた者全員が「反革命分子」として断罪されたわけではない。多くの場合、実際に有罪となったのは、その一部だけだった。そして、銃殺されたのは、そのうちのごく少数だけだった。

一九四九年の建国後の血の弾圧では数十万人が処刑された。そして、一九五〇年一〇月から一九五一年一〇月までの一年間に、一五〇～二〇〇万人が死刑に処された。最低でも一〇〇〇人に一人という死刑執行数の割当てが決められていたが、南部の多くの地域ではその二倍以上だった。

しかしその二〇年後、革命委員会はそれほど死刑宣告をしなくなり、実際に処刑されたのは数万人ほどだった。甘粛省では、一九七〇年四月までに銃殺されたのは二〇〇人余りで、何らかの罪に問われた人々の一％に満たなかった。しかしその七倍にのぼる容疑者が自ら命を絶った[23]。こうした粛清運動の目的は、体制にとっての敵を、真実であれ言いがかりであれ理由をつけて物理的に排除することではなく、できるだけおおぜいの人々を威嚇することだった。つまり、ほとんどありとあらゆる行動、ありとあらゆる発言が犯罪になり得ると知らしめることで、決して逆らわない従順な国民を作り出すことを狙っていたのである。

# 第19章　後継者の死

劉少奇の遺体は、深夜に、極秘で、しかも偽名で火葬に付された。「劇症伝染病患者」とされていたので、作業員二人だけで火葬が執り行なわれた。(1) 劉少奇の死は秘匿されたままで、毛沢東の存命中に公表されることはなかったが、まもなく、劉に代わってだれが国家主席に就任するかをめぐり論争が巻き起こった。

すでに後継者に指名されている林彪が、その地位に就くのは自分だと考えたとしても不思議はなかった。しかし、彼は野心を疑われるのを警戒していたはずで、毛沢東の不興を買うのを恐れて無欲を装っていたかもしれない。中国では、共産党トップは党主席、国家のトップは国家主席で、正式な肩書きはいずれも「主席」だった。しかし林彪は、中国に「主席」は一人しかあり得ないことをよく理解していた。

毛沢東は、国家主席として執り行なわねばならない山ほどの儀式が嫌でたまらず、そこから逃れたくて、一九五九年にその地位を劉少奇に譲ったのだった。その一〇年前の一九四九年のこと、諸外国の要人を接見するときは、主席も国際儀礼に合わせてダークスーツを着て黒い革靴を履くべきだと提案した儀典長はクビになった。彼はその後、文化大革命のさなかに自殺した。毛沢東は無法無天を愛し、決まり切った日課、慣例、儀式に縛られるのをひどく嫌った。[2]
毛沢東はしだいに林彪に対して疑念を抱くようになっていった。一九六九年一〇月、党および軍の指導者たちがソ連の奇襲攻撃を恐れて北京を離れたあと、林彪は蘇州の掩蔽壕から「一号命令」を下し、軍に厳戒態勢をとらせた。数千台の戦車、戦闘機、軍艦の支援を受けた一〇〇万人の兵士たちが、中国全土の戦略拠点に配置された。しかし命令はすぐに撤回された。指揮命令系統のだれかの勇み足であって、毛主席の承認を得ていないことが明らかになったからだ。自分を差し置いた越権行為に毛沢東は激怒した。どこで手違いが生じたのかは不明だが、いずれにせよ毛沢東はこの一件で、こう気づいたに違いない。自分の副司令官が軍を掌握し、いつそれを自分に差し向けて来ないとも限らない、と。
毛沢東は林彪を必要としていたが、その一方で、軍内部の派閥争いを煽ることによって、年々高まる林彪の影響力を抑えようとしてきた。ところが、林彪は第九回党大会で大勝利をおさめた。ソ連やアメリカとの戦争が差し迫っているという緊張感のなかで、国家全体が軍国主義化していった。政府に代わって軍が経済を統制するようになった。林彪は毛沢東思想を学習するよう全国に命じたが、それは国民全員が軍から学ぶことに他ならなかった。毛沢東の周囲には常に兵士たちが控えていたが、彼らが何から何まで上官に報告しているのではないかと毛沢東は疑っていた。自分の生活が軍に把握されていることに対する反感が、やがて、林彪やその配下の将官に対する憎悪へと変化していった。[3]
国家主席の後任問題をめぐって、毛沢東は自分の後継者に対して巧妙な策を弄した。毛は、国家主席就任を拒みながらも曖昧な態度をとり、ほんとうは部下たちがひれ伏して是非とも承諾してほしいと言ってくるのを期待しているのではないか、という憶測を煽った。その一方で、毛は、国家主席の地位を自分の後継者の前にぶら下げて、その反応をうかがおうとした。林彪は、毛沢東が国家主席に就任すべきだと主張した[4]。

まもなく二つの陣営が現れた。林彪は、一九六七年夏に武漢制圧を援護した二人の将官、李作鵬と呉法憲とともに、国家主席という地位の存続を主張した。それと同時に、いつものごとく毛沢東を持ち上げて、毛沢東はマルクス・レーニン主義を独創的かつ包括的に発展させた天才である、という文言を憲法に加えるべきだと要求した。それに対し、中央文革小組の中心人物二人、張春橋と康生は、国家主席の設置に反対した。加えて彼らは、林彪が書いた『毛主席語録』の序文にある「天才」という言葉を使うことにも反対した。両陣営とも、毛主席が何をお望みか、もっともよく理解しているのは自分たちのほうだと信じて疑わなかった。

一九七〇年夏に中央委員会が開催されたとき、その問題は最大の山場を迎えた。会議の冒頭、林彪は毛沢東に対し、「天才」という言葉の使用に異議を唱える許可を求めた。毛沢東は、林彪を嵌める好機と見てそうするように彼に促し、張春橋と妻の江青に向けて弁解の言葉を添えた。林彪は一時間にわたり、毛沢東を賛美する演説を行なった。

その翌日、会議参加者たちは、陳伯達がまとめた「天才論」と題する論文について討議した。陳伯達は中央文革小組の名目上のトップであったが、康生をひどく嫌っていたうえ、康生と江青の長年の関係に脅威を感じていた。権勢に翳りが見え始めていた陳伯達は、第九回党大会で林彪が正式に毛沢東の後継者に指名されるや、林彪陣営に身を投じた[5]。

陳伯達は、延安時代以来ずっと毛沢東のゴーストライターを務めてきたので、党指導者の多くが、その論文には党路線が反映されているはずだと考えた。標的にすべきは張春橋だと見て取った彼らは、毛沢東天才論をいまだ否定する「陰謀家」や「反革命分子」を党から排除するよう求めることで、張春橋を間接的に攻撃した。毛沢東は超然として討議の行方を見守っていた。まもなく、毛沢東を国家主席に、林彪を国家副主席にという熱狂的な声があがった。

毛沢東としては、罠を掛けるにはこれで十分だった。毛沢東は、林彪を外した特別会議の席で、陳伯達をいかさまマルクス主義者、長年にわたる敵のスパイだと批判した。そして、天才論に関する討議をすべてやめさせた。さらに、これまで張春橋攻撃の先鋒を務めてき林彪配下の将官たちに自己批判を命じた。しかし、だれひとり毛沢東の意に沿うことはできず、毛から更なる叱責を受けた後、どっちつかずの中途半端な状態に置かれていた。

毛沢東は、その後数か月にわたって、腹心の部下を軍上層部に配置し、林彪配下の将官たちを監視させた。また、北京軍区を再編成して、指導者二人を停職にした。陳伯達は「裏切り者、スパイ、野心家」だとして、さらに激しい非難を浴びた。林彪の勢力が衰退するにつれて、江青が力を持ち始めた。

陳伯達の失脚が公表されたのは数か月後だったが、行間を読み取る能力に長けた人々はうすうす何かおかしいと感づいていた。陳伯達は、指導部の序列第四位だったにもかかわらず、新聞の重要指導者一覧から彼の名前が消えていた。遠回しに「いかさまマルクス主義者」と呼ばれているのは、共産主義の唱道者として名高いある人物以外に考えられなかった。

しかし、劇的な政策転換が起きつつあること物語る何よりも明らかな兆候が見えたのは、一九七〇年一〇月一日のことだった。毎年、国慶節には、すべての主要都市で慶祝パレードが行なわれ、数十万人の労働者、農民、学生が、スローガンを叫び、紅旗を打ち振り、毛主席の肖像を掲げながら隊列を組んで行進する。一九七〇年のこの日も、毛沢東は広場を一望する天安門楼上に立って、党首脳陣に囲まれながら毎年恒例のパレードを観閲した。特設スタンド席の外国要人や外交官たちも、皆と同様に、毛沢東の隣にいったい誰が立つのかに注目していた。この日、史上初めて、一人のアメリカ人にその栄誉が与えられた。陳伯達の姿はどこにもなかった。

それから数か月後の一二月二五日、毛沢東とエドガー・スノーが並んで立っている写真が、主要紙すべての一面を飾った。文化大革命前夜の一九六五年一月、毛沢東はこのベテランジャーナリストを利用して、アメリカが中国を攻撃しないかぎり中国軍が国境を越えてベトナムに侵攻することはない、と世界に知らせた。毛沢東は今度もまた彼を利用して、帝国主義陣営との関係に重大な変化が起きていることを匂わせたのだった。

一九六九年四月の第九回党大会のあと、すでに毛沢東は両賭け作戦に出ており、専門家チームに対して、林彪の「人民戦争」戦略に代わる外交政策を考案するように求めていた。この秘密裏の任務を命じられたのは、陳毅、葉剣英、徐向前、聶栄臻《じょうえいしん》ら、一九六七年二月に文革の流れを逆流させようとした古参元帥たちだった。毛沢東は彼らに、従来の枠組みに縛られない新たな打開策を考え出すように求めた。一九六九年八月に新疆ウイグル自治区で奇襲攻撃を受けて、対ソ連戦の脅威が迫ってくると、元帥たちは大胆な策を打ち出した。それは米国カードを切るというものだった。アメリカに胸襟を開く態度を示すことで、二つの超大国同士の対立を利用しようというのである。彼らの見解は、アメリカをソ連と同等の敵と見ている林彪やその配下の将官たちの見解と真っ向から対立した[6]。

太平洋の向こう側でも、同じような考え方の変化が起きていた。新たに大統領に選ばれたリチャード・ニクソンは、北京よりもモスクワに対して、はるかに大きな疑念や不信感を抱いており、中国を国際秩序に引き入れる必要性を感じていた。一九六九年一月、ニクソンはこんなメモを残している。「中

国共産党：短期――不変。長期――八億人をこのまま敵対的な孤立状態に置き続けるべきではない。要接触。」(7)

アメリカの行動の裏には、また別の思惑も働いていた。一九七〇年四月、中国は広州にて、その一か月前に親米派のカンボジアの将軍に倒されたシアヌーク殿下を議長とする「インドシナ人民首脳会議」を主催した。この会議は、ベトナム、ラオス、カンボジアの共産主義勢力の連帯を呼びかけ、新たなインドシナ革命戦線を結成しようとするものだった。その五日後、ニクソン大統領は、「完全勝利」と称する軍事作戦のもと、ベトナムの国境を越えてアメリカ軍をカンボジアに侵攻させた。ところが、国境付近に潜伏する共産主義勢力を掃討するどころではなく、逆に、この侵攻によってベトナム戦争は泥沼化して第二次インドシナ戦争となっていった。まもなく、アメリカは中国に対し、この難局を脱するための支援を求めるようになる。アメリカにはまた、二つの共産主義大国の衝突を利用して、北ベトナムの最大の後ろ盾であるソ連を孤立させたいという狙いもあった。(8)

いずれにせよ、両国ともしばらく前から大使級の対話を再開させようとしていた。「完全勝利」作戦が開始されたことでこうした試みは破綻したが、一九七〇年の末頃になると緊張が緩和された。一二月二五日に毛沢東とエドガー・スノーの写真が発表される一週間前、毛はスノーに「大統領としてでも、観光客としてでもかまわない」のでニクソンに会えないだろうかと漏らしている。

秘密交渉が重ねられた。蒋介石がアメリカの盟友であるがゆえに、台湾問題で複雑化している懸案を調整するためだった。そして、ついに歩み寄りがなされた。一九七一年四月初め、名古屋で開催された世界卓球選手権大会に中国卓球代表団が派遣された。中国卓球界では、頂点に立つ選手三人が一九六八年の粛清運動のさなかに自殺していたが、このとき、選手団は周恩来から「友好第一、試合第二」という言葉をかけられていた。名古屋の地で、彼らはアメリカ卓球チームを中国に招待したのだ。数日後、アメリカ人選手九人と役員数人が、香港と中国本土をむすぶ橋を渡り、親善試合をしたり万里の長城や頤和園を訪ねたりして一週間を過ごした。(9)

人民大会堂の真向かいにある紫禁城はまだ、卓球選手たちには立ち入りが許されなかったが、その一週間後、いくつかの外国の代表団が、一九六七年以来初めて紫禁城の訪問を許可された。同じく一九六七年以来初めて、外交官七〇人の一行が特別列車で公式の国内巡察を行ない、巨大な製鉄所、水力発電所、トラクター工場、そして模範的な生産大隊を訪問した。(10)

対外姿勢の変化のきざしは他にも見受けられた。交渉の場ではいつも尊大でぶっきらぼうだった党幹部が、明らかにそうではなくなった。愛想のよい幹部さえいた。つい数年前に銃撃戦が起きた香港との国境付近でも、党幹部の態度はいつになく温厚だった。政府役人と海外との主要な商取引の場のひとつ、広州交易会［広州で毎年春と秋の二回開催される貿易展示会］では、毛沢東思想の講話は中止になった。ホテルの客室から毛沢東の肖像は撤去され、反米を唱えるスローガンはトーンダウンした。市街地がきれいに整備された。(11)

もちろん、地元住民の交易会への立ち入りは禁じられていた。なぜなら、輸出市場向けに展示されている食品や衣類の豊富さと、地元の店で手に入る品物の乏しさとの間にあまりにも大きなギャップがあったからだ。それでもやはり、一般庶民にも風向きの変化が感じられた。エドガー・スノーが毛沢東の隣に立ったとき、一条の光明がさしたのだ。いまだ第一拘置所に拘禁されている鄭念は、ひそかに興奮し希望を抱いたが、心に引っかかることもあった。「共産主義の中国が西側の国に接近するなんて、話ができすぎている気がした。」広州、上海、天津の街中で、衣服にバッジを付けている人はほとんど見かけなくなった。国境を行き来する列車からは、いつのまにか毛沢東の肖像が撤去されていた。(12)

アメリカ卓球チームの中国訪問のすぐあと、ニクソン政権の国家安全保障担当補佐官、ヘンリー・キッシンジャーが北京に招かれた。中国との交渉進展に期待をよせるキッシンジャーは、手土産を携えてやって来た。アメリカは台湾の国民政府と相互防衛条約を締結しているが、ワシントンはこの同盟関係を絶つ用意があり、中華人民共和国を国家承認することを約束しようというのだ。キッシンジャーは、中華人民共和国が国連で中国代表権を獲得するのを、アメリカは支援するつもりだとほのめかした。そして、中国の指導者たちに惜しみない賛辞を送り、アメリカとソ連との二国間交渉の詳細をも含めた極秘情報を提供するとまで持ちかけた。「我々はソ連との対話の内容をあなたがたに明かすが、あなたがたとの対話内容をソ連に明かすことはない。」キッシンジャーが実質的な相互譲歩を求めてくることはなかった。[13]

これは秘密裏の中国訪問だったが、一九七一年七月一五日、国営テレビ放送にニクソン大統領が登場して、キッシンジャー補佐官によって準備作業がなされたことを明かすとともに、大統領自身も近々中国を訪問すると発表した。このニュースが報道されて、世界中に衝撃が走った。冷戦の勢力均衡が崩れて、ソ連側に不利になるからである。北京では毛沢東が、アメリカは「サルからヒトに進化つつあるが、まだヒトになりきっておらん。まだ尻尾が残っておる」とほくそえんでいた。[14] 世界最強の大国のリーダーも、毛沢東にかかると、まるで皇帝への謁見を求める使節であった。

アメリカと中国の密談が重ねられるなか、毛沢東とその後継者である林彪の間に生じた亀裂は広がる一方だった。一九七〇年夏、毛沢東が真意を明かし、林彪の天才論を非難して彼を追い込んだあと、毛沢東は肺炎で倒れてしまった。医師は抗生物質を処方したが、毛沢東は林彪が自分を毒殺しようとしているのではないかと疑った。「林彪は私の肺を腐らせたいのだ」と怒りをあらわにした。こうした状況が長らく続いたが、両者の関係はすでに破綻していた。まさに政治的行き詰まりに直面していたのだった。

個人的な不信感以外にもいろいろと問題があった。林彪はそれまでも、人目を避けてひっそりとした生活を送ってきた。本当の病気にせよ仮病にせよ、あれやこれやいろいろ理由をつけてしょっちゅう病欠の連絡をしてきた。毛沢東はかつて、林彪元帥は「永遠に健康だ」と皮肉ったことがある。一九七〇年の夏以降、林彪はますます不活発になり、妻に党内文書を読ませたり、職務を代行させたりするようになった。重要な会議も頻繁に欠席した。毛沢東は失望を募らせていった。林彪は覚えめでたい後継者ではなくなっていた。(15)

一九七一年八月には、毛沢東の不信感は頂点に達し、クーデターが起きたらどの軍区司令員が林彪側につくだろうか、などとと独り言を漏らすようになった。林彪の支持者のほとんどは北京にいた。毛沢東は南部への巡察旅行を開始し、武漢、長沙、杭州、上海の軍指導者たちの支持を集めていった。そして、林彪を名指しこそしなかったが、国家主席の座に就こうと昨年から動き出した人物が、いまや党を分裂させて権力を手中に収めようと企てている、という情報を広めた。そして、「天才がこの世に現れるのは数百年に一度だと言う者がいるが、中国にそのような天才は数千年来現れていない」と皮肉った。「やつは私を支持し、私の地位を高めようとしていると言う者もいるが、やつが本心から望んでいるのは、自分の地位を高めることなのだ。」

一か月後の九月一二日の夕刻、毛沢東の専用列車は北京に戻ってきた。それから数時間後の、一三日深夜二時三〇分ころ、イギリス製のトライデント機がモンゴル人民共和国領内に墜落した。広大な草原には機体の残骸が散乱していたが、まもなく地元警察が男性八人と女性一人の焼死体を発見した。墜落現場に最初に駆けつけた警察官の一人、久米得（Tuvany Jurmed）は当時の状況を「身につけているものはすべて焼け焦げて、ピストルのホルスターとベルトしか残っていなかった」と回想している[16]。

いったい何が起きたのかは、いまだに謎に包まれたままだが、ほどなく、林彪は毛主席暗殺の陰謀が失敗してソ連に亡命しようとしたらしい、という噂が流れ始めた。毛沢東暗殺計画の背後にいたとされるのが、林彪の二五歳の息子、林立果《りんりつか》だった。彼は比較的若年の身ながら、空軍総司令の呉法憲の庇護を受けて、軍内で相当な影響力をふるっていた。林立果は、父親の立場が脅威に晒されているのを知っていたし、毛沢東は政敵と見なした相手に対して、生半可なやり方では済まさないこともよく理解していた。

政治の世界で、彼とずっと一緒にやって来られた者が一人としているだろうか？　かつての秘書たちはみな、自殺するか、さもなければ逮捕されている。数少ない同志や腹心の部下たちも、彼によって監獄に送られた……彼は偏執病のサディストだ。彼が人を片付けるときのやり方は、やらないか、徹底的にやるかの二つに一つ。始末すると決めたが最後、死に追い込むまでやめようとしない。いったん傷つけたら、どこまでもとことん傷つける。そして、悪いことはすべて、その責任を他人になすり付けるのだ[17]。

林立果と数人の近しい盟友たちは、毛沢東暗殺の方法をいろいろと考案していた。毛沢東の特別列車を火炎放射機で攻撃する、空から列車を爆撃する、列車が通過する橋にダイナマイトを仕掛ける、などである。林立果はそれを妹の林立衡にも知らせたが、林立衡はその計画に反対だった。毛沢東に楯突くようなことをすれば、父親に恐ろしいしっぺ返しが来るにちがいないと思ったからだ。九月八日、林立衡はその情報を、林彪の身辺を警護している護衛二人に漏らした(18)。

結局、暗殺計画は実行されずに終わった。毛沢東がその陰謀をかぎつけたのかどうかは定かでないが、九月八日の夜半に突如、南部の巡察を省略して、北京に引き返すように専用列車に命じたのだった。途中、南京に立ち寄って腹心の許世友と会い、それから四日後に北京に戻ってきた。専用列車が北京市郊外の駅に入るとすぐ、毛沢東は北京軍区の指導者数人と会った。そのなかには、林彪配下の将官たちの監視役として、軍上層部に配置して一年も経っていない部下二人も含まれていた。北京市一帯の警備が強化され、毛沢東は人民大会堂のなかに身を隠した。

その日、毛沢東が父親に攻撃を仕掛けてくることを恐れた林立果は、一家が渤海を見晴らす別荘に滞在している北戴河へと、飛行機で飛んで帰った。彼は両親にここから逃げてほしかった。「いったいどこへ逃げるの?」と妹の林立衡が尋ねた。「大連でも、広州でも、香港でも。状況次第でどこだっていい。」しかし、父親はそれを拒んだ。青白く痩せていて、髭も剃らず、目が落ち窪んでいる林彪は、数か月前から自分の身に降りかかることを悟っており、その運命を受け入れる覚悟ができているようだった(19)。

林立衡は、逃亡を企てても無駄だと知りつつも、中央保安隊に警戒態勢をとらせて何とか父親を守ろうとした。林立衡は、父親の林彪をこよなく愛していたが、母親の葉群とは緊張関係にあった。その晩、周恩来は電話で知らせを受けたが、林彪一家の搭乗を阻止する手立ては何一つ講じなかった。林立果と葉群は、林彪が身支度するのを手伝い、午後一一時半ころ、半ば引きずるようにして彼を車に乗せ、四〇分ほど走って地方空港に急行した。銃を手にした兵士たちがそのまま通してくれた。空港には軍隊も派遣されていたが、軍隊も一行を止めようとはしなかった。車がトライデント機の前まで来ると、大慌てで飛行機に乗り込んだ。一家と側近たちが何とか搭乗し終えると、燃料補給が不十分だったにもかかわらず、林彪の妻は直ちに離陸させせよと言ってきかなかった。航空士も、通信士も、副操縦士も搭乗していなかった。

一行の乗った飛行機が空のかなたに消えるとすぐ、あたりは真っ暗闇に包まれた。北京では周恩来が、国内の飛行機をすべて地上にとどめ、滑走路灯を消すように命じていた。飛行機は北に向かって飛んでいったが、燃料不足のためにあまり遠くまでは飛べず、モンゴルの草原に墜落した。[20]

飛行機墜落の一報が入るとすぐに、「林彪派四天王」は、林彪一家との結びつきを示す証拠の隠滅作業にとりかかり、写真、書簡、ノート、電話記録簿などをすべて焼却処分した。黄永勝、呉法憲、邱会作、李作鵬は、九月二四日にそれぞれの職を解任された。周恩来は、林彪事件について調査する特別調査班を設置した。軍内部の林彪派の粛清は一九七三年五月まで続き、有力な政治将校やほぼすべての省の軍トップなど、その数は数百人に及んだ。[21]

一九六七年二月に林彪と文化大革命を批判した古参軍人たちが勢いづいた。彼らはさっそく、かつての戦友を非難し始めた。つねに歯に衣着せぬ物言いをする陳毅は、林彪の「陰険なやり口、二枚舌、党派根性、狡賢さ」をさんざんののしった。[22]

一九七一年一〇月一日の祝賀パレードが中止になると、どうも林彪が死去したらしいという噂が広まり始めた。鄭念は、上海の拘置所で国慶節の朝のラジオ放送を聞き、恒例の祝賀式典について一言も触れないことに驚いた。その日、看守が在監者のところを一人一人回って『毛主席語録』を回収していった。夕方に返しに来たが、林彪の序文のページが引きちぎられていた(23)。

ほどなく、その事件は万人の知るところとなった。外国のラジオ放送を聴いていた者は、国外からそのニュースを知らされた。一九四九年当時、一六歳だった丹梭は、北京に入城する人民解放軍を横断幕を掲げて歓迎したが、その後、文化大革命期に反革命分子と非難され、満洲の農村に追放されていた。丹梭を自宅に招いてくれた村の会計係が、ラジオの周波数をいくつかの局に合わせると、林彪の死を報じる日本のニュース放送が大きくはっきりと聞こえてきた(24)。

海外のラジオで耳にしたにせよ、党内会議で伝えられたにせよ、だれもかれもが大きな衝撃を受けた。毛主席は無誤謬のはずであり、また、林彪は毛主席の長年の戦友で、後継者に指名されている人物だった。青春時代に熱烈な思いで入党した丹梭にとって、この日本のラジオ放送は、いまだかつてない「政治的教訓」を与えてくれるものだった。彼がいまだ体制に対して抱いていた信頼を、徹底的に破壊してくれたのだ。満洲の国営農場に送られていた女子生徒、南楚は、一番弟子が信を置けなくなった毛主席に対して、自分がそこまで信を置く理由がわからなくなった。「自分を内側から支えていた精神的支柱が粉々に砕けた。共産主義に対する期待と、毛沢東に対する揺るがぬ信頼とが一気に崩壊したのだ(25)。」

ほっとした気持ちになった人も少なくなかった。林彪はもともと民衆に人気がなかったが、人々は何よりもまず、林彪の死は文化大革命の終焉の始まりだと感じていた。公式発表が行なわれた会議に参加していたある通訳は、「安堵の吐息が聞こえてくる」ように感じた。

とはいっても、事件に対する反応は人それぞれだった。激しい嫌悪を感じる者もいれば、背信行為だと考える者もいた。農村に下放されていたある女子学生は、ニュースを聞いたとき、自分の世界が粉々に砕け散ったように感じたのを憶えている。「私はわなわな震えていた。次に何がが起こるのか見当がつかなかった。」けれども、やはり下放されていた彼女の親友は、むしろ喜んで未来に期待を寄せていた。[26]

毛沢東自身もやはり動揺していた。この事件以降、彼の健康状態は劇的に悪化していった。そこにはもう、政治闘争を好む、溌剌と生気に満ちた指導者の姿はなかった。毛沢東は鬱ぎこんで寝ついてしまい、何週間も寝たきりになった。風邪が長引いて、脚がむくみ、不整脈に悩まされるようになった。事件から二か月余りのち、北ベトナム首相との会見の際には、毛沢東が摺り足で小刻みに歩く姿をテレビカメラが映しだした。

しかし、周恩来は喜んでいた。「このような結末になって、これ以上のことはない。大きな問題が片付いたってわけだ」と、毛沢東の主治医に語った。[27]

林彪と葉群の遺体が中国に戻ってくることはなかった。二人はモンゴルの地に埋葬されたが、後日、モスクワの法医学専門家チームによって、他の墜落犠牲者の遺体とともに発掘された。中国の最高指導部メンバーのご多分にもれず、林彪も相当な時間をかけてソ連の医療を受けており、ソ連側は身元確認をしたがった。金歯が入っている遺体二体の頭部を切断し、大釜でゆでて、肉組織や毛髪を取り除いた。そのうちの一体の骨格は、林彪の医療記録とぴったり一致した。頭蓋骨二つはモスクワに送られ、国家保安委員会（ＫＧＢ）の檔案庫に保管された。[28]

# 第4部　灰色の年代（1971-1976）

# 第20章　修復

二か月近く鬱ぎこんだまま、ベッドで政治戦略を練っていた毛沢東は、ようやく次の手を打つ心の準備がととのった。文化大革命中に自らの手で追放した軍長老たちとの和解を望んだのである。失脚した彼らは、依然として名誉を失ったままだった。一九六七年二月に、林彪をフルシチョフと大差ない人物だと批判した陳毅元帥が、一九七二年一月六日に結腸がんで死亡した。陳毅の追悼式が行なわれる日の午後に目ざめた毛沢東は、突如として追悼式に参列することを決断し、絹のローブを羽織り、革のサンダルをつっかけて出かけた。葬儀場の待合室で、毛沢東は陳毅夫人に歩み寄り、言葉をかけてなぐさめた。そして見事な演技で目をしばたたかせ、嗚咽してみせた。たちまち、部屋にいた全員が声をつまらせて泣き始めた。

陳毅の追悼式が終わると、そのほかの軍指導者たちの名誉回復が始まった。林彪に「反革命的暴動」の首謀者と難じられた武漢の将軍、陳再道は、公式の活動への復帰を許された。一九六八年三月に粛清されるまで総参謀長代理だった楊成武も名誉を回復した。毛沢東は手紙をしたためて、「楊成武よ、私はあなたのことを理解している」と書き、林彪の犠牲者だったとした。一九六五年に惨い尋問を受けて窓から飛び降り自殺を試み、脚を骨折した総参謀長、羅瑞卿も汚名をそそがれた。「林彪の羅瑞卿批判も的はずれだった」と毛沢東は語った。「私は林彪の言葉に従って羅瑞卿を解任してしまった。林彪の一方的な意見を何度も聞き入れたのは私の不覚であった。私は自己批判しなくてはいけない。」毛沢東は、すでに故人となった狡猾な策士に、これまでずっと騙されてきたのだというふりをした[1]。

軍高官の返り咲きのほかにも、新たな夜明けを予感させる兆候があらわれた。一九七一年春の卓球外交をきっかけに米中間の緊張が緩和され、一九七二年の年明けの数週間のうちに街じゅうがきれいになった。理由は単純。ニクソン大統領が中国にやって来るからだった。

北京市内の全区域が、ニクソンの訪問に備えてゴシゴシときれいに磨きあげられた。大字報は剥がされ、反米スローガンも鳴りをひそめた。文化大革命中に改められた道路名標識のいくつかが塗りつぶされ、たとえば「紅衛兵通り」がもとの「騾馬《ラバ》通り」に戻された。中南海、釣魚台、天安門広場に通じる幹線道路沿いの建物の戸口や窓枠が塗り直されてピカピカになった。天壇公園の入口には、クレーンを使って高さ三メートルを超える街路樹が定植されていった。主要な区域はどこも相変わらず兵士が警備していたが、兵士たちはもはや銃剣を装備してはいなかった[2]。

上海の街もやはり化粧直しが行なわれた。ある人の観察によると、わずか数週間のあいだに、それまで二二年間に上海で使用されたペンキよりも大量のペンキが使われたという。上海の豫園は、一六世紀の裕福な官僚が造営した広大な庭園だが、その園内の庁堂、楼閣、回廊の数百枚におよぶ扉が取り外されて、塗り直しの作業が行なわれた。商店の多くが、商店名をもとの文化大革命以前の名前に戻した。どこもかしこも赤一色だったのが、店の看板に赤以外の空色、クリーム色、青リンゴ色の塗料も使われるようになった。文字の書体も、それまでは毛沢東の筆蹟に似た派手で大仰なものばかりだったが、それ以外の多様な書体が用いられるようになった。

文革以来、ところ構わず貼られていたスローガンや大字報を撤去するチームが、街路ごと、地区ごとに組織された。和平飯店の真向かいの建物には、高さ三メートルの文字で「無敵の毛沢東思想万歳」と書かれた巨大なスローガンが貼られていたが、女性たちの小軍団がそれをごしごしこすって剥がした。代わって「全世界の人民の大団結」を呼びかける新たなスローガンが掲げられた。毛沢東に関連する品々はすべてショーウィンドウから撤去された(3)。

問題は毛沢東像だった。毛沢東像はいたるところに無数に立てられており、しょっちゅう石膏のかけらが落ちてきて歩行者に当たるので、危険なことこの上なかった。ある地区だけで、二〇〇〇体あまりの塑像が公衆を危険にさらしていた。上海展覧センターの前に聳え立つ像からは、高く上げた毛沢東の巨大な腕が墜落した。数千体におよぶ毛沢東像が撤去され、ひそかに石膏工場に送られてリサイクルに回された(4)。

小型の毛沢東像を買い求めようとする客も激減した。ほどなく、百貨店の地下倉庫は、虚しく空を見つめる数万体の石膏や琺瑯の半身像で溢れかえるようになった(5)。

あちこちの公園がすっかり整備されてきれいになった。上海市では一九六六年以降、三〇〇ヘクタールを超える緑地が工業用地に転換されてきたのだが、『解放日報』はここにきて、街の公園は社会主義の新たな顔であると言明した。文革中に散々痛めつけられて破壊された数百か所の公園や庭園に改修工事が施された。一九〇九年に開設され、花壇、噴水、あずまやなどが配置された復興公園では、紅衛兵が破壊したランプがすべて修復された。当時の門が帝国主義の象徴であるとして取り壊された中山《ちゅうざん》公園も、輝かしい昔日の面影を何とか取り戻した。中国共産党第一次全国代表大会会址［一九二一年に中国共産党第一次全国代表大会が開かれた歴史的建築物で、かつてフランス租界内にあった］に通じる大通りはきれいに整備され、生育不良の街路樹のサワグルミには、剪定や植え替え作業が行なわれた(6)。

毛沢東自身も、身だしなみを整え、身なりを飾った。陳毅の追悼式に急遽参列したのち、毛沢東の健康状態はさらに悪化していき、一時、危険な状態に陥ったため、抗生物質、強心薬、利尿剤を用いた治療が開始された。すると、状態はすみやかに回復していった。座ったり立ち上がったりする練習を開始し、五か月以上そのままになっていた髪の毛を散髪した。［医師団は首脳会談に備えて万全の態勢を整え、］観葉植物の鉢植えのうしろに救急医療器具類を隠しておいて、何が起きても数秒以内に組み立てられるようにしておいた(7)。

一九七二年二月二一日、ニクソン大統領との会談は大成功を収めた。一五分間程度の予定だったが、実際の会談は一時間以上に及んだ。一週間後、上海で米中共同コミュニケが発表されて、両国は国交正常化に向けて努力することを言明した。

林彪事件の直後にニクソンの訪問を受けたことには絶大な政治宣伝効果があった。中国を孤立させる目論見が失敗に終わったことをアメリカが認めた、という見方が広まった。北朝鮮の最高指導者、金日成は得意満面で「ニクソンは白旗を振って北京に行きおった！」と述べたと伝えられた。中国人民はこれまで帝国主義を恐れてきたが、いまやアメリカの真の姿を見て取った、つまり張り子の虎でしかないことを認識したのだ、という政治宣伝がなされた(8)。

ニクソン訪中が連鎖反応を引き起こしたことで、ソ連の名声も大打撃を被った。ヨーロッパ、ラテンアメリカ、アフリカ、アジアの国々の指導者たちが承認を求めて北京に押し寄せた。日本の田中角栄首相の中国訪問も、毛沢東にとってのもう一つの勝利だった。日本はアジアにおけるアメリカの最も重要な同盟国だったが、日本政府が上海コミュニケについて知らされたのは、放送されるわずか一五分前だった。こうした米中の頭越し外交は信頼を裏切る行為であり、その影響は何年も続くことになる。

アメリカ側は、米中首脳会談からそれほどの効果は得られなかった[9]。上海コミュニケで約束したにもかかわらず、国交正常化は六年後まで達成されなかった。ニクソンは、友好関係を樹立することによって、ベトナム問題に関しても何らかの歩み寄りを図れるのではないかと期待していた。ところが、中国はインドシナ地域の同盟国への支援体制をさらにいっそう強化していった。残忍な大虐殺をくりかえすカンボジアのクメール・ルージュ政権を支援する姿勢はまったく揺るがなかった。その後の数年間に、アメリカはインドシナ地域においてますます苦境に陥っていった。


林彪事件が起きたことによって、軍長老の名誉は回復されたものの、軍の役割や権威はすっかり地に落ちた。かつて一九六七年初めには、二八〇〇万人を超える兵士たちが党や国の要請を受けて、革命の支援に乗り出した。しかし一九七二年八月、人民解放軍は兵舎へと撤退した。

毛沢東は、文化大革命期に「走資派」と糾弾された党官僚に頼る以外にほとんど道がなくなっていた。軍将校は民政業務からひそかに手を引き、代わって党官僚が力を握るようになった。内モンゴル自治区は、一部が他省に分割されたものの、修正主義者とされたウラーンフーが権力の座に返り咲いた。四川省では、二挺に破れて退けられていた李井泉が名誉を回復した。そのほか二六人の省トップがもとの職に復帰した。『人民日報』は「党幹部の九五％以上は良質またはかなり良質であり、過ちを犯した者の大多数は改心できると我々は信じるべきだ」と報じた[10]。一九七二年末までに、五七幹校に送られていた政府官僚や党幹部のほとんどが職務に復帰した。

しかし、かつて彼らがふるっていた権力や威信はすでに失われていた。革命委員会設置後に軍の監視下で行なわれた際限のない粛清運動に加え、文化大革命期の政治的内部抗争によって、彼らの多くは散々痛めつけられていた。宮廷政治の劇変ぶりを身をもって体験し、政治の風向きがいつ何時変化するかわからないことを知っている彼らは、また何か政治的過ちを犯すのではないかと戦々恐々としていた。その多くが、自分はもう完全に再教育されていること、そして、自分は「変われる」人間であることを示そうと必死だった。硬直した党路線からはずれた考えを提案するつもりなど毛頭なかった。

とくに経済面は、回復の限界が明らかだった。依然として崩壊寸前の状態にあった。アメリカとの友好関係が樹立されたことで、差し迫った戦争の脅威はもはや存在しなくなり、三線建設の優先度は低下したのだが、それでもなお大量の資源が重工業に向けられていた。鉄鋼生産の目標値が上げられたせいで、恒常的な電力不足を招き、厳しい配給制が敷かれることになった。湖北省で、一九七三年二月に通常の電力供給を受けられたのは、党最高幹部と外国人専門家の家庭だけだった。武漢市内の街灯の半分はいつも消えている状態だった。(11)

国有企業の多くは生産性が落ち込んだままだった。毛沢東思想宣伝隊の兵士たちはいなくなり、それに取って代わった党幹部たちの地位や威信は、文化大革命によってすでに損なわれていた。良くても、何とか滞りなく業務を処理するだけ、悪くすると、次なる政治運動を恐れて全く何もしようとしない幹部もいた。

労働者のあいだに無気力が広がり始めた。長年にわたって彼らは、上からの圧力に抵抗する技ばかりをひたすら磨いてきていた。仕事をサボったり、怠けたり、手を抜いたりするのが得意だった。職場の規律は緩みきっていた。工場設備を使って自分の衣類を洗濯する者もいれば、現場監督が姿を消すとすぐにポーカーゲームを始める者もいた。製品を工場からくすねてきて、それを親戚や友人に配ったり、闇市で売ったりする者もいた(12)。

　幻滅感でいっぱいの労働者たちが生み出す製品の質は惨憺たるものだった。広東省のいくつかの工場では、扇風機、カメラ、さらにはトラクターにいたるまで、基準に合格した製品は全製品のわずか三分の一にすぎなかった。陝西省の工場では、不良品率が五〇％にまで達した。陶磁器製品の品質があまりにも粗悪だったため、百貨店の店員たちは茶碗を一個一個スプーンで叩いて、ヒビが入っていないかどうかを必ずチェックしていた(13)。

　単なる不注意から、あるいは故意に業務をおろそかにする作業員のせいで、国有財産も損害をこうむった。中国の中部地域きっての交通の要衝、漢口《かんこう》では、貨物作業員が段ボール箱を三メートルの高さから投げ降ろすので、その衝撃で中身がしょっちゅう破損していた。新入り作業員がそのやり方の是非について尋ねると、「管理者側も気にしちゃいないから、こっちも気にしないのさ」という返事が返ってきた(14)。

　計画経済においては透明性や財務情報の開示が重視されていないことからしても、問題の規模を正確に把握するのはなかなか難しい。甘粛省では、一九七二年に国有企業の六社に一社が赤字経営に陥っていた。林彪事件の翌年、生産性低下といわゆる「経営混乱」の影響をもろに受けて、工業部門の赤字合計額が三分の一以上増加した。その後も状況は改善されず、三年後の一九七五年には、四社に一社が赤字経営に陥ることとなった(15)。

　陝西省では、工場の三軒に一軒が赤字だった。国有企業の経営にあたっている党幹部は、国の設定した生産数量目標を達成することしか頭になく、製造コストに関心を向ける者はほとんどいなかった。一九六六年の時点では、固定資産一〇〇元当たり、一六〇元をやや上回る製品を生産していた。ところが一九七四年には、それがわずか八四元にまで落ちてしまった。とんでもない採算割れの状態だった。西安電線公司だけでも、四〇〇万元に相当する一七〇〇トンの製品の返品を受け、それを裏庭に積み上げてあった。(16)

重工業を最優先する国の姿勢は変わらず、消費財はなおざりにされたままだった。林彪の軍事独裁時代に自力更生がやたら強調されて、もともと非効率だった資本配分がますます非効率化したがために、計画経済は機能不全に陥り、人々の最も基本的な需要すら満たせなくなっていた。「大寨に学べ」運動が展開されたことで、どの省もみな、旧来の取引関係を断ち切って、自給自足の経済政策を取るはめになった。すると、ボタンのような単純な製品の調達さえ厄介になった。文化大革命以前は、新疆ウイグル自治区の工場で縫製された衣類は、次に、どの村もボタン製造を専門にしている浙江省へと送られていた。ところが、こうした国内ネットワークが絶たれてしまうと、縫製工場はすべてを自前で製造しなければならなくなったのだ。その結果、だれもが物不足に苦しむようになった。(17)

新疆ウイグル自治区で不足していたのは、ボタンだけではなかった。乾燥した草原、聳え立つ山々、移動する砂漠に囲まれて、この人口がまばらな地域でくらす人々は昔からずっと、生活に必要な品々の多くを交易によって手に入れてきた。ところが一九七〇年には、ゴビ砂漠越えをする長距離トラックの運転手でさえ、数年間待たなければ魔法瓶が買えない状況になっていた。婚礼の儀式に欠かせない酒盃もなかなか手に入らなかった。紅衛兵がミナレットやモスクを工場に変えた、肥沃なオアシスの町、トルファンでは、一シーズンに石鹸一個を三人で分け合わねばならなかった。かつてシルクロードの要衝として栄えた区都のウルムチでは、粉石鹸の支給は四か月に一度、一人一袋に制限されていた。マッチやライターは贅沢品だった。火を付けるのに欠かせない火打ち石を買うのにも、配給証が必要だった。(18)

新疆ウイグル自治区は、この一大帝国のはずれに位置していたが、香港に近い珠江デルタの貿易都市でさえ、人々は厳しい生活を強いられていた。広東省仏山《ふつざん》市でも、マッチ、石鹸、練り歯磨き、電池、綿布が不足していた。さらに北の、南京郊外の農村では、歯ブラシはたいへんな贅沢品であり、毛沢東が死去した一九七六年以降に初めて使い始めた人がほとんどだった(19)。

政府はこうした問題が生じていることを認識しており、ある程度は政策調整がなされた。「大寨に学べ」運動は、毛沢東の死後数年を経るまでなかなか終息しなかったが、何が何でも自給自足経済政策を取るべしという押し付けはなくなった。一九七一年以降、国有企業はふたたび、中国全土に販売員や購入代理業者を派遣して、新たな商取引ネットワークを構築し始めた。こうした動きがてきめんに反映されたのが、広州交易会の参加者の急増であった。一九七三年春の広州交易会の参加者数は、前年までをはるかに上回り、一日あたり一二万七〇〇〇人にも達した。ホテルはどこもかしこも満室状態だった。客室にベッドを追加して大人数で泊まれるようにしたが、それでもベッドは足りず、数百人がホテルのロビーで夜を明かした。

上海でもやはり、商取引が復活して、記録的な数の購入代理業者が訪れるようになった。一九七三年初めの数か月間には六万五〇〇〇人余りが押しかけ、どのホテルも満室だった。華山飯店だけで、四〇〇人の客が廊下で夜を明かした。新華飯店では、フロントに三晩座ってようやく廊下のござで寝られるというありさまだった。理髪店の床の上で寝る人々も数百人に及んだ(20)。

西側諸国との貿易も奨励された。北京詣をしたがる熱心なアメリカ人実業家が後を絶たなかった。アメリカの大富豪、デイヴィッド・ロックフェラーが花柄のスポーツシャツを着て、笑顔の中国銀行の役員たちに囲まれている写真が掲載された。海外の新しい設備や進んだ技術が導入され、老朽化した国有企業の機械類が少しずつ取り替えられていった。[21]

文化大革命の最盛期に、美術・工芸品に課せられていた制限は緩和された。軽工業部は依然として「反動的、色情的で嫌悪感を抱かせる産品」を禁じていたが、それまで「封建的」あるいは「迷信的」だと批判されてきた工芸品の制作は再び許可され、輸出だけで毎年数百万USドルを稼ぐようになった。少数民族も、韓国鍋からチベット木碗にいたるまで、一九六六年以降禁じられていた手工芸品の制作を一部認められた。全般的に、以前よりも軽工業産品が重視されるようになった。[22]

農村部でも、生産品目の多様化や小規模企業の設立が認められた。それは、一九七〇年八月に開催された北方地区農業会議において、周恩来総理がすでに打ち出していた方針だった。それは、農村部の企業は、農機具、化学肥料、セメントの生産などを通して農業の発展を支援し、中国は農業と工業の「二本足で歩む」べきとの考えだった。

といってもそれは、新たに出てきた考えではなかった。大寨では、陳永貴の指導のもとで働いていた農民たちが、煉瓦窯、うどん工場、ボーキサイト鉱山を運営し、共同体の発展のために農業と工業の融合が図られていた。そもそも「二本足で歩む」という理念の源は大躍進政策期にまでさかのぼる。当時、毛沢東は、工業を農村部に移し、個々の農民の生産能力を巨大な人民公社内で解放することで、中国はライバルの国々を追い越せると考えていたのだ。しかし、国が奨励する農村企業はいまだ、硬直した集団指導体制下に置かれていた。[23]

公式見解を軟化させ、政策に多少手を加えてもなお、計画経済は大多数の一般庶民の暮らしを向上させることができずにいた。一九七四年になってようやく、多くの都市で、住民の基本的ニーズを満たすのに必要な物資の半分をかろうじて生産できるようになった。[24]

陝西省紫陽《しよう》県は、長江支流の漢江が、聳え立つ山々の間を縫って蕩々と流れる大自然のど真ん中に位置している。中国の銘茶、紫陽茶は、このような陝西省の山間部で栽培されている。肥沃な土壌、温暖な気候、豊富な降雨が、微量元素のセレンを多く含む翡翠色の茶葉を生むのである。

一九七三年一二月、巡察旅行をしていたある党幹部が、道端に小さな茅葺きの掘っ建て小屋を見つけた。家族七人がそこで暮らしており、凍てつく地面の上に薄いスレート一枚とボロボロの綿布を敷いて、その上で寝ていた。衣服はまったく持っておらず、藁にくるまって何とか寒さをしのいでいた。まばらな藁束の間から、四〇歳だという母親のしなびた胸がのぞいていた。一家の所有物と言えるものは、欠けた茶碗数個とブリキ缶一個以外、何もなかった。老人が小屋の隅ですすり泣きながら、何度も何度も必死に同じ訴えを繰り返していた。「どうか御上がなんとかしてくれますように！」巡察員は自分の上着を着せてやりたいと思った。だが、気温が零下一〇℃まで下がる真冬の巡察旅行をこの先まだ一〇日以上続けなくてはならない。「申し訳なくてつらかった。自分の服を一枚も脱いでやれなかったから」と彼は回想している。地区長に尋ねてみると、村民の五人に一人は同じような境遇だという。一つの人民公社内で、春のうちにすでに五〇人が餓死していたが、その冬にはさらに多くの人々が命を落とすことになった。[25]

それから二年経っても、状況はほとんど改善されなかった。一九七五年一二月、紫陽県の住民の約七割は、一日の穀物摂取量が五〇〇グラムに満たなかった。紫陽県の山間部はとくに状況が厳しく、村民の三人に一人は塩を買うことも、ランプに油を注ぐこともできずにいた。毛布も茶碗もなく、農具すら持っていない村民がおおぜいいた。[26]

陝西省全体では、五〇〇万人以上が飢えに苦しんでいた。「一年間に一二五〜一三〇キログラムの穀物しか食べられない農民もいる。払わねばならない負債があることを考えると、これからの数か月間は、一人当たり一か月に一〇キログラム以下になるだろう」とある役人は記している。餓死者が何千人にも及んだ。死に至らないまでも、飢餓水腫や極度の羸痩《るいそう》はごく当たり前だった。餓死を免れた人々は、道端で物乞いをしながら何とか農村から脱出しようとした。紫陽県のある陝西省南部では、人々は泥を食べていた。(27)

数百万人が飢えに苦しんでいたのは陝西省だけではなかった。一九七六年までは農村地域の大部分に飢餓が蔓延していた。北京や天津といった中心都市をもつ河北省では、一九七五年には五〇〇万人を超える農民が食料不足に陥っていた。青県《せいけん》ではどの村でも、一人当たり一日に平均四〇〇グラムの食物しか摂れていなかった。(28)

河北省の南東部と境を接する山東省は、一九七三年の大飢饉に見舞われて惨憺たる状況だった。追い詰められた末に、東明《とうめい》県の農民の半数は、翌シーズンの作付け用に取り分けてある種籾にも手を付けた。窮した農民たちは、とうの昔に死んだ使役動物用のかいばまで食べ、さらに、家の屋根瓦や寝具類、場合によっては着ている衣服まで売ってしまった。こうして数千人が浮浪者となり、農村を放浪する物乞いの大集団が形成された。その数たるや尋常ではなかった。済寧《さいねい》区では一六〇万人が食料に窮し、臨清《りんせい》県では二二〇万人が飢えに苦しんだ。(29)

内陸部の湖北省では、林彪事件のあと何年も慢性的飢饉が続いた。一九七二年には、さまざまな県で、三人に一人が、一か月当たり一三キログラム未満の穀物でしのがねばならない状況に置かれていた。湖北省第二の都市で、周囲の農村地域の大半を管轄している宜昌《ぎしょう》市では、ある役人が「栄養不足の結果、住民が飢餓水腫、羸痩、子宮脱、無月経などを病むようになった」と報告している(30)。

それから二年後の一九七四年、湖北省通山《つうざん》県の農民の多くは、一か月の食料が八キログラムにも満たなかった。一日に小さなサツマイモ二本ほどだ。巡察員の記録には、三月から五月までの間「一か月当たり平均一・五キログラム」の食料しかない村もあると書かれている。飢饉で苦しんだのは通山県だけではなかった。長江北岸の監利《かんり》県では、数万人が物乞いをしながら暮らすようになった。皮漢賓もその一人で、一か月当たりわずか一〇キログラムの穀物を、妻と五人の子どもと分け合った。だれもがみな、食べ物を求めて街に出ていかれるほど丈夫だったわけではない。皮漢賓の隣村の陳正先は、我が子が腹をすかせて泣き続ける声に耐えられなくなって殺鼠剤を飲んだ。同じような窮乏化による生活破綻が、湖北省全域で見られた(31)。

これらは農村部の例のごく一部に過ぎず、他の省の保管文書にも同じような痛ましい例が記されているにちがいない。かつて繁栄していた都市近郊の村々でも、つねに飢餓の脅威が差し迫っていた。上海郊外では、一九七三年にはすべての人民公社のゆうに三分の一が貧困に陥っていた。第二次世界大戦以前、条約港として栄えた温州の郊外では、一九七六年、大勢の村民が所持品をすべて売り払って、何とか大量飢餓を免れた(32)。

都市部では餓死者が出ることはなかった。農村部で生産される穀物のほとんどが都市住民に向けられたからだ。しかし、首都北京でさえ、食料は決して十分とは言えなかった。中米和解ののち初めて入学を認められたある外国人留学生によると、北京大学の食堂はまさに、ソルジェニーツィンの『イワン・デニーソヴィチの一日』に出てくる強制収容所の食堂、「板ベンチと粗雑なテーブルがならぶ暗い海」そのものだった。職員や学生たちは、それぞれ自分の琺瑯の汁椀を持って、小さな窓口に並び、まずい汁をお玉に一杯ずつついでもらった。飢えている農民が見たら御馳走だったかもしれないが、メニューはいつも全く同じ。学生たちが唯一肉にありつけるランチも、まずくて食べられたもんじゃない漬物ひと匙。ご飯はパサパサで味がなく、豚の脂身一～二片を腐りかけたキャベツと和えたものだった。うっかり歯を欠いてしまわないよう、粒が砕けて灰色に変色しており、小石や炭のかけらも混ざっていた。私はよく注意して噛むようになった。」中国きっての名門大学の学生たちは、年がら年中栄養不良だった。(33)

旧官僚は、落ち込みきった工業生産力を回復させることができなかったように、人民公社における農業生産を根本から変えることもできなかった。

党指導部は農村地域で続いている危機的状況をただ放置していたわけではない。一九七〇年、中国は六五〇万トンという記録的な量の化学肥料を輸入するとともに、五三六万トンもの――文化大革命開始以来もっとも大量の――穀物の購入に踏み切った。穀物生産量を何とか増やそうとして、一九七〇年八月以降、政府はさまざまな農業改革を行なった。海外から進んだ技術を導入して国有企業の刷新を図ったのと同じように、農村部各地で改良品種の種子や、農薬、肥料、農業機械を導入した。(34)

それまでの極端な農業集団化政策を見直して、以前のように、人民公社の仕事をすべて終えたら、空いた時間を利用して自留地を耕作するよう農民たちに奨励した。農村部で地方市場の操業が認められるようになった。といっても、それは計画経済の制約内でのことであって、綿花、食用油、食肉、穀物、煙草、木材など国家が独占的に扱っている物資をはじめ、多種多様な産品が対象外だった。こうした措置に大きな効果はなく、大躍進政策の破綻後に導入された諸々の政策を越えるものではなかった。

とはいえ、破綻した経済に少し手を加えるだけであっても、とくに軍事独裁政権が何年も続いた後では、それなりの効果があらわれた。穀物生産量が増加に転じた。にもかかわらず、大多数の農民の収入は増加しなかった。何人かの経済学者が公式統計資料を用いて行なった計算によると、農村部の一人当たりの支出は、一九七〇年代にむしろ減少している。理由はじつに単純で、増えた分を国家がすべて奪い去ったからである。一九七一年、穀物の国内生産量は史上最高の二億四〇〇〇万トンだったが、北京の指導者が述べているように、一人一か月当たりの量に換算すると——政府が四五〇〇万トンを徴集する前でも——未加工穀物がわずか二五キログラムにすぎなかった。[35]

他の農産物についても、同じような傾向が見られた。穀物生産ばかりを重視する指導部の姿勢に変わりはなかったが、それでも、経済的多様化を奨励する方針が打ち出された。人民公社がある一定量の換金作物を栽培して、地方市場で売り、経済的自立の達成を目指すことさえ認められた。しかしここでもやはり、改革には限界があった。一九七〇年代初めに豚の飼育頭数は増加したが、食肉取引が国家独占のままだったため、国民のタンパク質不足の改善にはほとんどつながらなかった。たとえば、甘粛省では、一九七一年に豚の飼育頭数が前年よりも一〇〇万頭増えて、一九六六年に比べると二〇〇万頭近く増加した。ところが、一頭当たりの平均重量は五年前の三分の二にまで落ちていた。その結果、省都である蘭州市の豚肉消費量は、一九七一年には一か月当たり一五五トン——一人当たり五〇〇グラム未満——となってしまった。一九六五年には、蘭州市の人口がもっと少なかったにもかかわらず、一か月当たり二四〇トンを消費していたのだが。穀物や食肉に関しても、基本的な生活必需品の場合と同じく、政府は増え続ける人口にまったく追いついていけなかったのである。[36]

一九七六年に毛沢東が死去したとき、少なくとも国民の二割に当たるおよそ二億人が、慢性的な栄養不良に陥っていた。[37] 半飢餓状態が蔓延していたので、人々が病気に罹りやすくなるのはやむをえないことだった。全国各地の町や都市の病院は、文革最盛期の批判闘争大会や派閥抗争でさんざん痛めつけられた。武漢では、一九六七年の春にはもう、ほとんどの病院が大混乱に陥っていた。造反派からの糾弾をまだ免れている医師たちは、勤務態度がブルジョア的だと批判されるのを恐れて、昼夜を分かたず働かざるをえず、極度の疲労から失神する者も出始めた。ある医療機関が調査したところ、医療スタッフ一〇人のうち九人が、衛生状態の悪さに起因する肝炎を患っていることが明らかになった。こうした問題は、武漢だけにとどまらなかった。信頼できる統計データは数少ないが、たとえば河北省の場合、医療従事者数の推移を見ると、一九六五年には八万八四〇〇人だったのが、五年後の一九七〇年には六万六九〇〇人に減少している。ちなみに、医療従事者数を河北省の総人口との比率で見ると、二〇年前の一九五〇年よりも低下している[38]。

林彪の死後数年経つと、こうした傾向にいくらか歯止めがかかったものの、国民の多くは相変わらずさまざまな慢性疾患を抱えていたことが、檔案館の資料から明らかになっている。広州の南方約二〇キロメートルに位置する仏山《ふつざん》市では、一九七三年当時、労働者の三人に一人は、一か月の稼ぎが二〇元に満たなかった。家族の食費だけで一か月に平均一〇〜一一元かかったので、ちょっとした病気に罹っただけで月に二〜三元の出費がかさみ、家計は赤字になった。重い病気を患うと、一か月に一〇元ほどかかった。それでも、仏山市の人々は、広東省の他の都市の人々に比べればまだましな方だった。肇慶《ちょうけい》市では、一九七四年当時、労働者の四人に一人は、一か月一二元以下で暮らしていた[39]。

仏山市では、労働者の五人に一人が慢性疾患を抱えながら生活していた。広東省ではどこでもみな同じような状況だった。いくつかの化学工場では、労働者の三分の二以上が何らかの病気を患っていた。結核、肝炎、精神疾患の患者が多かった。文化大革命以前には、これらの疾患を専門に扱う医療機関がいくつかあったのだが、総合病院に吸収されてなくなってしまった。それに伴い、ベッド数千床が削減されたのだった。[40]

農村部の医療衛生状況はそれよりもはるかに劣悪だった。一九六五年六月二六日、毛沢東は中華人民共和国衛生部を名指しで非難し、この「エリート衛生部」は党の幹部職員の便宜ばかり図って、一般庶民を、とくに農村部の一般庶民を犠牲にしているとなじった。二年後、毛沢東は「打倒エリート衛生部」をスローガンに掲げると、魔法のような解決策を打ち出した。医学教育が過大に評価されているが、本当はだれだって医者になれる、というのが毛の考えだった。そこで、一般村民に短期講習を受けさせて郷村医とし、農民たちの治療に当たらせたのだ。こうした郷村医のことを、毛沢東は「はだしの医者（赤脚医生）」と呼んでいた。

四川省では、多数の学生が郷村医になるべく選ばれて農村に送られたが、張戎もその一人だった。張戎は「一切何の訓練もなしに」医者になった。四川省に限らずどの地域でも、読み書きのほとんどできない農民には、簡単な医学講習を受ける下地さえなく、訓練といってもわずか一〇日ほどだった。ある訓練生が当時のようすをこう回想している。「講義が始まって二〇分もすると、数人がうとうとし始めた。ニワトリが米粒をつつくように、だんだんと頭が垂れていく。一分経つごとに、居眠りする学生がひとり、またひとりと増えていった。そのうちに、口からよだれを垂らしながら、講義中に高いびきをかく者も現れた。つついても何しても目を覚まさなかった。[41]」

「はだしの医者」構想はじつに食わせものので、本来国家が負うべき義務を体よく人民に押しつけているだけだった。自力更生の精神のもと、「はだしの医者」は、予防接種を別にすれば、国からほとんど何の支援も受けていなかった。その多くは簡単な応急処置さえできなかった。[42]

それでも、大勢の「はだしの医者」が作られ、その多くが、単に野良仕事をサボれるからであるにせよ、とにかく熱心に働いた。もうひとつ喜ばしい効果があり、聴診器、体温計、血圧計など、「はだしの医者」に最低限必要な医療機器の価格が下がったのだ。そのおかげで、こうした機器類が以前よりも格段に普及していった。[43]

さまざまな医薬品の価格も下がった。その効果の一端として、クレチン症の罹患率が低下した。クレチン症は、食物中のヨウ素不足が原因で、心身の成長がひどく阻害される病気である。［こうしたヨウ素欠乏症を防ぐために、食塩にはヨウ素が添加されていたのだが、］紫陽県の山間部に暮らす農民などは、食塩を買う余裕すらなかった。安価なヨウ素剤の丸薬が配布されたおかげで、文化大革命発動時には陝西省全体で四〇〇万人いたクレチン症の患者が、一九七四年にはその半分にまで減少した。[44]

しかし、ヨウ素添加食塩のような最低限のものさえ供給不足で、陝西省や湖北省その他の省では、何百万人もの人々が政府の対策から置き去りにされていた。また、予防策を講じやすい病気は減少する一方で、そうではない病気は増加していった。たとえば、湖北省では一九六六年以降、マラリアの患者数が五倍に跳ね上がり、一九七四年になっても依然として二六〇万人の農民の命を奪っていた。[45]

「はだしの医者」に代表されるような集団医療が盛んだったのは、じつは、一九六八年に政府が積極的に運動の推進を図った一時期だけだった。農村部のほとんどの地域では、数年もしないうちにこれが崩壊した。安徽省阜陽県を例にとると、一九七一年までに、県内の人民公社の三分の二が郷村医を廃止した。農民たちはまたもや、都市部の多くの労働者たちと同様に医療費を負担することになり、その額は二～一〇元とひどく高かった。[46]

その結果、農村地域ではどこでも、病を患っていて当たり前のような状況だった。しかし、住民の健康状態についての正確な調査はなされていない。ある政治運動が終わるとすぐまた次の運動が発動される、というような状況が文革期を通じてほぼずっと続いたので、当局は差し迫ったさまざまな要求に対応せざるを得ず、住民の健康状態を調査するどころではなかったのだ。それより何より、農村部には慢性疾患対策に充てる資金すらないのに、詳細な健康診断など行なえるわけがなかった。

しかし、一九七二年、山東省の数十の県の農村に調査チームが派遣されて、生殖年齢の女性の健康診断を実施した。その結果、健診を受けた女性の三〇～三八％が婦人科疾患にかかっていることが明らかになった。過労と栄養失調が組み合わさって引き起こされる子宮脱の患者もいた。骨盤内炎症性疾患や子宮膣部びらんを患っている者もいた。症状が重くてベッドから起き上がれない患者もおおぜいいた。昔ながらの習慣で、赤ん坊は医学教育を受けていない産婆が取り上げていたので、医療介入が行なわれず、乳児死亡率も高かった。ある村では、産婆が取り上げた赤ん坊三〇人中一〇人が出生後に死亡していた。産褥熱や母体死亡のケースも珍しくなかった。高唐《こうとう》県のある人民公社では、一九七一年だけで、三六人の女性が分娩中に死亡していた。農村部の大部分で医療の質が真に向上するのはもっとずっと先で、一九八二年に人民公社が解体されてからのことである(47)。

# 第21章　静かなる革命

陝西省北部に位置し、周囲を土埃色の山々にかこまれた延安は、共産主義プロパガンダにおける聖地のひとつである。ここは中国共産党軍が一九三六年、長征の末に本拠地とした場所であり、第二次世界大戦中には一時、共産党政権の首都となった。それから数十年後、延安は、戦争においても労働においても集団と一体となって取り組む、理想の共産主義者を象徴する存在となった。「延安精神」は、人々が融合して集団を形成し、山をも動すほどの力を発揮するという、大義への無私の献身の先駆けとなるものであった。

共産主義者が脳裏に描くイメージとは裏腹に、実際の延安は極貧にあえぐ地域で、革命中もほとんど顧みられることがなかった。しかし、一部の地元民は、上からの指令など待たずに、窮乏生活から抜け出すための策に出たのだった。一九七四年一二月、延安に到着した宣伝隊は、成熟度の高い闇市場が繁栄している現実を目の当たりにした。ある村落は、乾燥した不毛の地でむりに作物を栽培しようとするのはやめて、豚肉の販売だけに力を注ぐようになっていた。国に上納する穀物の割当量を満たすために、食肉事業で儲けた利益で市場からトウモロコシを買っていた。このような計画のすべてを地元幹部が仕切っていた。村民たちは政治にはまるで関心がないようだった。林彪の死から三年以上経っているにもかかわらず、かつての後継者のポスターがいまだ風にはためいていた。建物の外壁にかかれたスローガンは消えかかっていた。そのほとんどが一九六九年当時のものだった。(1)

市場機能を利用するようになったのは、延安市だけではなかった。西安からバスで二時間弱の洛南《らくなん》県では、県内全域の人民公社が共有財産をすべて分割し、各家が生産責任を負うかたちに戻した。都市住民を養い、国際市場で取引するための穀物の増産を求める政府に強制されて、それまで二〇年にわたって穀物の単一栽培が続けられてきたが、多くの農民がそれを止めて、闇市場で高く売れる作物を栽培するようになった。自分の土地を他人に貸して街に出稼ぎに行き、闇工場で働いて村に送金する人々もいた。

経済活動以外でも、自由を求める風潮が強まっていった。ある生産隊のトップは、毛沢東を賞讃するスローガンを家の玄関に掲げるのをやめて、唐朝の皇帝が詠んだ対聯を飾った。建国以来、迷信だとして貶されてきた伝統的な風水説のほうが、最新の党指令よりも重んじられ、だれもが党の指令を蔑ろにするようになった。(2) 霊媒師や占い師が持ち場を巡回するようになった。

西安の北に位置する蒲城《ほじょう》県では、党幹部の中にも党に距離をおく者があらわれ、農民がそれぞれの仕事をするのを黙認するようになった。ここでもやはり、けばけばしい真っ赤な文字のスローガンに代わって、佳句を記した対聯の書が貼られるようになり、そして、ここでもやはり、党の役人は新聞にはほとんど関心がなく、ましてや党路線に従うつもりなどまったくなかった。「党会議が開かれたことは一度もないし、マルクス、レーニン、毛沢東の著作など一冊も勉強したことはない」とある報告書に記されている。電話会議など、まずできそうもない生産大隊がいくつかあった。農民たちが電話線を切って、サツマイモを干すのに使ってしまっていたからだ。

専門的な知識や技術をもっている人々は、人民公社のために働くのではなく、いちばん高く買ってくれる相手を選んでその知識や技術を提供するようになった。個別に料金をとって私的診療を行なう医者もいたし、個人で仕事を請け負う職人もいた。「富農」で「反革命分子」だとして村八分にされていた陳鴻儒は、闇市場で大工として働くとともに、繁忙期に生産隊を手伝って一日に二五点もの労働点数を稼いだ。成人男子が人民公社で懸命に働いて稼げる点数の二倍以上だった(3)。

こうしたことはすべて、数百万人が飢えに苦しみ、泥を食べたり、樹皮を剝ぎとって食べたりしていた陝西省で起きたことだった。紫陽県では、真冬に掘っ建て小屋で家族七人が飢えているのを巡察員が見かけても、地元当局の役人は肩をすくめるだけで取り合おうとはしなかった。しかし、陝西省のほかの地域では、農民が餓死したり畑から穀物を盗んだりするのをただ見ているのではなく、党幹部が土地を農民に分配して、自分の才覚で何とかさせようとした。

ことわざにもあるとおり、必要こそ発明の母であって、極貧生活のなかから起業家精神が芽生えてくる事例があちこちで見受けられた。最も注目に値するのが、一九五九年にまっさきに大量の餓死者を出した安徽省の例である。ここはまた、一九六一年に農民に土地の貸与を認めることによって、まっさきに毛沢東の大飢饉から脱した省のひとつでもあった。ところが、一九六二年の夏、毛沢東が安徽省トップの曾希聖を「走資派」と非難したため、その後、土地はふたたび人民公社の集団所有となっていた。

しかし、林彪の軍事政権が崩壊して兵士たちが撤退すると、農村部のあちこちで、農民が土地の権利を奪還し、国家権力を締め出そうとする動きが強まった。地方幹部が先頭に立って、農民への土地の分配を行なったところもある。政府役人と耕作農民とが取引を行ない、収穫物の一定割合を上納することで人民公社制が維持されているように見せかける、ということも行なわれた。農民たちは見て見ぬ振りをしてもらう見返りに党幹部に賄賂を渡したので、社会の潤滑油としての賄賂が横行した。

市場原理への回帰は、党上層部の分裂によって加速された。文化大革命期を通してずっと、指導部内で党派論争や派閥抗争が繰り広げられて、政府の方針は絶えず変化した。こうした朝令暮改の状況のなかで、農民たちはしょっちゅう急激な変化の波に翻弄された。自留地の面積から、一戸が保有できる家畜の頭数にいたるまで、集団経済のルールが運動のたびに次々と変わっていったからだ。それはまた、絶えず変更されるゲームのルールの解釈や適用をある程度任されている地方幹部が、生殺与奪の権を握っているということでもあった。

市場原理への回帰がとくに顕著になったのは、一九七〇年夏の北方地区農業会議において、周恩来が、極端な人民公社化がもたらす破壊的影響から脱却するための施策を打ち出してからのことだ。それから数か月間に、農民が自留地を耕作する権利や、地元の農民市場の重要性、さらには換金作物が集団経済に果たす役割について強調する多数の記事が新聞紙上に掲載された。これらの施策は、大躍進政策の破綻後に導入された施策を超えるほどのものではなかったが、「大寨に学べ」運動の極端な解釈にある程度ブレーキをかける役割を果たした。かつて陳永貴が毛沢東と食事を共にし、「農業は大寨に学べ」のスローガンが掲げられてからちょうど七年後の一九七一年一二月二六日、『人民日報』は「むやみやたらと大寨から学ぶ」ことは控えるように忠告した(4)。

林彪の死後の粛清によって、より穏健な農業政策への方向転換が加速された。極端な人民公社化を押し進めていた省の指導者六人が更迭された。しかし、陳永貴は一九七一年以降も政界から姿を消すことはなかった。文化大革命期を通してずっと、毛沢東は派閥同士を対抗させておくという方法をとったのだった。一九七三年、陳永貴は中央政治局委員に選ばれて北京に入り、さらにその二年後には、国務院副総理に指名された。彼はずっと政治的影響力を持ち続け、毛沢東が死去してもなお、自留地を「資本主義の残りかす」と批判するのをやめなかった。甘粛省全域で大寨を手本にした農業政策を進めるべきだと提唱したこともある。

このように党指導部から相反するメッセージが発せられるなか、農村部の取り組みは地域によってまちまちで、度を超して熱心な幹部が急激な公社化をやめずに自留地を禁じている地域もあれば、農民たちの自主的取り組みがかなり認められている地域もあった。とにかく、林彪事件の余波で党の権威が地に落ちていたので、さまざまな政府の指令を巧妙にねじ曲げて、党首脳部の意図とはかけ離れた施策をとる幹部も現れた。ある村役人が述べているように、「政府の方針はころころ変わるわ、たびたび公衆の面前で吊し上げられて辱めを受けるわ」で、農村幹部は政治に興味を失ったのだ。その分、生産活動に精力を投入するようになった。農村幹部のなかには、豚舎、養魚池、森林の管理から、自留地の面積にいたるまで、共有財産のあらゆる部分を交渉で決めるようにした者もいた。食料をも含め、日々の暮らしは自由な取引があってこそ成り立つのだということを理解している彼らは、闇市場が勢いづくのを認めた。また、農民たちが公社を離れて独立するのを奨励した。(5)

その良い例が、湖南省の古都、鳳凰《ほうおう》県――巨大な水車で川から水を汲み上げて棚田を潅漑していた地域――である。他の地域と同様にここでも、農民たちは三つの機会をとらえて自留地を拡大していった。まず、毛沢東の大飢饉のさなかに、何とか餓死を免れようとして自留地を広げた。次に、文化大革命初期の混乱に乗じて、政府からより多くの土地を取り戻した。「大寨に学べ」運動のさなかには収穫した穀物をすべて取り上げられたが、一九七二年には自留地を五〇％以上拡大した。

一般に、自留地の面積は、生産隊の耕作面積の五％を越えてはならないとされ、また、集団農場での一日の仕事を終えたあとでなければ、自留地を耕作することは認められていなかった。しかし、鳳凰県に代表される多くの地域では、一部の農民たちが幹部の同意も得て、農業政策が緩和されたのだから、人民公社から離れて一日中自留地で働いても許されるはずだと解釈した。多くの人々が独自に、野菜の栽培やエビの養殖を行なうようになった。たとえば呉庭忠の場合、生産隊員の権利としての基本的食料配給を減らすかわりに、自留地でジャガイモ、野菜、タバコを栽培するようにしたことで、自分の食料を確保しつつ、さらに年間四〇〇元の副業生産ができるようになった。ほどなく、生産隊全体が彼のやり方をまねるようになり、共同事業として換金作物の生産に乗り出した。

市場の要求に応える者が繁栄する一方で、人民公社員が貧困の泥沼から抜け出せないという、まさに社会主義世界を根底から覆す事態が起きていた。人民公社の命令に忠実に従っている呉慶華は、暮らしていかれるだけの労働単位をなかなか稼げなかった。便所を改装した小屋に住み、ボロを纏って赤貧生活をし、凶作の年には公社からの借金で何とかしのぐというありさまだった。鳳凰県では意見が二つに割れた。しかし党幹部は呉庭忠のやり方のほうに傾いていった。(6)

全国的には、依然として市場取引に制限が課せられていた。地方幹部や生産隊長が目をつぶったり、規則をゆるめたりしても、呉庭忠のような人たちはやはり、税務官その他の政府職員の追及を巧みにかわす必要があった。北方地区農業会議のあと、ふたたび地方の農民市場の促進が図られたが、穀物、食肉、綿花、生糸、茶葉、煙草から落花生にいたるまで、政府が独占している産品の市場取引は依然として禁止されていた。しかしこうした分野でもやはり、林彪事件ののち、国家の統制力は著しく弱まった。

一例を挙げると、唐皇道という農民は、夜のうちに炒り落花生や焼き菓子を作って、それを道端で旅行者に売った。多くの農民がやっているのと同様に、商品の大部分は畑に隠しておき、そのごく一部だけを持ち歩くようにしていた。捕まれば、手持ち分はすべてを没収されてしまうが、それだけで済んだ。大躍進政策期にひどく荒廃した河南省では、唐皇道の村以外でも、一九五三年に定められた統一買付・統一販売制度により国家が徴発することになっている穀物の販売を防ぐために、道路封鎖が実施されることがあった。初夏の小麦の収穫期前後の数か月間、幹線道路沿いに検問所が設置され、トウモロコシや小麦が詰まった袋を人々が自転車に載せて運び去ろうとするのを阻止した。しかし、農民たちは民兵の目をかいくぐる方法を心得ており、暗闇に紛れて少量ずつ運んだり、隠し持って何度も往復したりして検挙を免れた。いずれにしても、弱体化した国家はもはや、長年の困難を乗り越え、技を磨いてきた、腹の据わった個人には適わなかった。悲惨きわまる毛沢東の大飢饉を生き抜いてきた農民たちは、派手な制服を着て検問所をうろつく税務職員の姿を見ても、けっして怖気づくことはなかった(7)。

国内の多くの地域では、必要《ニーズ》こそが、農民たちが自らの才覚で極貧生活から脱する大きな力となったが、機会《チャンス》もまた重要な役割を果たした。暮らし向きの改善度合いは、村落ごとに差があった。なぜなら、人々は自分たちの村を良くするために、それぞれの強みを――たとえば、輸送道路に近い、魚や野禽が豊富、水が安定供給される、土地が肥沃、農地が平坦、石炭や木炭など燃料が確保できるといった利点を――活かしたからである。

計画経済を根本から覆す静かなる革命のなかで、裕福な地区も貧困に喘ぐ地区に加わるようになった。華南の沿岸地域の村々では、人々はきまって人民公社の名で、アヒルやミツバチを飼い、魚を養殖し、煉瓦を焼き、木材を切り出した。人口およそ二五万人の浙江省新昌《しんしょう》県では、一九七一年末までに、村民の約三分の二が独立して、いわゆる「単幹（単独請負い）戸」となった。地元当局もこれをほとんど黙認しており、一定量の作物と引き替えに土地を個々の世帯に貸与していた。毛沢東が死去する一年前には、人民公社を離脱して自留地や闇工場で勝負する、という傾向が浙江省全体に「広まって」いると記されている。浙江省温州市は、とくにその傾向が強く、政府からたびたび嫌がらせを受けつつも、この甌江の三角州に発達した都市では民間資本主義が繁栄した。(8)

こうした傾向がどこよりも顕著なのが広東省だった。亜熱帯に位置する広東省は、温暖で、降水量が多く、日照時間も長いうえに、河川や運河が多くて、海岸線も長く、経済発展に好都合な条件が揃っていた。いたるところに市場が作られた。清遠《せいえん》県では、穀物、落花生、食用油、煙草をはじめ、専売制のため市場取引が禁じられているはずの、ほぼすべての産品が公然と売られていた。商品は飛ぶように売れた。村の長老が派遣した青年五人が二〇〇キログラムの穀物を売りさばくのに、わずか三〇分しかかからなかった。(9)

やや内陸部の普寧《ふねい》県では、およそ三〇の市場が一〇〇万人を越える人々のニーズに応えていた。市場には、地元の農民、職人、商人がそれぞれの売り物を手に提げたり、背負ったり、荷車に載せたりして集まってきた。行商人は、伝統歌劇の色鮮やかなポスター、帝政や共和制時代の書籍、紅衛兵の毒手を逃れた古詩集なども売っていた。巡回診療を行なう医師もいた。説話人（講談師）が話の山場で拍子木を打ち鳴らしながら、集まってくる人々に物語を語り聞かせた。盲人が民俗歌謡を歌って、道行く人々に施しを求めていた。茶楼（飲食店）の外にはダフ屋が立っていて、配給券を高く売り付けた。毎日、何百人もの人々が広東省の各地から自転車でやってきた。取引禁止品を商うために、黒社会組織がはるばる上海まで、海岸沿いに行き来している市場もあった。地元農民にどうしても欲しいと言われて、江西省までトラクターを調達しに行く商人もいた。(10)

ここでもやはり、地方幹部はあまり口出しをしたがらなかった。なかには、政府の命ずる穀物生産はやめて、もっと利益の見込める作物に切り替えるよう農民に勧める者さえいた。政府の職員も違法取引を根絶することはできなかった。「彼らは袖の下を受け取ることしか考えておらず、政策には関心がなかった」と、ある詳細な調査報告書の筆者は嘆いている。報告書には、小規模な商人を取り締まれないわけではないが、そうすると「幹部や村民が食べる野菜が手に入らなくなってしまう」とも記されている。(11)

指令経済下で設定された農産物の固定価格と、一般庶民に払えるもっと高い金額との差額で、市場は利益をあげていた。その差は二倍程度が普通だったが、商品によってはそれが五倍にもなった。たとえば大豆の場合、政府は一キロ当たり〇・四四元で買い取っていたが、それを市場に持って行けば二・二元で売れた。(12)

普寧県の市場が、他の地域と同様にこれほど栄えたのは、指令経済では、一般庶民のニーズに応えられるだけの商品を供給できていなかったからだ。多種多様な商品が供給不足で、価格がつり上がり、それが民営企業の成長を促すこととなった。その代表例が木材だった。一九七三年には、樅材の価格は、文化大革が発動された一九六六年当時の一〇倍以上に跳ね上がっていた。全国いたるところで、何千軒もの家々が、木材の調達ができずに作りかけのまま放置されていた。当然ながら、闇市場で高額な代金を払ってでも木材が欲しいと考える人々があらわれた。広東省北部の山岳地帯で濫伐が行なわれるようになった。農民たちが自転車に材木を乗せて市場に運んできたが、そのような小規模な取引ばかりではなかった。楽昌《らくしょう》県、普寧県、懐集《かいしゅう》県には木材の違法取引をしている工場が数百軒あり、ある推計によると、一九七三年の取引量は七万立法メートルに及んだとされる。(13)

広東省には、人々の計画経済からの離脱を促す要因がもうひとつあった。珠江三角州にほど近く、翡翠色の絨緞を敷きつめたような広大な草原のあちこちにバナナ畑が点在している開平《かいへい》県や台山《だいさん》県などは、昔から海外への移民が非常に多い地域だった。建国以前には、どの村にも、帰国華僑の建てた大仰なマンションが立ち並び、水洗トイレや大理石タイル、さらにはゴシック様式の屋根や塔をほこる巨大な洋風建築まであった。こうした帰国華僑のコミュニティは共産党と折り合いが悪く、一九五二年には、その多くに血なまぐさい土地改革運動の矛先が向けられた。それから何年も後、出身階級で運命が分かれることになった文化大革命の最盛期には、帰国華僑の多くが「スパイ」「裏切り者」「反革命分子」と非難されたうえに、海外コミュニティとのつながりも断ち切られた。

しかし、一九七〇年以降ふたたび、国境を越えて商品や金銭のやりとりがなされるようになった。一九七四年には、海外移民からの送金額は一九六五年当時の二倍に達した。海外とつながりのある家庭は、文化大革命でまっさきに叩かれたが、今度もまっさきに貧困から抜け出した。帝国主義を象徴するものへの意図的攻撃とは言わないまでも、長年蔑ろにされたために生じた深刻な住宅難を、彼らは海外からの送金を利用して切り抜けたのだ。台山県をはじめとするこの地域一帯では、海外とつながりのある者、海外からの送金のある者が、鉄鋼、木材、コンクリートを買い占めた。陳李金は八人の家族とともに、泥で作ったあばら屋に住んでいた。新しい家を建てるために必要な二万元——熟練工三〇人の年収に相当する額——が送金されてくるのを家族みんなで待っていた。(14)

海外から届く荷物の数が増えていった。広東省の省都、広州では、一九七二年には二〇万個を超える荷物がたまって積み上がってしまったが、その年の末までに滞貨は一掃された。こうした小包の中身はだいたいが、地元市場では手に入らない衣類や食用油だった。豆類、電球、マッチ、医薬品などのこともあった。こうした物資の一部は闇市場へと流れていった[15]。

人民公社からの離脱の動きは、他の省でも見られた。内陸部に位置する広大な四川省は、毛沢東の大飢饉で痛めつけられたうえ、四川省革命委員会を牛耳る「二挺」のせいでひどく荒廃したが、一九七〇年代初め、農民に土地を貸与する方式がとられるようになった。土地を保有したいという農民の欲求を刺激することとなったが、地方当局がそれを認めるのはずっと後になってのことだった[16]。

しかし、耕作者へ土地を返すことは、農村部で起きた静かな革命の単なる一側面でしかない。裕福な村民のなかには、市場で高く売れる作物を栽培するだけでなく、地元に工場を建てる者もいた。広東省の各地に、村民の経営する工場が設立された。

汕頭市では、文化大革命の最盛期に名産品の刺繍が「封建的」だとして禁じられてからどの村も貧困に陥っていたが、そのすぐ隣の潮安《ちょうあん》県では、一九七二年に軽工業部が貿易制限措置を解除してから、昔ながらの海外華僑コミュニティとのつながりが復活した[17]。二年後には、いくつかの村落では、村の女性の半数までが汕頭刺繍の仕事に復帰した。ここで作られた刺繍製品は、外国市場で一三〇万元の値がついた。金物類や工具類の製造を始める人々もいた。

このような郷鎮企業のなかには集団所有の企業もあったが、その多くは、集団所有の体裁をとりながら、実際には完全な個人請負だった。たとえば東里村の場合、四二〇戸中、四〇戸を除く全世帯が釘製造工場のメンバーだった。仕事場は自宅で、一個につきいくらの歩合制で報酬を受け取った。利益はすべて個々の労働者に還元されたが、原材料の調達も労働者の仕事だった。行商人から買う者もいれば、闇市場で屑鉄を買ってくる者もおり、なかには汕頭まで大量に買い付けに行く者もいた。腕の良い者は一日に五〜一〇元稼いだ。これは一般の農民が人民公社で丸一か月働いて得られる額に等しかった[18]。

郷鎮企業は、さまざまな面から市場の活性化に貢献した。仲介人を通して商品を売るだけでなく、その収益を利用して、穀物や豚の飼料のほか、魚油やアスピリンなど計画経済では手に入らない輸入品を購入した。また、事業経営に欠かせない稀少資源を得るために、政府機関と競って購入代理人を派遣し、石炭や鉄鋼を大量に仕入れた[19]。

ここまで広東省の例を紹介してきたが、郷鎮企業の勃興は南部地方だけにとどまらなかった。江蘇省の一部地域では、一九六九年の時点ですでに、当時の急進的な集団化政策に逆行するかのように、生産隊と各世帯との間で請負契約が結ばれていた。こうした取り組みはたいてい、土地が農耕に適していない地域から始まった。たとえば、江蘇省の沿岸部では、一部の農民がまず最初に砂質土壌での農業をあきらめて、魚の養殖をするようになり、その後だんだんと工業に目を向けていったのだ。国から綿花の栽培を義務づけられていた川沙《せんさ》県では、総生産額に占める工業生産額の割合が、一九七〇年には五四％だったのが、その五年後には七四％にまで伸びた。この成長率は、一九七八年以降の「改革開放」期をはるかに凌ぐものだった。それに対し、松江県では、地方指導者が穀物を生産せよとの国の命令に従い続けた[20]。

長江デルタにおける家内工業の成長は、建国以前からもともとあった生産慣行や取引経路をそのまま引き継ぐものだった。国家の支配力が弱まるやいなや、そうした旧来のものが復活してきたのだ。汕頭には刺繡製品を海外市場に輸出してきた長年の伝統があるのと同じように、上海周辺の村々は何世紀にもわたって、日用品、陶磁器、布地、絹、その他の手工芸品を専門に作りつづけてきた。一九世紀末以降は、村の工場に絹糸の巻き取り装置が導入されるなど機械化が進んで、ますます製品が多様化していった。海外とのコネクションもあって現地の事情に通じた上海の同業組合、商工会議所、銀行が貿易の振興に力を注いでいた。ほんの一例を挙げると、一九四九年に共産党政権によって解散させられるまで、上海蚕糸業協会が、上海、江蘇省、安徽省、浙江省における絹の生産と交易の促進を図っていたのだった。

一九七〇年代初めに、農村工業がどれほど昔日の力を取り戻したかは、次の統計データから明らかだ。江蘇省全体で、農村部の総生産額に占める工業生産額の割合が、一九七〇年には一三%にすぎなかったのが、一九七六年には四〇%にまで伸びたのである。こうした農村部の工場は、名ばかりにせよ、たいてい集団所有制のかたちをとっていた。塘橋村は、一九七〇年に党幹部の支援を得て、従業員二五人の金属加工工場を設立した。その翌年には、金属加工工場をさらに数軒と、段ボール箱工場を一軒、飼料工場を一軒に加え、発電所も設立。一九七二年には煉瓦工場も建設されたが、それらはすべて、農村は穀物を栽培して「大寨に学べ」という国の命令をまったく無視して行なわれたことだった。こうして政治的注目を引きつけた村の指導者たちは、「総合工場」という名のもとで、新たな企業経営に乗り出した。そして、一九七六年に毛沢東が死去するとたちまち、計画経済下の集団所有制企業という仮面も剥ぎ取られたのだった。(21)

集団所有制の体裁すらとっていない闇工場も存在していた。経営しているのはやはり村の指導者たちだった。こうした闇工場は大躍進政策期に出現したが、大飢饉のさなかに、その多くが閉鎖に追い込まれた。社会学者の費孝通がこうした地下企業について述べているように、「農民たちにしてみれば、所有の形態などどうでもいいことだった。唯一の関心事は自分たちの生活を維持していくことだった。」個人が経営する一部の企業は、人民公社の名前と、たいていその会計員を使っていた。つまり、生産隊に属し、なおかつ政府の役人に保護してもらっていたのだ。

政権上層部はそうした傾向をほとんどどうすることもできずにいた。上海では、張春橋が「農村部における資本主義成長の兆し」を痛烈に非難した。「プロレタリア独裁」に対する攻撃であるとして、これをののしる人々もいた。ことあるごとに「資本主義のしっぽ切り」の運動が実施されたが、結局、農民たちが家畜を屠殺して共有資源を個人消費に向けてしまうなど、破壊的行動を広げるだけに終わった。私営企業は、少なくとも嵐が通り過ぎるまで、一時的に地下に潜伏した。とにかく、毛沢東の急進的支持者で固められている都市部とはちがって、その外側に広がる農村地域の大部分にはもはや手が届かなくなっていたのである。(22)

自留地や借地で余剰農産物が生産されるようになると、農民たちはときおり自転車に乗って街に出かけては、野菜、果物、鶏、鴨、魚などを売るようになった。商品を携えて一軒一軒まわる者もいたが、その多くは百貨店の前や、鉄道駅のそば、あるいは工場の門の近くに集まって、縁石に腰をおろし、地面の上やゲーム用テーブルの上に商品を広げた。毎回のように公安に追い払われたが、追われても、追われてもまた戻ってきた。地元当局は見て見ぬふりをしてくれることもあり、人々は申し合わせた時刻にやってきては、にわか仕立てのマーケットで商品の取引を行なうのだった。(23)

農民たちはさらに、農村部と都市部とのつながりを復活させていった。戸籍管理制度による制限をものともせずに、おおぜいの農民たちが都市部に出稼ぎに出たのだ。大躍進政策期には、数百万人の農民が都市部に移り住んで、闇工場や建設現場で働いていた。その多くが飢饉のさなかに送り返されたが、それでもしつこく戻ってきて、都市住民のやりたがらない汚くて、危険で、屈辱的な仕事をこなした。

一九七〇年代初めには、農民たちの間に出稼ぎ生活がすっかり根付いており、いかにして取締員の目をかいくぐるか、街のどこで仕事を見つけるか、村に残してきた家族の世話をどうするかなど、すっかり心得ていた。党幹部自らが子どもや年寄りの世話を買って出ることで、出稼ぎを奨励することもあった。働きに出た人々からの送金に、村の存亡がかかっていたからである。出稼ぎ労働者は、村にいなくても穀物の割当量を納入し続けた。親類を通して納めることもあれば、村の指導者に直接、報酬を支払うこともあった。

林彪事件後には、何百万人もの人々が政府の取り締まりをかいくぐり、戸籍管理制度の穴をついて、都市の中心部やその郊外に住みつくようになった。市街地の周囲に比較的富裕な層が居住するようになると、商人や農民がその周辺地域に移り住んで、そこで野菜を栽培したり、小物雑貨を製造したりして都市住民に売るようになった。農業に見切りをつけて、地元市場の近くで屋台を出したり、小さな飲食店を開いたりする者もいた。

つねに政府の取締まりを逃れ、故郷に送還されるリスクを冒しながら不安定な生活を送っていたが、その多くが何とか都市に定住する権利を手に入れた。そのすべてが農民だったわけではない。都市居住権を取得したい農村幹部、三線に送られていた労働者、一九六八年以降農村に下放されていたかつての都市住民などもそのなかにまじっていた。彼らは裏から手を回して賄賂を贈り、当局に懇願した。そうした人々の多くが国有企業に雇われたので、工場指導者は労働コストを削減することができた。正式に居留を認められた人々が、村にいる友人や親類を呼び寄せた。

その人数たるや驚異的で、一九六八年から一九六九年にかけて都市人口を抑制するために国が行なった努力はすべて水泡に帰した。陝西省全体でみると、主要都市の人口が一九七〇年には二五万人増え、その翌年にはさらに三三万人増えて、合計三六〇万人に達した。人口の自然増加や計画経済の変化を差し引いて考えると、増加した人口の大半は、戸籍管理制度の制限をかいくぐってきた農民、兵士、党幹部だったと思われる。[24]

同じようなことが他の地域でも起きていた。湖北省では、一九六五年から一九七〇年までの間は、都市人口の増加が三三万人ほどにとどまっていたが、そのあとの二年間には五〇万人も増加した。一九七二年の一年間だけで、三〇万人以上が都市居住権の取得に成功している。その五分の一は、不正に取得されたものと考えられる。都市居住権をもつ男性と結婚した女性やその子どもなど、都市居住権をもたずに都市部で生活している人々も数万人いた。さらに、一九七一年と一九七二年には、農民五〇万人が都市周辺地域に住みついたが、その多くが、昼間に街との間を行き来したり、夜間の交代勤務に就いたりしていた。[25]

北京市でさえ、当局が人の移動を制限・管理するのが難しくなっていた。一九七三年には、浮浪者たちが群れをなして、公然と往来を徘徊するようになった。職を探している人々もいた。黒竜江省の農村に下放される途中、こっそり一団から抜け出して戻ってきた人々もいた。ある推計によると、毎日二〇万〜三〇万人が北京に立ち寄ったとされる。こうした負担があまりにも大きくなりすぎたため、その翌年、公安局は一万人以上の職員を雇って二四時間体制で、北京に有害分子を近づけないように取り締まった。[26]

戸籍管理制度に基づく移動の自由の制限を平気で無視する人々がますます増加しただけではなく、無賃乗車が横行するようになった。黒竜江省の省都、ハルビンでは、地元当局の推計によると、一九七三年に無賃乗車した客の数は一三〇万人にのぼった。甘粛省の省都、蘭州ではもっと詳しい報告がなされている。一九七三年一〇月一四日に抜き打ち検査を実施したところ、乗客の三人に二人が乗車券を所持していなかった。同じく一九七三年に蘭州では、三三万人が貨物列車に飛び乗った。また、上海発ウルムチ行きの急行列車も、無理やりスピードを落とさせて無賃で乗り込む群衆に「たびたび」運行を妨げられた。「人民列車」は「人民」のためにあるのだと人々は主張し、中国の各地で無賃乗車が常態化していった。河南省の鉄道の要衝、鄭州《ていしゅう》の駅では、連日のように、一〇〇〇人以上の乗客が切符を持たずに列車に乗ろうと押し寄せた。(27)

市内交通でも状況は同じで、人々はバスに乗っても決して切符を買おうとしなかった。切符を回収しにきた集札員や、ときには運転手までもが、怒った乗客や暴徒に袋叩きにされることがあった。山東省の省都、済南では、一九七三年一〇月だけで数十人の集札員が公衆の面前で殴打され、そのうちの何人かは職場復帰できないほどの重傷を負った。(28)

弱体化した政府にはもはや、数百万人の人民の移動を抑える手立てはほとんどなかったが、ひとつ絶好のはけ口があった。一九七〇年五月、政府は黒竜江省への移住を正式に認めたのだ。カラマツ、シナノキ、カバノキの森林に覆われたこの地域の豊かな天然資源はすでに、大躍進政策後の飢餓から逃れようとする人々を惹きつけていた。しかし、黒竜江省の大部分はいまだ無人の原野であった。政府は――大規模な労働改造所に加えて――自発的再定住を促すことによって、更なる資源開発に乗り出そうと考えたのだ。入植者のほとんどは山東省や河北省の出身で、その多くは新たな国策がスタートする前に行動を起こしていた。山東省招遠《しょうえん》県だけで、一九六九年七月の一か月間に二〇〇〇人以上が家を引き払い、より良い生活を求めて黒竜江省へと出発した。会計員と党指導者全員を含め、村民の三分の一までが村を出てしまい、もぬけの殻状態になった村もいくつかあった。(29)

丹棱――林彪の死を報じる日本のラジオ放送を聴いた青年――は、一九七三年一月に釈放されたあと、いちかばちかの運試しに出た。他の移住者たちとともに「万民のための豊穣の地」と謳われている黒竜江省をめざしたのだ。彼も旅仲間も鉄道駅のベンチに寝泊まりしていたが、やがて地元政府がそれを公認するようになった。こうしてしばらく放浪生活をしていた丹棱は、結局、朝鮮人集落に身を落ち着けることになり、そこで自分の工学技術を活かしながら生活するようになった。誰もがみな貧乏で、キビしか食べていなかったが、みな満足していた。ようやく「政治的な理由で劣等感や屈辱感を感じなくてすむ」自由な共同体のメンバーになれたのだ。この集落では道具類の共有はしていなかった。[30]

中国全土で、人々は静かに過去との繋がりを取り戻し始めた。地方指導者たちは経済発展に精力を傾け、村民たちは建国のはるか以前からあった民間市場を復活させていった。一人の農民が、収穫したトウモロコシの一部を市場に持ち込んだり、自留地の耕作に少し長く時間をかけたりして、計画経済の枠組みを押し広げるだけの場合もあった。あるいはもっと大胆に、闇工場を設立したり、政府が管理している物資を投機取引したりする場合もあった。しかし、どこでもかしこでも、やり方はさまざまだが、文化大革命の失敗によって大胆不敵になった人々が、政府を当てにせずに、自分の力で事に当たるようになっていった。ある鋭い観察者が述べているように、「今までのような生活とは訣別しようと心に決めた人々が、苦境を脱するためにあの手この手を繰り出すようになった」のだ。それは、でこぼこでつぎはぎだらけの下からの革命であり、ほとんど音もなく進んでいった。しかし、それが結局、中国全土を呑み込んでいくことになるのである。[31]

# 第22章　第二社会

　中央の計画経済が生みだした国家的窮状に対する解決策を、ひそかに見出していたのが第二経済《セカンド・エコノミー》だとすれば、共産主義の教義に幻滅した人々の間から、第二社会《セカンド・ソサエティー》が出現しつつあった。東欧やソ連の場合と同様に中国でも、ほとんど目には見えない地下社会が、公式の政治体制の陰で生き続けていた。

　それは今に始まったことではなかった。一九五〇年に中国共産党が基本的な経済的自由を弾圧し始めるや否や、闇市場が出現したのと同じように、新政権が禁じた社会活動も世間の目を逃れて存続しつづけた。建国後まもない時期に、地域の祭礼行事が反革命の汚名を着せられ、宗教指導者が再教育収容所に送られたとき、庶民の宗教は――まさに文字どおり――地下に潜伏したのだった。華北地方では、あちこちに地下室が掘られ、長く伸びる地下道によって村全域の重要拠点が結ばれた。河北省では、一部の宗派の指導者たちが、四年以上にわたって、地表面から数メートルの深さに掘られた地下壕で避難生活を送った。キリスト教や仏教もすぐれた耐久力をもち、信者たちは、目に見える信仰の証をすべて捨てながらも、ひそかに信仰を守り続けた。一九五〇年代初めに行なわれた文字の獄では、あらゆる書物が廃棄処分され、何の差し障りもないように思われる本まで書棚から撤去されたが、人々は何年間にもわたって密かに、ときには干渉されずに禁書を読みつづけた(1)。

党指導部は、建国後に一掃しようとした古い思想や古い習俗が、どれほどしぶとく根強いかを思い知らされていた。文化大革命の核心をなしていたのは、一七年に及ぶ共産党支配にもかかわらず、多くの人々の心や頭の中には依然として古い社会が存在し続けている、という認識だった。表面上はイデオロギー的に統一されていながら、その裏には、共産党にとっての脅威となるサブカルチャー、カウンターカルチャー、オルタナティブカルチャーの世界が広がっていた。共産党の見解によれば、いったん生産手段の社会主義改造が完了したならば、封建思想やブルジョア思想の遺物を根刮ぎにするための新たな革命を遂行する必要があり、さもないと修正主義勢力が伸《の》してきて、共産主義建設の企てがすべて損なわれてしまうというのだ。

しかし、家宅捜索、書籍の焼却処分、公衆の面前での吊し上げ、度重なる粛清運動、さらには毛沢東思想学習班から五七幹校まで、絶えず再教育運動を行なったにもかかわらず、古い習慣はしぶとく生き残り、なかなか消え去らなかった。文化大革命が目指していたのは、個人の心の奥底にひそむ思考や感情をも含めて、個人の生活のあらゆる側面を変容させることだったのだが、多くの場合、人々の外面的な服従を引き出すことしかできずに終わった。人々は、欺瞞には欺瞞で、嘘には嘘で、空虚なレトリックには空虚なスローガンで対抗したのだ。みなすぐれた役者で、みごとに服従を装い、問われたら何と答えるべきかもよく心得ていた。

第二社会は、どこか離れた別の世界にではなく、一部の人々の心の中に存在し続けていた自由の領域にあったのだ。絶えず思想改造運動が行なわれるなかで、多くの人々は、人前では党路線を機械的に繰り返しながら、心の中では自分の考えを守りぬくことを覚えた。だれもかれもがみな毛沢東を祀る聖壇を拝んだが、なかには、政治的にせよ宗教的にせよ、自分が信ずる価値観をひそかに守り続ける人たちもいた。公式イデオロギーが二転三転するたびに熱烈に従う、真の信奉者や根っからの日和見主義者がいたように、服従を強いる執拗な圧力に屈してしまった一般庶民も大勢いたに違いない。しかし、なかには、二つの心あるいは精神をもつようになった人々もいた。一方は、世間に示すためのもの、もう一方は、信頼する友人や家族にしか明かさない純粋に私的な心だ。この二つの領域を自由に行き来することができる者もいたが、そうでない者は、周囲の世界の価値観と自分の信念との折り合いがつかずに、無気力や抑鬱に陥っていった。(2)

文化大革命期を通してずっと、旧社会を知らない若者、および修正主義思想に染まった年配層の両方に、社会主義教育を施すことの重要性が大々的に唱えられ続けた。しかし、一九七〇年代には教育制度が破綻していた。若者は中学校を卒業するとすぐ、農民による再教育を受けるために農村部に下放された。高等教育機関は閉鎖同然の状態で、国内の一流の知性人たちは五七幹校に送られてしまっていた。一九七二年、北京大学は二人の外国人留学生を受け入れたが、その一人、黄明珍が北京大学を訪れたとき、キャンパスはすっかりさびれていた。学生総数が数千人規模の大学でありながら、数百人ほどしか在籍していなかった。「立入禁止の建物が多く、大講堂はがらんとしていた。灰色の煉瓦造りでタイル屋根の二五号館は、我々が来るまで六年間、無人だった。」(3)

小学校や中学校の多くが、文化大革命の最盛期に紅衛兵たちに占拠され、その後数年間に、拡大する官僚機構によって建物や敷地はさらに侵略されていった。江蘇省では、一九七二年までに、七〇万平方メートルを超える学校の敷地が失われた。これは教室の数にして数万個分に相当する。小学校の敷地にまで工場が建てられ、政府機関は講堂を事務所として使用した。(4)

政府発表の統計データは粉飾されている可能性があり、政府がほぼすべての数字を公開するようになってからますますその可能性が強まったが、檔案館の資料を調べると、ある程度その実態が垣間見える。河北省では、一九六五年には八〇〇万人近くが小中学校に通っていた。五年後には、それが四分の一ほど減って六〇〇万人になった。しかし、最も顕著な減少傾向を示したのは大学・専門学校で、文化大革命の前夜には二万七〇〇〇人いた学生が、一九七〇年には五〇〇〇人を割ることになった(5)。

大学はもちろんのこと、小中学校で施される教育もイデオロギー重視の教育だった。山東省では、一九七五年までの国語教科書に掲載された題材のおよそ三分の一が、文化大革命の功績の礼賛で、さらに一七%が最新の政治運動に関するものだった。江蘇省では、一九七二年に国語教科書に採用された引用文の半分がマルクス、レーニン、および毛沢東のもので、さらに三分の一が『紅旗』や『人民日報』のようなプロパガンダ刊行物からの抜粋だった(6)。

子どもたちは『毛主席語録』の一節をすらすらと暗唱できるようになったかもしれないが、それ以外の点で、文化大革命期の混乱が彼らの長期的な学力向上に寄与することはほとんどなかった。長江の河口付近に位置する南通《なんつう》市には、中華人民共和国の建国の年を答えられない子どもたちがいた。やはり江蘇省の江寧《こうねい》県には、自分の名前を書けない子どもも少数いた。江蘇省東台《とうだい》県三倉公社のあるクラスでは、五四人中二〇人が自分の名前を書けなかった。五四人中四〇人はアラビア数字を書けなかった。

中学生の地理の基礎知識もあやふやで、地図上の北京の位置を指し示すことができない生徒もいた。江蘇省阜寧《ふねい》県には、世界地図上で自分の国がどこにあるのかわからない生徒も少数ながらいた。南通《なんつう》市や徐州《じょしゅう》市には、足し算も引き算も習っていない生徒が大勢いた。テストの結果、中学生のなかにも、一時間は何分かわからない生徒がいることが明らかになった。

教師のなかにも読み書き能力のあやしい者がいた。江蘇省江寧県の学校についての詳細な調査の結果、教師の約半数が中国の省都名をほとんど書けないことが明らかになった。いずれにせよ、一九七四年になっても多くの教師が非難や迫害を恐れながら生活していたので、「生徒に対してやたら甘く、文字の書き方や使い方が間違っていても正そうとしない」のだった。[7]

こうしたことは他の省でも起きていた。山東省では、青少年の三分の一と成人の六割は、文字の読み書き能力が不十分または皆無だった。たとえば、臨清《りんせい》県では、青少年の半数と成人の三分の二が、自分の名前も書けず、『人民日報』の簡単な記事さえ読めなかった。このような数字は、全国的な傾向を映し出していた。国務院も認めているとおり、文化大革命の結果として一九七八年には、非識字者［読み書きができない者］と半識字者［読むことはできるが書くことのできない者］の合計が、中国全体の学齢人口の三〇～四〇％に達していた。その割合が五〇％を越える地域もあった。共産党員も例外ではなかった。河北省には一四五万人の党幹部がいたが、その三人に一人が非識字者だった。高校を出ている者はほとんどいなかった。[8]

しかし、全体的な識字率が低下していたとき、禁書を読む機会は皮肉にも増大していた。封建時代の遺物をすべて消し去ろうと、紅衛兵が大暴れしていた文化大革命の最盛期にさえ、興味をひかれた書物をそっと手元に隠しておく者がいた。夥しい数の書物が古紙パルプにされたり焼き捨てられたりしたが、大繁盛する闇市場にたどり着く書物も決して少なくなかった。

成都では、張戎が記しているように、じつにさまざまな人間が本を売り買いするようになっていた。たとえば「押収した本を売って現金を手に入れようという紅衛兵、金もうけの好機をかぎつけた商人、蔵書を焼かれるのは見るに忍びないが、さりとて自分で持っているのも恐ろしいという学者、本を愛する人たち」などである。張戎の弟は、毎日のように闇市に足を運んでいた。そして、古紙回収業者から手に入れた本を売って作った現金で、他の人が闇市に出した本を買い、読んだあとで売りさばき、また別の本を買った。一日に一冊か二冊のスピードでむさぼるように読んだが、手元に置いておく本はせいぜい一〇冊前後にとどめ、それも慎重に隠していた[9]。

政治に対する失望感が強まってくると、こうして隠れて書物を読む人々がたちまち増えていった。一九六七年三月以降、一部の学生は派閥抗争に距離を置くようになり、いわゆる「逍遥派」となっていった。彼らは暇つぶしのために、文革開始以前にはなかなか手に入らなかった、ありとあらゆる書物を読むようになった。一九六八年の夏以降、こうした隠れ読書はますます広まった。というのは、農村部に下放された数百万人の若者が、冬の夜長を過ごすために本の回し読みをするようになったからである。

四川省の小さな農村に送られた張戎は、弟からたくさんの本をもらっていた。毎日、外で農作業をしているあいだじゅう、はやく家に帰って本を読むことばかり考えていた。「村全体が闇の中に眠るころ、湿っぽいわが家の静寂に包まれて、私は夜がふけるまで本を読み、いろいろなことを考えた。」

長沙から追放され、幸運にも中学校の校舎で生活することになった梁恒は、その倉庫にホコリやカビにまみれた書物が隠されているのを発見した。全く新しい想像の世界が目の前に開かれて、彼の胸は高鳴った。「私の人生は一変した[10]。」

林彪が死去してイデオロギー統制が緩和されると、禁書の世界はさらなる発展を遂げていった。書店に並ぶ本の顔ぶれはほとんど変わらず、あいかわらず毛沢東、マルクス、エンゲルス、レーニン、スターリンの著書ばかりだったが、こっそりと回し読みされる本の種類が格段に増えた。個人蔵書や公共図書館から救出された禁書に加え、政府は近代・現代作家の翻訳本およそ一〇〇〇タイトルを党員向けに限られた部数だけ出版していた。こうした本も一般大衆のところにたどり着いた。

ある高級官僚の娘にはこんな思い出がある。彼女の父親は禁帯出本を保管している引出しの鍵をそれほど厳重に隠していなかった。彼女はソ連の小説をむさぼるように読み、ソ連での不当な幹部迫害を題材にしたイヴァン・シュミアキンの『雪多き冬』にとりわけ衝撃を受けた。

一方、張戎はリチャード・ニクソンの『六つの危機』を読み、もちろんあちこち削除されてはいたが、世界の動向を知る歓喜を味わった。また、デイヴィッド・ハルバースタムの『ベスト&ブライテスト』に描かれたケネディ政権の内幕を読んで、アメリカという国の政府はなんとリラックスした雰囲気なのだろうと驚いた(11)。

人々に最大級の衝撃を与えたのがウィリアム・シャイラーの『第三帝国の興亡』だった。文化大革命と類似する点が非常に多かったからだ。ハリー・トルーマンの『トルーマン回顧録』、ミロヴァン・ジラスの『新しい階級：共産主義制度の分析』、ソルジェニーツィンの『イワン・デニーソヴィチの一日』も好んで読まれ、それによって人々の共産主義革命を批判的に見る目が養われていった。トロツキーの著作も――トロツキストであるという理由で銃殺された国では――人々に強い影響を及ぼした。とりわけ『裏切られた革命：ソビエト連邦とは何か、どこへ行くのか』や『スターリン：人物の評価と影響力』が熱心に読まれた。アルベール・カミュの『異邦人』、ジャック・ケルアックの『路上』、サミュエル・ベケットの『ゴドーを待ちながら』、J・D・サリンジャーの『ライ麦畑でつかまえて』といった有名な文学作品も読まれていた(12)。

禁書を、手書きですべて書き写す人々もいた。禁書を持ち寄って交換する読書交換会や、共通テーマについて討論する交流会もあった。北京を拠点に全国各地に通信員を置くある読書家ネットワークは、大胆にも「第四インターナショナル反革命集団」と名乗っていた。政府の弾圧を受けながらも、このような読書サークルの会員は増え続け、ますます多くの読書家が文化大革命を批判的な目で見るようになっていった(13)。

人々のあいだで回し読みされたのは、高尚な内容の本ばかりではなかった。エロティックな表現のある小説は闇市で最高値がつき、取り締まりの危険度が高ければ高いほど高値で売れた。この禁欲を強いる社会では、一九世紀を代表する名著、スタンダールの『赤と黒』でさえ好色と見なされ、本一冊に一般労働者の二週間分の賃金に等しい値がつくこともあった。官能小説は、手書きで書き写されるほか、簡単な孔版《ステンシル》や手回し装置を用いて、粗雑ながら謄写版印刷されることもあった。文化大革命の最盛期には、多くの単位がそれぞれ独自に会報や新聞を発行するようになっていた。そうした印刷機の一部が、毛沢東思想宣伝隊の管理をすり抜けて大いに活用されるようになった結果、官能小説や春歌が印刷されて、工場や学校そして役所にも広まっていった(14)。

絶大な人気を誇ったのは、ある女子大生が、従兄をはじめとする若い男性たちと性体験を重ねていく『乙女の心』という小説だった。直截的で露骨な表現が、人気を博した理由かもしれない。いったいどれほどの部数が出回ったのかは知る由もないが、おそらく『毛主席語録』に次いで熟読された本の一冊だったにちがいない(15)。

文化大革命期を通してずっと、人々は外国のラジオ放送も聴いていた。隣人に告発され、反革命罪に問われるリスクを冒しながらも、こっそりと聴き続けていたのだ。その浸透の度合いが明らかになったのは、一九七〇年の「一打三反」運動のときであり、数百万人にのぼる一般庶民が、真実にせよ言いがかりにせよ、党に何らかの不満を抱いているとして責め立てられた。甘粛省の内陸奥地のある工場では、労働者の五人に一人が、ソ連、アメリカ、台湾、香港、日本、インドのラジオ放送を聴いていた。「四川地下ラジオ」や「解放軍之声」といったラジオ局も存在していた(16)。

文化大革命の最盛期には、一般庶民が印刷機の使い方を覚えたように、相当数の学生がラジオの技術を習得した。正定にある中学校のラジオクラブの部長だった高原は、最も簡単なゲルマニウムラジオから7石トランジスタラジオまで、何でも自作することができた。最も高性能の装置は、モスクワからの電波も受信することができた(17)。

まもなくラジオクラブには嫌疑がかけられるようになったが、ラジオの製作に必要な半導体素子の闇市場は大盛況だった。上海の福州路は、ラジオの自作に凝っている若者たちと、必要な部品を工場からくすねてきた労働者たちが集まる場だった。何とか取引を根絶しようと、当局はたびたび取締りを強化したが、その努力が報われることはなかった(18)。

当局はまた、「ボイス・オブ・アメリカ」(アメリカ合衆国政府が放送する国営放送)や台湾のラジオ放送を受信妨害しようとしたが、その試みも失敗に終わった。この電波戦争において、強度・安定性ともに高い電波がリスナーに届くのを妨害する技術は存在しなかった。皮肉なことに、政府はラジオの値段を下げることによって、海外短波放送の受信を容易にしてしまったのだ。

文革開始直前の農村部では、豚一頭の価格に等しいラジオ受信機は、なかなか買えない贅沢品だった。また、受信可能な範囲も三〇〇〜五〇〇キロメートルだった。ということは、新疆ウイグル自治区の伊《い》寧《ねい》のような街は、省都ウルムチからそれ以上離れているので、日中は電波を受信できなかった。しかし、政府は毛沢東思想を広めるために、その後の数年間に価格を三分の一以上下げ、一九七〇年には、国内の多くの地域で、4石トランジスタラジオを製造コストよりも安い価格で販売するようになったのだ。[19]

さらに数年経つと、県城の放送局や人民公社の増幅局の支援により、全省の住民の大多数に有線ネットワークが届くようになった。貧しい農民たちのもとにもプロパガンダ放送が届けられるようになったのだ。湖北省では、文革以前にはわずか一八万個しかなかったスピーカーが、一九七四年には四八〇万個以上にまで増えた。ほぼ一家に一台あった計算になる。[20]

それでも、絶え間ないプロパガンダ放送で、国内外のさまざまな電波をかき消してしまうことはできなかった。広東省沖合の亜熱帯の島、海南島のような貧しい地区でも、人々はときおり、毛沢東と激しく対立する「解放軍之声」を聴いていた。「共青之声（共産主義青年の声）」というのもあり、一日中、不規則な間隔で煽動的なスローガンを流していた。そのラジオ局を運営しているのは、広州の中山大学の大学院生とみられていた。その広州では、タクシー運転手たちが、ラジオの周波数を堂々と香港の番組に合わせていた。タクシー運転手だけではなかった。今ではもう、献身的な党幹部でさえ、単に自国で何が起きているのかを知りたいからにせよ、海外ラジオ放送に耳を傾けていた。自宅の引き出しにイヴァン・シュミアキンの『雪多き冬』が隠してあるのを見つけた娘が、ある日、ドアをノックせずに両親の部屋に足を踏み入れると、「こちらモスクワ放送です！」という快活な声が聞こえてきた。[21]

政府が禁じているそのほかの社会活動も盛んに行なわれていた。アングラ歌声クラブもあり、革命歌を歌うという口実のもとに集った人々が、禁じられた劇を演じ、禁じられた歌を歌った。上海第二工作機械工場では、一九六九年から一九七〇年にかけての冬の金曜日ごとに、一〇〇人ほどの若手労働者たちが集って禁じられた楽曲を演奏し、他の工場からも愛好者たちが聴きに集まってきた。[22]

数年前に紅衛兵たちが封建的あるいはブルジョア的だと罵倒した娯楽が復活して、旧社会がよみがえってきた。林彪が死去するまで、子どもたちの間で広く行なわれていた遊びは縄跳びだけだったが、まもなく北京の往来で、こま回し、石蹴り、空中ごまなども見かけるようになった。竹の骨組みに絹を張り、そこに絵や文字をあしらった伝統的な凧は、まだ外国人向けにしか販売されていなかったが、子どもたちはうまく工夫して、木の枝に『人民日報』を張って作った凧を揚げていた。北京の路地裏にはポーカーゲームもあらわれた。尾羽に小さな竹筒をつけた伝書鳩が、あの独特の鳴き声をあげながら、空を飛んでいくのを見かけるようになった。人々はふたたび籠で鳥を飼うようになり、朝早く公園に行って放してやることもあった。(23)

一般の庶民が、政治からの逃げ場を芸術に求めて、アングラ・アーティストになっていった。壁面を飾るプロパガンダポスターから、党が公式に後押しする「人民芸術」にいたるまで、当時のありとあらゆるものを形づくっていた「社会主義リアリズム」にわざと反した表現方法をとるようになったのだ。多くの人々が、あえて政治と距離を置き、内的な自己を取り戻すことのできる個人空間を作り上げようとした。彼らの芸術は人目をはばかるものだったが、アングラの文学サロンや歌声クラブのように、自然発生的に形成されたアマチュア芸術家集団が、工場の廃屋、さびれた公園、共同住宅の薄暗い廊下や階段を利用して、互いに興味を共有しあった。美術書や展覧会図録が回覧されるようになり、人々はミケランジェロからピカソまで、ありとあらゆる西洋絵画にくわえて、中国の伝統的絵画にも触れる機会を得た。

北京では、出身がまったく異なるこうした新進芸術家たちが一緒になって、あるグループが形成された。それが「無名《ウーミン》」という名前を得るのは、かなり後のことだ。「結社の自由がなく、それが犯罪とされる時代だったから、グループは無名、無形で、自然発生的でなければならなかった。会規も、会員資格も、そして統一された造形原理や芸術様式もまったくなかった。」

彼らの多くは「階級の敵」とされた家庭の出身で、文化大革命期を通してずっと、家庭の崩壊や、学校の荒廃、コミュニティの瓦解に苦しみながら耐えてきた人々だった。絵筆をとった彼らは、まず最初に、プロパガンダに忠実に従って毛沢東の肖像を描くことで画家としての腕を磨いていった。それは、高価な油絵具やリネンキャンバスを手に入れるのに好都合であり、彼らはそれを利用して余暇時間にいろいろと試してみるようになった。自然の景観はよく好まれたテーマで、植物園に咲きほこるライラックや桃の花から、北京郊外の明朝の皇帝陵墓群から眺める夕陽まで、さまざまな絵画が描かれた。メンバー数人で、公安を通り抜けるための紹介状を捏造して、国慶節に北戴河の海辺に出かけたこともあった。しかし、彼らは写生ばかりではなく、記憶を頼りに絵を描きながら、心の奥底に潜む内面世界を描き上げていった。自らも熟達した画家で「無名」のメンバーだった王愛和は、仲間の工場労働者が、遠くに見える一本の樹をどう描くかを思案しながら、何時間も窓の外をじっと眺めていたのを今でも思い出す(24)。


宗教もやはり地下に潜伏した。キリスト教、仏教、道教、イスラム教のような組織宗教であれ、土着の神や祖先の霊を祀る民間宗教であれ、その信者たちはひそかに信仰をもち続けた。

文化大革命期には、民衆が不満を激発させて抗議したこともいくたびかあった。一例を挙げると、たとえば河北省では一九六九年に、キリスト教徒たちが堂々と「私は毛沢東など信じない。神を信じる！」と声を上げた。河北省のそのほかの地域でも、五月一日の労働節に「天にましますを讃えよ」と書かれたプラカードがあらわれた。しかし、これらは散発的な出来事にすぎず、全能の軍隊によってたちまち鎮圧されてしまった。ほとんどの場合、とりわけ農村部においては、一般の村民たちは正面衝突を避けるようにしてひっそりと信仰を守り続けたのだった。[25]

多くの場合、宗教指導者には為す術がなかったが、それでも一般の村民たちはけっして信仰を放棄しなかった。皮肉なことに、一九五〇年代に迫害の矛先を向けられた教派は、文化大革命の猛襲にも対処する準備ができていたのだ。倪柝声《ウォッチマン・ニー》と小群教会の場合がそうだった。これは、一九四九年まで中国で急速に広まったプロテスタントの土着化運動のひとつで、当時の信者数は七万人にも及んだ。建国から五年も経たないうちに、小群教会の指導者のほとんどが逮捕され、信者たちはしらみつぶしに弾圧を受けた。倪柝声は一九七二年に獄死した。しかし、この迫害によって信仰が試されているのだと受け止めた一般の信者たちは、文化大革命が発動される何年も前から、セルグループや家庭集会を導入するようになっていた。人目を忍んで礼拝を続けるという習慣ができあがっていたからこそ、弾圧を受けても生き残ることができたのだ。[26]

そのほかの組織宗教も同じような戦略をとり、信者を一定の人数ずつ農村部の各地に移住させることで、組織の分散化を図った。ラマ僧［チベット仏教の指導者］、イマーム［イスラム教指導者］、カトリック司祭たちが再教育収容所に送られてしまっても、一般信者たちはコミュニティの団結を守り抜いた。そして、文化大革命の犠牲者が増え続けるなかで、その苦悩の意味や未来への希望、さらには心の平和や救済が約束されていることを説いて新たな信者をも獲得していった。政府の宗務担当部門が造反派に包囲されたり、派閥抗争で内部分裂したりして大混乱に陥っているさなかに、さまざまな教派が再び姿を現わして組織の立て直しをはかり、毛沢東死去後の宗教復活の礎を築いたのである。

土着の神に対する信仰も非常に根強く、毛沢東個人崇拝に変えようとする政府の試みは失敗に終わった。村祭りや儀式が中止となり、寺社が閉鎖されてしまった村でも、村民の多くが小さな社や家の神棚で礼拝をつづけた。香を焚き、願をかけ、霊を呼び出した。あるいは、人目を忍んでさまざまな土着の神――祖先の霊、鎮守の神、雨の神、豊穣多産の女神――と交信した。村民に対する究極の破壊行為はおそらく、毛沢東を鎮守の神の座に据えるというものだろう。寺が取り壊されたり、穀物倉庫にされたりといったことが頻発したが、それでも大きな神像は破壊されずに残った。一九七二年になって、一定の場所に安置しても安全だと地元民が思うようになるまで、次々と異なる場所に移されたケースもある。学校を作ると見せかけて、人民公社の資金で寺を建てるといったことが甘粛省の平涼県一帯で見られたが、おそらくほかの地域でも同じようなことが行なわれていたにちがいない(27)。

民間信仰と不可分の関係にある民俗文化もやはり、文化大革命の最盛期にすら脈々と生き続けていた。一九六四年夏の京劇芸術節のおりに初めて公の場に姿を現した江青は、農村部で一番人気の伝統演劇の改革に取り組むことを決意する。まもなく江青は、人民解放軍と毛沢東思想を賛美する革命劇八本を除くすべての劇を禁止した。この八本の模範劇「八套様板戯」は、ポスター、絵葉書、切手、皿、ティーポット、花瓶、カレンダーなどさまざまなものに描かれた。特定の劇団が学校や工場に出向いて、これらの模範劇の巡回公演を行なった。延安に送られて農作業に携わっていた翟振華は、運よく、ある巡回劇団の団員に選ばれた。団員たちは野外に設けられた粗末な舞台で、工場労働者や人民公社の農民向けに劇を演じた。「観客はいつもおおぜい集まるのに、拍手はまばらだった。観客から心からの歓迎を受けたのは、延安大学での公演のとき、一度きりだった(28)。」

国を挙げて政治宣伝が繰り広げられてもなお、一部のコミュニティは独自のやり方を曲げずに伝統を守り抜いた。一九六八年、浙江省ではいくつかの村が協力して、伝統演劇公演の舞台のまわりで盛大な集いを催し、数百のテーブルに煙草や酒を並べて、貴賓にも地元の家族連れにも分け隔てなくふるまった。浙江省よりもはるかに貧しい江西省でも、数千人が公然と集って伝統演劇を楽しんだ。農村部の各地域で、人民公社のメンバーが伝統的祭礼をつつがなく執り行ない、土着の神や祖先の霊に祈りを捧げた。いくつかの村が共同で資金を調達して伝統の「龍舟賽」（ドラゴンボートレース）を行ない、大勢の観客を集めたところもある。多数の豚をつぶし、円卓には贅沢なご馳走が山のように盛られていた。一九七〇年代の初めには、劇団員のほかに、民謡歌手、風水師、霊媒師、占い師などさまざまな伝統技芸師が農村部で生計を立てていた。(29)

地下教会は家庭教会とも呼ばれ、信者の小集団がひそかに個人宅に集って信仰を分かち合った。宗教はもはやコミュニティを結びつける社会的絆としての役割を公然とは果たせなくなったが、もっと個人的・私的な体験として生きながらえ、教会や寺院やモスクから逃れて家庭内にこもったのだ。皮肉にも、文化大革命がプライバシーの概念そのものをブルジョア的だとして攻撃すればするほど、あらゆる職業や地位の人々が、わが家を何とか自由の島にしておこうとした。それはなかなか容易なことではなく、とくに都市部では、数家族が共同住宅や長屋に暮らしており、いたるところに詮索好き・噂好きの隣人がにいるので至難の業であった。それでも、文学サロン、読書クラブ、そしてアングラ・アーティストたちは、宗教信者たちと同様に、ときおり人目を忍んで個人宅に集まり、摘発を免れるために定期的に集合場所を変えたりもしていた。

しかし、比較的プライバシーの保たれた個人宅で信念を守り続けたのは、宗教組織や地下クラブよりもむしろ、個々の家庭であった。教育制度が混乱に陥っていようとも、親たちは家庭教育のなかで自分が大切にしている価値観を子どもに伝えていった。出身階級が悪いという理由で初等教育までしか受けさせてもらえない子どもたちが、中国全土には何百万人もいた。彼らは国の政治宣伝に毒されずに済んだだけでなく、自宅で家族からいろいろ教わることができた。家庭教育においてとりわけ重要な役割を果たしたのは母親だった。というのも、中国では昔から、子どもの学業成績で母親のステータスが決まることが多かったからである。上海にくらす劉文忠の家庭は「反革命分子」として排斥されていたので、彼は学校に行かれずに家庭で教育を受け、人権や民主主義の大切さを教えられた(30)。

建国のかなり前から、じつにさまざまな伝統技術が、家族の絆を通して磨かれ、受け継がれていた。数世帯または村全体で、市場向けの唐傘、布靴、大礼帽《シルクハット》、籐椅子、柳細工の籠、竹籠などの製造を行なっているところもあった。文化大革命期を通してずっと、魔除けのお守り作りや、黄暦［二十四節季等の記された黄色い表紙の暦］の印刷、そして提灯の製作にいたるまで、その技術を守り続けた家々もあった。武術、伝統戯曲、伝統歌曲などその他多くの技芸も、家を基盤として伝承されてきた。

当然ながら、文化大革命期を通してずっと、家庭は攻撃にさらされ続けた。家族が別々の派閥に与したり、政治の風向きの変化に巻き込まれたりして、真二つに割れてしまう家庭もあった。不意を衝くような理不尽な粛清は、人々を怯えさせてコミュニティを分断し、毛沢東ただ一人に忠誠を誓う、従順でバラバラな個人をつくり出すために行なわれたことだった。公開の批判闘争大会では、家族同士が互いに非難し合うように求められ、配偶者が労働改造所送りになると、たいてい離婚を請求するように命じられた。

とくに都市部で、何よりも悲惨だったのは、多くの家庭がばらばらに離散してしまったことだ。家族がそれぞれ農村部の別の場所に送られたからである。子どもたちは中学校を卒業するとすぐに家から引き離され、両親も、場合によっては、それぞれ別の再教育収容所に送られた。一般の労働者は、三線の急拵えの工場に送られたが、政府職員は、毛沢東思想学習班や五七幹校で農民による再教育を受けた。四川省では、張戎の両親が引き離されて、二挺の管理下にある二か所の労働改造所に送られ、きょうだい四人も、成都から遠く離れた農村でそれぞれ分かれて暮らすことになった。

しかし、中国という国は、世界に類を見ないほど複雑な親族体系をもっている。こうした親族体系は、性別、長幼、堂表［父方か母方か］、輩分［目上か目下か］によって呼称がほぼすべて異なる豊かな親族語彙を用いることで、何百年もかけて磨きあげられてきたものだ。孝悌は儒教道徳のかなめであり、親族や氏族といった拡大家族は、一九一一年まで続いた王朝国家のバックボーンを成してきた。その結果、中国の家族の絆は驚くほど強靱であった。迫害を受けて崩壊するどころか、絆がいっそう強固になる場合もあった。張戎とそのきょうだいは、離れていてもお互いを気遣い、また、収容所にいる両親を頻繁に訪ねることでますます団結を強めていった(31)。

家族の絆の強さは、自分の親を告発する子どもが非常に少ないことでもはっきりと証明された。政治宣伝《プロパガンダ》の中では、両親に孝を尽くすよりも、国家に忠を尽くすことを選んだ中国少年先鋒隊員の例があまた取り上げられた。ソ連では、自分の父親を当局に密告したとして一九三二年に親族に殺害された少年、パヴリク・モロゾフの事件が世間の注目を集めた。政府は彼を模範的な少年として英雄に祭り上げた。パヴリク・モロゾフ礼賛を通して、子どもたちは、家族の絆を捨ててスターリンただ一人に忠誠を尽くすように教育されたのだった(32)。

中国でもやはり声高な政治宣伝が繰り広げられた。社会主義教育運動期からすでに、どの子もみな「お父さん、お母さんへの親しみも、毛主席への親しみには及びません」というスローガンを繰り返し聞かされていた。ある学生が述べているように、「毛沢東に全面服従しない者は、それが親であろうともすべて敵である、と考えるように私たちは訓練されていた。」親たちもわが子に、公式のイデオロギーに従うよう諭した。わが子の将来を守るには、そうするのが一番良いと考えていたのだ。[33]

しかしソ連では、自分の親を激しく非難する子どもは、実際にはそれほど多くなかった。文化大革命では、そういうケースはさらにまれだった。たまに親族のことを当局に密告する子どももいたが、そういう子はたいてい村八分にされた。父親が闇市で糧票（配給券）を売買していることを通報した馬定安は、家を追われ、村民たちからも斥けられて、廃寺に閉じ込められ、地元の党幹部でさえ一切関わろうとしなかった。[34]

さらに吃驚させられるのが張紅兵のケースだ。当時一五歳だった彼は、自分の母親のことを党に密告し、反革命罪で銃殺刑に処するように求めた。党当局は少年の要望を受け入れた。母親は、毛沢東の肖像画を火にくべたというだけの罪で銃殺隊に処刑された。息子は模範的な少年とされて、一時は、地元の党委員会から革命への熱意を讃えられたものの、その後、反革命分子の息子として迫害を受けることになった。数十年間にわたって罪の意識のさいなまれてきた張紅兵は、ついに二〇一三年、癒しを求めて自らの過去を世間に公表した。公表したことで彼は、肉親に対して実際に死刑を要求した息子は自分以外にはいなかったことを知った。ソ連の場合と同様に、中国の若者にしばしば見られたのは、家族を非難することよりもむしろ、家族との関係を絶つことのほうだった。[35]

家族関係以外でも、忠義という旧来の倫理規範はいまだ健在で、人々は友人や同僚の味方をすることが多かった。張戎は、顔なじみの者にさりげなく便宜を図ってくれる二〇代後半の隊長のおかげで、定期的に父親を見舞うことができた。北京で働いていたある翻訳員は、一九六九年の粛清運動の標的にされたあと、職場の同僚たちから疎まれるようになった。けれども、同じ敷地内で暮らしている親戚の人々はみな、何事もなかったかのように、それとなく配給物資を届けて助けてくれた。回想録やインタビュー記事から十分に証明されているように、まったく面識のない不特定多数の人に対しても親切な行為がなされていた[36]。

社会の分断をもくろむ共産党政権は、あの手この手で伝統的な社会の絆を切り崩しにかかったが、家族関係を崩壊させることはできなかった。家族の絆は逆風に耐えただけでなく、新たな絆もつくられていった。

共産党政権は恋愛関係に眉をひそめたので、文化大革命期には夫婦であっても人前での愛情表現を慎んだ。恋愛は退廃的、ブルジョア的感情と見なされ、セックスは忌むべきものとされていた。多くの学生たちは、もっとも基本的な生理学的事実さえ知らずに育った。たとえば、濯非は、若い男性と自転車に二人乗りしただけで妊娠するのではないかと恐れていたが、こわくて誰にも尋ねることができず、親類にさえ聞けなかった。期待に胸をふくらませて満洲に赴いた北京の紅衛兵、瑞楊はずばりこう述べている。「私たちはセックスをしたこともなければ、セックスについて考えたことすらなかった。セックスはブルジョア的。それはもう間違いのないことだ！　穢らわしく、卑しむべきもの、そして危険極まりないもの――それが私の思い描くセックスだった。本を読んでも、映画を見ても、セックスに興味をもつのは悪党ばかり。革命家はそんなものとは無縁だった。革命家は恋に落ちたときも、プラトニックな恋愛で、手を握ることすらしなかった[37]。」

しかし、農村部に下放された多くの学生たちと同様に、瑞楊は農場の動物たちを見てたちまち理解した。豚の交配業務をあてがわれた瑞楊は、震えているオス豚の陰茎をメス豚の膣に導き入れねばならなかった。「来る日も来る日も、まるでポルノ映画を見ているようだった。」『乙女の心』を読んで、事実を知る者もいた。林彪が死去すると、若い男女が交際したり逢引きしたりするようになり、集団宿舎や大食堂の人混みから離れてプライバシーを求めるようになった。気温が零下三〇℃まで下がる満洲の国営農場で働く若いカップルは、雄大な自然の中に逃げ込むしかなかった。寒くても耐えたが、二〇分もしないうちに宿舎に駆け戻って暖房装置を抱え込んだ(38)。

軍の管理下に置かれた集団農場で働く学生たちに比べて、農民とともに生活している学生たちは、性体験の機会がはるかに多かった。都市部では考えられないことだが、若い男女が一つ屋根の下で共同生活を送ることもあった。なかには妊娠する者もいたが、永久に農村部で暮らすことになるのを恐れて、結婚しようとはしなかった。

しかし何と言っても、都市部から来た学生とは違って、農村部の人々はみな性に対して鷹揚で、はにかみとはまったく無縁だった。初めて受け入れ先の農家にやってきたとき、人前でもかまわず戯れる彼らの姿にたじろぐ学生が少なくなかった。内モンゴル自治区に送られた一六歳の少女、暖暖はある日、掘割のふちで愛の営みに励んでいる夫婦を見つけ、それを生産大隊長に訴えた。「けれども、年配の農民たちはまったく取り合わず、ただ笑っているばかりだった。」民俗文化のさまざまな側面でそうだったように、この件に関しても、文化大革命はほんの上っ面にしか浸透していなかったのである(39)。

# 第23章　反潮流

雪解けのあとに訪れたのは、厳寒だった。毛沢東は、一九七二年一二月の時点ですでに、林彪を批判することが文化大革命全体を貶める結果につながるのではないかと懸念し始めていた。一九七三年八月に北京で開催された第一〇回党大会において、党規約が改正され、林彪とその「反党」グループの主要メンバーの党籍が剥奪された。そのかわりに、毛沢東は、上海第十七綿紡績工場の保安課長で上海での文化大革命を主導した王洪文を昇進させた。壮大な政治劇が繰り広げられるなか、王洪文は、新たな党中央委員を選出する投票で毛沢東に賛成票を投じ、自分が毛沢東の後継者に選ばれていることをほのめかした。微妙なパワー・バランスのなかで、鄧小平、李井泉、ウラーンフー、譚震林などの古参幹部が返り咲いた。とはいっても彼らの党内序列は低く、張春橋、姚文元、康生などかつての中央文革小組のメンバーよりも下に置かれていたが、そこには周恩来を牽制しようとする目論見があった。

周恩来総理はますます孤立を深めていった。毛沢東は、周恩来が古参幹部の名誉回復や、経済秩序の立て直しを図ろうとするのを警戒していた。自分が死んだとたんに、周恩来が文化大革命を方向転換させて、自分の政治的遺産を脅かすようになるのを恐れていたのだ。周恩来はどんなときでも毛沢東に忠誠を尽くしてきたが、それは純然たる政治的計算によるものであって、イデオロギー的信念に基づくものではなかった。ある伝記作家は次のように述べている。「腰の低い紳士で、どんなときも忍耐と寛容さをもって物事を進め、つねに思慮深くてバランス感覚に優れているのに、じつに如才なく洗練されている周恩来は、毛沢東からすると何とも胡散臭い存在だった。(1)」

一九七四年一月、毛沢東は、江青とその一派を周恩来総理の上位に処遇し、周を「現代の大儒」であるとして暗に批判した。林彪を批判する政治運動は、林彪と孔子をともに批判する政治運動となった。『紅旗』、『人民日報』、『解放軍報』の三紙は次のような共同社説を発表した。「プロレタリアートとブルジョアジーの政治的イデオロギー闘争は、ときに激しさを増しながら、長期にわたり紆余曲折を経て進んでいく……国内外の反動主義者たちや、中国歴代の日和見主義指導者たちは、おしなべて孔子を崇拝する。」党の宣伝機関は、周恩来を名指しで批判することはなかったものの、古代の賢者に対して毒舌を浴びせ、孔子は古い貴族社会秩序の代弁者であり、「瓦解した王朝の復古と隠遁者たちの返り咲き」に固執したとして批判した。(2)

周恩来総理の対外開放に向けた政策を批判するスローガンが現れた。外国文化に反対する政治運動の導火線となったのは、周恩来の招きで中国を旅行し、そのドキュメンタリー映画を製作したイタリアの映画監督、ミケランジェロ・アントニオーニだった。当時の中国には、彼の名を知っている者や、その映画を見たことがある者は一人もいなかったのだが、一九七四年一月、アントニオーニは「反華」かつ「反共」だとして非難を浴びせられた。外国文化を盲目的に崇拝しているという、総理に対する批判が、とりわけ上海で激しかった。江青は「外国人の屁を嗅いで芳香と言うに等しい」と揶揄した。(3)

江青と緊密に手を組み、いまや政界の新星となった王洪文は、この政治運動を「第二次文化大革命」と呼び、「造反有理」のスローガンまで復活させた。修正主義勢力に矛先を向けた大衆集会、大字報、新聞社説をたびたび見かけるようなった。北京では、学童たちがまたもや、教室の窓ガラス、机、椅子を壊しにかかるようになった。文化大革命期の熱狂をもう一度とばかりに、元造反派が当局者にたてついて「奪権」をめざす省もあった。杭州では、学校や工場で、かつての造反派リーダーが組織した大衆集会に、数千人の支持者が参加した。王洪文に焚きつけられた彼らは、「反動勢力に刃向かう権利」を主張して地元幹部に全面攻撃をしかけ、経済活動を麻痺させるとともに、党組織を機能不全に追い込んだ。カリスマ的指導者のなかには、政敵を権力の座から引きずり下ろして、事実上の省指導者にのし上がる者もいた。彼らは省内の軍の駐屯地を巡察し、自分の権力行使の邪魔になりそうな軍指導者の切り崩しをはかった。

武漢市でも、かつての造反勢力が広範な民衆の支持を背景に、市の指導部と真っ向から対決して権力の座に就こうとした。一方、南京市では、政治運動を利用して軍指導者と対決したのは、かつての造反派よりもむしろ、五・一六分子摘発運動の犠牲者たちだった。強制的に農村部に移住させられていた数万人の民衆が、大挙して市内に戻ってきて、鉄道を封鎖し、救済措置を求めて何週間にもわたりデモを繰り広げた(4)。

周恩来をわきに押しのけて、増大しつつある党への影響力を削いでしまおうという政治運動のもくろみは成功した。しかしその一方で、江青が党や軍に対する支配力を強めようと過大な野心をもつようになった。一九七四年七月、毛沢東が介入し、収拾のつかない事態を招いたのはおまえのせいだと妻を非難した。

党内の両陣営の勢力均衡を図るために、毛沢東は鄧小平を副総理の職務に復帰させた。その直後の一九七四年四月、中国代表団の団長として国連会議に出席した人物は、中国の対外政策の立案者で米中和解の立役者でもある周恩来ではなく、この鄧小平であった。その半年前、キッシンジャー国務長官がふたたび訪中した際に、周恩来総理のアメリカへの対応が批判を浴びたが、このとき、鄧小平は江青や姚文元らとともに総理を批判したひとりだった。そのあまりの厚かましさに、外交部の幹部の多くが、毛沢東は周恩来を牽制するために鄧小平を復帰させたのだと考えるようになった。(5)

周恩来は、一九七二年に膀胱がんと診断されたが、医師団はそのことを本人には知らせず、毛沢東はがん治療は必要なしとの指示を出した。一九七四年五月、がんが他の部位にまで広がったが、それでも大手術は不要とされた。絶えず出血し、毎日のように輸血を受けながら、周恩来は職務を果たし続けた。六月に初めて手術を受けたが、もうすでに手遅れで、その数か月後には主要臓器への転移の徴候が発見された。彼が最後に公の場に姿を現したのは、一九七四年九月三〇日、国慶節前日の政府主催の晩餐会の席だった。痩せて衰弱しきった姿で、二〇〇〇人を超える海外からの賓客を含めた、四五〇〇人の出席者の前に現れたのだった。出席者の中には、文革開始以来、初めて姿を現す党官僚も数十人いた。(6)

この晩餐会は、今一度起こる、真の政治変革の予兆のようでもあった。批林批孔運動のせいでいくつかの省都は麻痺状態に陥っていたが、こうした運動は概して警戒感をもって受け止められていた。文化大革命の再来を望む者はほとんどいなかった。多くの人々の目には、周恩来こそが、江青率いる左派勢力に太刀打ちできる勢力の代表格と映っていた。ところが今や、文革の再燃を阻止してくれると誰もが期待していた人物が、入院中だということが万民の知るところとなった。「民衆はどこでもかしこでも、周恩来に心から敬意と祝福を送る一方で、自らが感じている不安を表そうとした。」その日、真のヒーローは毛沢東ではなく、周恩来総理だった。彼が政府主催の晩餐会に姿を現すと、招待客はみな立ち上がり、声をそろえて「周総理！　周総理！」と繰り返しながら喝采を送った。(7)

毛沢東は、健康上の理由を口実に、晩餐会には出席せず、周恩来を遠くから観察していた。次々と寄せられる賞讃の声に、毛沢東は、総理に対する攻勢を緩めざるを得なくなった。そのかわりに、毛は党中央指導部の入れ替えを行ない、周恩来の対抗勢力として、鄧小平を副総理に就けた。

しかし江青は、自分が正当な報酬を与えられていないと感じていた。江青は自分のことを、中国史上唯一の女帝、武則天になぞらえるようになっていた。武則天は、政敵を容赦なく打倒した冷酷非情な暴君として一般には悪し様に言われているが、この六世紀の女帝を、国内統一を果たした偉大な人物として讃える記事が新聞に掲載された。江青は、さすがに人前では着用しなかったが、武則天をまねた女帝のガウンを何着か作らせていた。女王然とした態度で、次々と訪れる海外からの訪問者を接見し、自分の写真にインペリアルレッドで署名を入れた。

その一方で、江青は、側近にクーデターを起こされるのではないかとひどく怯えてもいた。空からの狙撃されるのを恐れて、中南海にある住まい「春蓮斎《しゅんれんさい》」の屋根に設置した回転砲架に機関銃を装備していた。江青は種々様々な薬物にひどく依存していたが、それを処方する医師団が自分の殺害を目論んでいるに違いないと思い込むようになっていった。(8)

江青は、鄧小平に怨恨の念を抱き、新たな権力機構を故意に妨害しようとした。毎回のように両者の仲裁に入ることを余儀なくされていた毛沢東は、とうとう妻に対し、上海の支援者たち、すなわち王洪文、張春橋、姚文元と徒党を組んではならないと通告した。彼らはのちに「四人組」と呼ばれるようになる。

一九七五年一月、一時退院した周恩来が、全国人民代表大会において、彼の最後の演説となる政治活動報告を行なった。彼は、世界の国々に遅れをとっているあらゆる分野、とりわけ農業、工業、国防、科学技術の分野での現代化達成が国家の急務であると唱えた。毛沢東の賛同を得て、彼はこの国家計画を「四つの現代化」と呼んだ。

周恩来に代わって、鄧小平副総理がしだいに党政の日常業務を主宰するようになっていった。鄧小平の仕事の進め方は、周恩来とは正反対だった。息子が紅衛兵によって身体障害者にされるなど、自身も家族も文化大革命期に苛酷な扱いを受けながら、その試練を乗り越えてきた鄧小平は、肝が据わって何事にも動じなくなったようだ。相手が離反するのを恐れずに、ひたすら突き進んでいった。自らのスタイルを貫き、毛夫人にも堂々と楯突いた。

鄧小平は、列車を時刻表通りに運行させられなければ厳しく処罰するぞと言って鉄道職員をおどし、交通運輸システムをたちまちのうちに復旧させた。一九七五年初めには、数千人が貨物列車への不正乗車や進行妨害の嫌疑をかけられて監獄に送られ、八五人が処刑された。次に工業に目を向けた鄧小平は、「弱腰で、怠惰で、手ぬるい」鉄鋼業の指導者層に警告を発した。業務妨害や政治抗争に片を付けて、最新の鉄鋼生産目標の達成に専心するように要求し、納入期限を厳格化するとともに、強力な工作組を派遣して命令を遵守させた。遼寧省の鞍山鋼鉄集団公司では、鄧小平が管理者層の人員整理を行なった結果、指揮系統が簡素化されて、業務が文革前と同じように効率的になった。

鄧小平はまた、第二次文化大革命の影響を引きずったまま、政情がいまだ不安定な省には、仲裁に入るということも行なった。浙江省の広い範囲を相変わらず麻痺状態に陥れていた杭州の造反派に対し、強い圧力をかけたのも彼だった。浙江省の工業生産高は、一九七五年の第一四半期だけで二〇%減少し、省政府の歳入は内部抗争のせいでほぼ半減していた。鄧小平は、造反派の本拠地を襲撃する工作組を送って、リーダー数人を逮捕した。浙江省では夏の間、「派閥主義」を非難する大規模な政治運動が繰り

広げられた。杭州の造反派の主要人物を毛沢東が「邪悪な人間」と評したことで、彼の運命は定まった。(9)

鄧小平はまた、雲南省の沙甸県を攻撃するよう軍に命令を下した。イスラム教徒が多く居住するこの県では、憲法で認められた信教の自由が保障されるまで穀物税を一切納めないと村民たちが主張し、民族騒乱が起きていたのだ。大規模な戦闘部隊が投入されて、すべての村が灰燼に帰した。逃げようとした数百人の子どもや年寄りも含め、一六〇〇人以上が殺害された。(10)

鄧小平は民衆の騒乱を鎮圧し、主要な造反派を逮捕し、無力な幹部を解任して毛沢東の支持を得たようだったが、それでもなお、江青は新たな政治運動を起ち上げ、こんどは「経験主義」なるものを槍玉に挙げた。それは、共産主義イデオロギーを犠牲にして経済成長を優先させている鄧小平に対するあからさまな攻撃だった。またしても人民大会堂の演壇に立った江青は、集まった労働者たちを前に、「経験主義」は修正主義の共犯者であって、打倒せねばならない大敵であると主張した。四人組は、新聞や主要出版物のほとんどを配下におさめ、党の雇われライターたちを使って、たえず批判的な記事を流しつづけた。

鄧小平は毛沢東に嘆願せざるを得なくなった。両者の間に入った毛沢東は、教条主義は経験主義と同じくらい良くないとする見解を明らかにした。この教条主義批判は、毛夫人と上海出身の取巻き三人——四人組——に向けられたものだった。毛沢東は、自分に太刀打ちできる勢力の出現を抑えようとして、つねにある派閥と別の派閥を張り合わせるようにしていたのだ。(11)

しかし、それまで鄧小平を支持してきた毛沢東の心境にも変化があらわれた。

鄧小平の熾烈なやりかたの犠牲者の一人が、毛沢東の甥で、遼寧省革命委員会書記として名を成している青年、毛遠新だった。彼は鄧小平の鞍山鋼鉄集団公司への介入を酷評していたが、一九七五年九月に毛沢東の連絡員（毛沢東弁公室主任）になると、叔父の耳に毒を吹き込んだ。新たな風が吹き始めており、それは文化大革命に対する逆風であると叔父に讒言したのだ。「私はこれまでずっと小平同志の演説をよく注意して聴いてきましたが、問題だと思うのは、文化大革命の功績を取り上げることも、劉少奇の修正主義路線を批判することもほとんどないということです。」鄧小平副総理がおよぼす悪影響は、周恩来総理をも凌ぐものだと彼は主張した。党内に全く新しいブルジョア階級が現れつつあり、鄧小平がその代弁者になっているとほのめかしたのだ[12]。

毛沢東は動揺したが、それでも鄧小平はまだ改造させられると考えていた。毛沢東はこのときすでにルー・ゲーリック病（筋萎縮性側索硬化症）らしき症状に苦しんでおり、精神機能に異常はないものの、のど、咽頭、舌、横隔膜、肋間筋などを制御している神経細胞が徐々に損なわれつつあった。支えなしではほとんど立つこともできず、呼吸には酸素マスクが必要だった。鼻腔チューブから鶏の煮出し汁を注入することで栄養を摂っていた。ろれつが回らない不明瞭な言葉を唯一理解することができる張玉鳳——二〇年以上前に誘惑した特別列車の服務員——を介さなければ意思の疎通もままならなかった。

死期が近いことを悟った毛沢東は、自分の影響力を後世に残すことを、特に文化大革命に関わるレガシーを作ることを望んだ。毛自身は文化大革命を「三七開」（七〇％の成果と三〇％の誤り）と評価していたが、自分の死後に評価が根こそぎ覆されてしまう可能性をあらかじめ排除しておくために、正式に決議することを求めた。毛沢東は、文化大革命の評価について検討する党内長老会議の議長を務めるよう要請することで、鄧小平の忠誠心を試すことにした。しかし、一一月二〇日の会議で、鄧小平はそれを拒み、決議草案の作成を監督してほしいという要請をも断った。それは毛沢東に対する公然たる侮辱であった。

その日、清華大学では、「文化大革命の成果を否定」し「教育のプロレタリア革命を攻撃」してはばからないやからを一丸となって糾弾しようと、何百もの大字報が掲げられた。それは一年間におよぶ鄧小平批判運動が最高潮に達したときだった。上海では、四人組による厳しい統制のもと、新聞の見出しも、拡声器から響く声も、連日のように「文化大革命の成果を否定する右派の動きを打倒せよ！」と訴えた。こうした急進派の不興を買った人々は、「文革を否定」しようとしているとなじられるようになった。人々はまたしても、「危ない橋を渡っていないだろうか、恭順の姿勢に不十分なところはないだろうかとびくびくしながら、頭を低くして抜き足差し足で歩く」ようになった。

緊迫した状況のもと、鄧小平を締め上げるために、北京では幾度となく政治局会議が開催された。鄧小平はほとんど口を閉ざしたままだった。一二月に入ると、彼は通り一遍の自己批判を行ない、さらに一九七六年一月にも自己批判を行なったが、毛沢東はそれで十分とは考えていなかった。(13)

一九七六年一月八日、周恩来が死去した。末期の膀胱がん、直腸がん、肺がんに蝕まれて痩せ細ってはいたが、それでも端正な顔立ちに変わりはなかった。総理代行を指名するにあたって毛沢東は、王洪文でもなく、鄧小平に近い古参幹部でもなく、両陣営と関わりのない人物に白羽の矢を立てた。何年も前、韶山の地に毛主席に捧げる巨大な記念館を建てた、長身で人当たりのよい凡庸な男、華国鋒が代役をつとめることになったのだ。

毛沢東は、自分の手柄を周恩来に横取りされないように、彼が死してもなお、あらゆる手を尽くした。総理が死去したことはラジオ放送で簡単に報じはしたもの、埋葬前の遺体の正装安置は行なわなかった。毛夫人とその取巻きは、公葬以外の追悼会は一切不要であると発表し、黒い腕章や白菊をつけることを禁じようとした。人々は、食料の配給待ちの列やバスを待つ列に並びながら、怒りや憤りをそっと口にした。声高に激しく不満を訴えるのは、肝の据わった少数の人たちだけだった(14)。

しかし、四人組があらゆる手を打ったにもかかわらず、民衆の感情の噴出を止めることはできなかった。周恩来は穏健派の象徴的存在になっていた。多くの人々が彼を、文化大革命の災難を軽減しようと努めた唯一の指導者だと認めていた。彼は、闇を照らす希望のしるしだった。

墓地へと向かう葬送隊のルートは秘密にされていたにもかかわらず、数万人が街頭に出て、寒風にさらされながら総理に最後の別れの挨拶をした。おおぜいが目に涙をためながら、目の前を通り過ぎていく霊柩車を見送った。北京大学に留学中だったある外国人学生は、総理の死に対する人々の反応に圧倒された。「こんなふうにだれもが深い悲しみに包まれている光景など、これまで私は見たことがなかった。老若男女がみな泣いているようだった。悲しみのあまり半狂乱になっている人もいた。バスの運転手も、街頭の清掃員も、店の販売員もみな、目を赤く腫らして仕事をしていた。」

哀悼の辞を述べた鄧小平は、それから一年間、公の場から姿を消すことになる。数日後に、鄧小平は副総理の職を解任された(15)。

いまや優位に立ち、ますます鄧小平への攻撃を強める江青とその取巻きに対し、民衆は怒りを募らせていた。しかし、老いて病に冒された毛沢東にはもはや、江青を抑える力はないようだった。周恩来が死去したうえに、鄧小平がふたたび粛清されてしまい、人々は不安を募らせ、未来を案じていた。

清明節が近づくにつれて、人々の反発が高まっていった。中国の伝統行事である清明節は、掃墓節とも呼ばれ、毎年この日には家族が集い、草むしりをして墓石の掃除や修復をし、花を供えて先祖の霊を供養する。この年の清明節は四月四日だったが、その数週間前からすでに、人々は周恩来を讃えて献花を始めていた。南京では、周恩来を讃える輓聯［哀悼のための対聯］が革命公墓［革命戦士の墓］から撤去されてしまうと、その翌日、学生たちがそこにスローガンを掲げた。「命を懸けて周恩来を守ろう！」と、その意志を臆することなく示したのだ。

しかし、一般庶民を心底激怒させたのは、三月二五日に上海で発表された社説だった。周恩来を「党内走資派」と呼び、「悔い改めない走資派」である鄧小平の権力奪還に手を貸そうとしたと難じたのである。新聞社には、この社説に抗議する手紙、電報、電話が殺到した。南京では、学生たちが故周恩来総理の巨大な肖像画を掲げながら、地方当局の禁止命令を無視して革命公墓をデモ行進した。まもなく、街のいたるところに、四人組を非難するスローガンが貼られた。「江青を追放せよ！」と叫ぶ者もいれば、張春橋の打倒を求める者もいた。列車や長距離バスの車体側面にスローガンを書き立てることで、抗議者たちはそのメッセージを中国各地に広めた。南京の東二〇〇キロメートルほどのところにある工業都市、無錫では、大勢の人々が広場になだれ込んで、周恩来の肖像画を振りかざし、鄧小平の哀悼の辞の録音を大音量で流した(16)。

南京から北京へと向かう列車は、天津でいったん止められて、車体に緑色のペンキを塗られた。北京でもやはり人々が、天安門広場にそびえる人民英雄紀念碑の基壇に献花を始めていた。それが公安局に没収されてしまってもなお、大勢の弔問者が広場に押しよせて、詩や花や花環を捧げた。その供物が治安部隊に撤去されてしまわないよう、紀念碑を囲む白い大理石の欄干に針金で結びつける者もいた。見張り役を買って出る者もいた。三月三一日には、「江青老巫婆（魔女江青）」を攻めたてる詩も現れた。二日後、およそ四〇〇〇人の警察官と民兵が配備され、一方、北京市党委員会は政府機関に献花することを禁じた。詩も花も四人組を攻撃する武器と化した以上、献花はますます多くの抗議者を戦いに参加させることになってしまうからだ(17)。

清明節は日曜日だった。数十万人が天安門広場に流れ込んで、旗竿にポスターを掲げ、紀念碑に多数の花環を献じた。中南海の毛沢東の住まいからも見えるようにと、周恩来への賛辞を記した吹流し付きの色鮮やかな風船の束を空に放つ者もいた。基壇の上に立って、挽歌を詠唱する数千人を指揮している青年は、あえて伝統的な喪服を身にまとっていた。霧雨の降るなか、昔ながらの油紙傘をさしている彼は、その古めかしい出で立ちを利用して、数十年前の一九一九年五月四日にこの天安門広場で、学生たちが支配者に抗議デモを行なったことを人々に思い出させようとしていたのだ。マイクを手に「新たな女皇」を攻撃するという、もっと直接的な行動に出る者もいた。ある学生は、総理を擁護することを誓う言葉を血でしたためた、白いブロケードを振りかざしていた。しかしながら、厳粛な雰囲気が損なわれることはなかった。高価なウールの外套を纏った高官から、質素な木綿の服を着た庶民にいたるまで、ありとあらゆる職業・地位の人々が最高指導者の意志を静かにはねつけていたからだ[18]。

同日、政治局会議が開催されて、この出来事は反革命であると非難した。毛遠新がその決定を叔父に報告すると、毛沢東もこれに同意した。四月五日未明、警察当局が天安門広場の清掃を開始。すべての花環をトラック二〇〇台に積み込み、消火ホースを使って紀念碑の壁面に貼られたスローガンを撤去した。数時間もしないうちに、怒ったデモ参加者と警察官が衝突し、双方ともに増援隊を求めた。やがて、自動車への放火や司令所の略奪といった蛮行があちこちで繰り広げられるようになる。

夕刻までに、一万人を超える警官隊と五つの治安部隊が配備された。午後六時三〇分以降ずっと、拡声器から警告メッセージがとぎれることなく流され、この事件を「反動陰謀」と難じ、群衆に解散するよう求めた。数時間後、棍棒や鉄棒で武装した民兵が、天安門広場を取り囲む戦略的な位置へと移動。午後九時三〇分に突如、投光照明灯が点灯した。広場は封鎖され、まだ広場内に残っていた二〇〇〇人以上が殴打され、強制連行されて、逮捕された。

江青はそのようすをずっと、人民大会堂から双眼鏡を使って観察していた。その晩、江青は夫とともに、ピーナッツと焼き豚で祝宴をあげ、マオタイ酒で乾杯しながら「私たちの大勝利よ」と言い放った。午前零時の少し前、公安職員一〇〇人が横一列に並んで広場を移動しながら、放水して血を洗い流していった(19)。

肉体は衰えてもまだ頭脳明晰な毛沢東は、この事件の背後には鄧小平がいると確信していた。鄧小平は、あらゆる職務を解任されていたが、党籍はまだ剥奪されていなかったのだ。事件後、全国で取締まりが強化され、数千人が反革命罪で逮捕された。それをはるかに上回る数の人々が審問を受けた。河北省の省都、石家荘では、北京を訪れたことがわかっている者全員が調査対象となった。北京市内全域の学校、工場、事務所で、天安門事件に参加していないかどうかのチェックが行なわれた。一〇万人以上が、鄧小平を糾弾する真っ赤な横断幕を掲げて市内を行進させられた。「私たちは憤りを胸に秘めながら街を行進した」と、ある参加者は当時の心境を語っている(20)。

全国各地で人々は抵抗した。［大学で集会が開かれて］鄧小平を批判するように指導されても、［大多数の学生は］無視を決め込んで、［演壇で形だけの猿芝居が行なわれている間、］おしゃべりに興じたり、編み物や読書をしたり、眠りこけたりしていた。演壇に上がった者も、用意してきた原稿を聞きとれないほどの声で棒読みするだけだった。騙される者はもうだれもおらず、政治運動は完全な失敗に終わった。人々は終わりのときが来るのを待ち望んでいた。成都では、人々が街のあちこちにたむろして、毛沢東は余命いくばくもないらしいよ、とうわさしていた(21)。

# 第24章　その後

中華帝国で語り継がれてきたところによると、大規模な自然災害は王朝の交代を告げる先触れだという。一九七六年七月二八日未明、北京の東一五〇キロメートルあまりのところある、渤海湾に面した炭鉱都市、唐山を巨大地震が襲った。唐山市は壊滅状態となった。死者数は少なくとも五〇万人に達したが、七〇万人に及んだとの推定もある(1)。

一九七四年の夏、地震の専門家たちが、この地域で二年以内に巨大地震が起こる可能性を指摘していたにもかかわらず、文化大革命による混乱のせいで、最新の機器や訓練を積んだスタッフが圧倒的に不足していた(2)。

ほとんど何の備えもできていない状況だった。唐山は、平屋建てバラック小屋が立ち並ぶなかに、立坑口、巻上機、ベルトコンベヤがぬっと突き出しているような、安っぽくて薄汚れた街だった。地下には、広大なトンネル網や深い立坑が作られていた。長さ一五〇キロメートルにおよぶ地下の断層面が一瞬のうちにずれ動き、広島や長崎に投下された原子爆弾にもまさる甚大な被害をもたらしたのだ。アスファルトの道路は寸断され、鉄道の線路は大きくねじ曲がった。電光のような速さで地面がずれ動いたため、断層線の両側の樹木は側面が焼け焦げていた。二つに折られるように崩れた家屋もあれば、すっかり呑み込まれてしまった家屋もあった。一一〇〇万平方メートルにおよぶ市内の住居地域のおよそ九五％が壊滅した。

地震の揺れがおさまるとすぐに冷たい雨が降り出して、呆然としている人々をずぶ濡れにし、倒壊した建物の粉塵の漂う濃霧が街をすっぽりと覆った。夜明けまでの一時間、唐山の街は闇に包まれたままで、瓦礫と化した家屋から上がる火の手がだけがあかあかと輝いていた。地震を生き延びながらも、焼死する者が相次いだが、それ以上に多くの人々が窒息死した。「私は死者の灰の只中で呼吸していた」。一二歳で被災したある男性は当時をそう回想している。(3)

いたるところで人が死んでいた。「家の窓には、窓から逃げようとした人々の死体がぶら下がっていた。通りには、飛んできた破片で頭がぺしゃんこになった老女が倒れていた。鉄道駅では、倒れたコンクリート円柱と壁との間で幼い少女が串刺し状態になっていた。バス発着所では、屋台のコックが大釜の煮え湯をかぶってしまい、大やけどで死亡した。(4)」

これ以上はあり得ないほど最悪のタイミングで起きた地震だった。ちょうどこのころ、中南海では、毛沢東が医師と看護師に囲まれながらじわじわと死に向かいつつあり、北京は機能停止状態に陥っていた。毛沢東は、ベッドをガタガタと揺らす地震を感じて、そのメッセージを理解したにちがいない。北京市内でも多くの建物が激しく揺れたため、壺や花瓶がひっくり返り、壁に掛けてある絵がガタガタと揺れ、一部の窓ガラスは砕け散った。多数の住民が帰宅するのをやめ、道端にビニールシートを張って、余震がおさまるまでそこで寝泊まりした。ニュース放送が届かないなか、拡声器でさかんに「鄧小平を批判して文化大革命を完遂しよう」と住民に呼びかける居民委員会もあった。一般庶民の窮状をまるで理解しようとしない当局の無神経さに、人々の怒りが広がっていった。(5)

軍当局が有効な対応策をとるまでに数週間を要した。というのも、計画不足や連絡体制の不備にくわえ、何を決めるのにもいちいち北京の指導者の承認を得る必要があったからだ。戦略的利益に基づく救援活動が行なわれた。鉱業の要である唐山は何としても救わねばならなかったが、周辺の農村の人々は自助努力に委ねられることになった。諸外国から捜索隊、ヘリコプター、救出装置、毛布、食料など、援助の申し出があったにもかかわらず、この機に乗じて自分の指導力を見せつけるとともに国家の威信を示したい華国鋒は、それをにべもなく拒否した。専門的な知識や技術も、十分な装置もないまま、若い兵士たちが筋肉の力だけをたよりに、瓦礫の中から約一万六〇〇〇人を引っ張り出した。その何倍もの人々がすでに、被災者自らの手で掘り出されていた。人民解放軍は何万体もの遺体にさらし粉をかけ、まちはずれの急場しのぎの墓地に埋めた。国を挙げて犠牲者の追悼を行なう日は告げられず、死者たちはほとんど世に知られることなく葬り去られたのだった(6)。

一九七六年九月九日の午前零時すぎ、北京の心電図モニターの波形が平坦になった。それは、家族が集って満月を愛でながら幸せを祝う伝統行事、中秋節の翌日のことだった。

一九七二年から北京大学に留学していた黄明珍が、自転車をこいで授業に向かう途中、街頭放送から聞き覚えのある中国の葬送曲が流れてきた。そして、いつも威勢のいい国営ラジオ局が、このときは悲しみに沈んだ声で毛沢東の死を告げた。「尊敬され、敬愛されてきた我々の偉大な領袖、毛沢東同志が午前零時一〇分に逝去されたことを深い悲しみとともに伝えます。」自転車に乗っている他の人たちは、衝撃を受けたようではあったが、悲しそうな様子はなかった。教室では、学友たちが涙を流すこともなく、忙しげに手を動かして、紙の白菊や、黒い腕章、紙の花環を作っていた。「嗚咽する者も、涙する者もおらず、ただほっとしている感じだった。」九か月前に周恩来が死去したときの悲嘆に暮れる光景とはあまりにも対照的だった(7)。

　学校でも、工場でも、事務所でも、人々は集まって政府の公式発表を聴いた。ほっとした人たちは、自分の感情を隠して演技しなければならなかった。張戎の場合もそうで、一瞬、とほうもない幸福感にぼうっとなった。周囲では、慟哭の嵐がわきおこっていた。自分もこの場にふさわしい感情を示さなければ、槍玉に挙げられるおそれがある。張戎は、前で泣きじゃくっている女子学生の肩に頭をうずめて、悲嘆に暮れているふりをした(8)。

　芝居を演じたのは張戎だけではなかった。中国では昔から、死んだ肉親のために涙を流し、柩の前に身を投げだして嘆き悲しむことが孝行の証とされてきた。涙を見せないのは一家のつらよごしだった。身分の高い人の葬儀のときには、泣き屋を雇って号泣してもらい、会葬者にも気おくれせずに泣いてもらうという風習もあった。批判闘争大会の場でやすやすとプロレタリア的憤怒を湧き上がらせる術を会得しているのと同様に、必要に応じて泣き叫ぶ術を身につけている者もいた。

　しかし、人々がこうして悔恨の情を示すのは人前だけのことだった。雲南省の省都、昆明では、酒類が一夜で売り切れた。ある少女は、父親が親友を家に招いてドアに鍵をかけ、とっておいた一本きりの酒を開けたのを憶えている。その翌日、二人は、人々が胸も張り裂けんばかりに泣いている公式追悼会に出かけていった。「大人たちはみな、人前ではひどく悲しそうにしているのに、前の晩の父はとても嬉しそうだったので、まだ幼かった私はそのギャップにいささか面食らった(9)。」

　なかには、心の底から嘆き悲しんでいる者もいた。とりわけ文化大革命の恩恵を受けてきた人々はそうだった。また、毛沢東を心からの信奉している者も、とくに若者の間には、おおぜいいた。当時二二歳で、共産党に入党して社会主義に貢献したいと意欲を燃やしていた艾暁明は、胸が張り裂けそうで、気が遠くなるほど泣いた[10]。

しかし農村部には、すすり泣く者もほとんどいなかったようだ。安徽省のある貧しい農民は、「あのとき泣いた者は一人もいなかった」と述べている[11]。

涙を流したか否かにかかわらず、九月一八日に天安門広場で国葬が営まれたときにはすでに、ほとんどの民衆が心を落ちつけていた。いまだ自宅軟禁下に置かれている鄧小平を除き、党指導部のメンバー全員が出席していた。最初に文化大革命の犠牲となった指導部メンバーの一人、羅瑞卿は、車椅子で葬儀に参列すると言ってきかなかった。彼は今もなお、自分を迫害した男を崇敬しており、声を上げて泣いた。

華国鋒はこの機会を利用して、鄧小平批判運動を続けるよう、大衆に熱く説いた。午後三時ちょうど、華国鋒が三分間の黙祷の開始を告げた。中国全土が静寂に包まれた。列車は駅で停まり、バスは路肩に停止し、労働者は道具を置き、自転車に乗っていた者は降り立ち、歩行者は足を止めた。それから、王洪文が大きな声で呼びかけた。「一礼！　再礼！　三礼！」広場に集まった一〇〇万の民衆が、天安門楼上に掲げられた毛沢東の巨大な肖像画の前で、三回お辞儀をした[12]。

指導部メンバーが一致団結した姿勢を見せたのはこれが最後で、ただちに激しい権力闘争が始まった。毛沢東の遺体に防腐剤のホルムアルデヒドを注入して、北京の地下深くに設けられた低温室に安置するときでさえ、それぞれの派閥が権力を勝ち取ろうとしていろいろ立ち回った。四人組は、宣伝機関を動かして「走資派」を批判する政治運動を始めた。しかし、党内ではほとんど権力がなく、軍に対する影響力も失われていた。権威の唯一の源泉はすでに他界しており、世論はほとんど味方してくれなかった。江青を別にすると、彼らの権力基盤は上海にあり、権力闘争が繰り広げられている北京からは遠く離れていた。

何と言っても、彼らは華国鋒をみくびっていた。毛沢東の死去からわずか二日後に、華国鋒総理は、すでに国防部長の任に就いている葉剣英元帥にひそかに働きかけていた。華国鋒はまた、毛沢東の元ボディガードで、党中央警衛団を指揮している汪東興にも接触していた。毛沢東の死去から一か月も経たない一〇月六日、『毛沢東選集』第五巻について検討するための中央政治局会議が招集された。四人組のメンバーは、議場に到着するや否や、次々に逮捕された。計略を嗅ぎつけた江青は会議を欠席したが、自宅で逮捕された。

一〇月一四日、四人組逮捕が公式発表されると、夜通し爆竹の音が鳴り響いた。四人組の失脚を祝おうと、民衆が豪勢に金を使ったので、酒類のみならず、缶詰をも含めたありとあらゆる商品が売り切れになった。「どこでもかしこでも、人々が晴々とした笑顔を浮かべ、酒が抜けきれぬまま、あたりをぶらついていた」とある住民は回想する。(13)

公式の祝典も行なわれたが、「文化大革命中の集会とまったく変わらない」ものだった。北京では、数十万人の民衆が隊列をつくって、「四人組反党集団」を糾弾する巨大な旗を振った。一〇月二四日、天安門広場で大集会が開かれ、四人組逮捕以降初めて、指導者たちが公の場に姿を現した。党主席に就任した華国鋒は、前任者とまったく同じように、にこにこと満面の笑みをたたえ、軽く手を叩いて喝采に応えながら楼台を行きつ戻りつした。(14)

上海では、外灘沿いの建築物に、数階の高さまでポスターが貼られた。往来は、四人組の失脚を大喜びする民衆でごった返していた。鄭念は「江青をつぶせ」と書いたスローガンを掲げてパレードに参加するよう強いられた。彼女は嫌悪を感じたが、多くのデモ参加者たちはここぞとばかりに、横断幕や太鼓や銅鑼を携え、四人並んで行進していた。[15]

政治運動は終わらなかった。「鄧小平を攻撃するのをやめた代わりに、今度は四人組を糾弾するようになった。」江青とその取巻き三人は、過去一〇年間の不幸な出来事すべての責任を負わされるスケープゴートとなった。毛沢東とその夫人とを、なかなか切り離して考えられない者もいたが、やはり毛夫人をスケープゴートにするほうが何かと都合がよかった。かつての信奉者が語るように、「自分の信念や幻想を捨て去るのはなかなか難しく、江青らに責任を押しつけるほうが楽だった」からだ。[16]

一九七七年の夏、華国鋒にとっては残念なことに、鄧小平が政権に復帰した。天安門広場の毛沢東の肖像画の隣には、今や華国鋒主席の肖像画が掲げられていた。華国鋒は、偉大な舵取りそっくりに髪型を整え、写真用のポーズをとって、かつての師匠をまねたつかみどころのない警句を述べた。宣伝機関は「我々の英明な領袖にしっかりとついて行こう」を宣伝するポスターをどんどん刷ったが、なにぶんにも、この新任の党主席は、政治的な影響力やそれを支えるカリスマ性に欠けていた。あまりにも稚拙に個人崇拝を推し進めようとしたために、多くの党長老が離れていく結果となった。また、文化大革命を否定することをためらう姿勢は、民衆の間に広まっている変化を求める風潮とも合わなかった。華国鋒は、文革中に屈辱をなめた大勢の老党員の支持を得ている鄧小平には、まるでかなわなかった。

一般の民衆も鄧小平を救世主と見ていた。文革中にあれこれ虐待を受けてきた人々の多くが、三度粛清されてもなお生き延びたこの男に望みを託したのだ。かつて紅衛兵として活動し、農村部に下放されていた数百万人の学生たちが、自らの将来を案じながら、都市部にふたたび流れ込んできた。文革中に不当に拘禁されて強制収容所に送られていた数万人にのぼる人々も、釈放されて戻ってきた。地方指導者の強姦、略奪、殺人を訴える赤貧の農民から、政権上層部の政治的陰謀の犠牲者にいたるまで、ありとあらゆる職業や地位の人々が、補償・救済を求めて政府に陳情にやってきた。国務院の外に陳情者たちが寝泊まりするようになり、北京市内には掘っ建て小屋の立ち並ぶスラム街がどんどん増えていった(17)。

天安門広場の西側までわずか一キロメートルのところにある、西単駅の古いバス停近くの長い煉瓦壁は、民衆が現状への不満をぶつける場となった。重要な党会議を数か月後にひかえた一九七八年一〇月、西単の壁に手書きの壁新聞が貼り出され、寒さに備えて暖かく着込んだ大勢の人々がそれを見に集まってきた。この「民主の壁」とよばれる掲示板に、自身の苦情を述べ立てて、正義を要求する人々もいた。また、鄧小平やその他、大躍進政策期に毛沢東に逆らったとして粛清された彭徳懐のような高官の完全な名誉回復を要求する人々もいた。鄧副総理がじつは民衆の後押しをしており、外国人ジャーナリストに「西単の民主の壁はすばらしい！」と語ったという噂まで流れた。鄧小平のスローガン「實事求是［事実に基づいて真理を追求する］」に人々のに期待がかかっているようだった。さらに、魏京生という北京動物園の電気技術者が、周恩来の「四つの現代化」に加えて「第五の現代化である民主化」を要求し、普通選挙を求める声が上がるようになった(18)。

鄧小平はこの「民主の壁」を利用して、二か月後の一九七八年一二月に開催された第十一期中央委員会第三回全体会議において自らの立場を強化した。華国鋒の肩書きの多くはそのまま残ったものの、中国共産党トップとしての実権は鄧小平に奪われることになった。一九七九年二月に訪米し、テキサス州のロデオ［カウボーイの乗馬や投げ縄などの公開競技会］でカウボーイハットをかぶってアメリカ国民を沸かせたのは、鄧小平であった。彼は馬車に乗って群衆に手を振りながら競技場を一周し、その後の米国滞在中も、ビジネスリーダーや政治家たちを惹きつけてやまなかった。

鄧小平が帰国すると、社会はますます不穏な空気に包まれていた。「民主の壁」は異議表明を助長する温床と化しており、周恩来の一周忌には、党委員会書記に暴行を受けた建設作業員率いるデモ隊が天安門広場で抗議の行進を組織した。デモ隊は逮捕されたが、共産党に対するこの大胆不敵な抵抗は、他の人々を刺激した。魏京生は「民主化か新たな独裁か」と題する大字報で、鄧小平は「ファシズム独裁者」であると批判した。

民主化の実現はかなわず、魏京生は、数十人の反体制派とともに逮捕された。そのなかには懲役二〇年の刑に処せられた者もいる。失望したある評者が述べているように、「旧守派は従来の国家管理のあり方に逆戻りしていった」のだった。その翌年、文化大革命の最初の標的の一人にされた北京市長、彭真が、毛沢東の死後、憲法に成文化された四つの基本的権利をふたたび廃止するように要求した。公民の「大鳴、大放、大弁論、大字報」［自由に発言し、自分の意見を述べ、議論に参加し、大字報を書く］権利は、毛沢東が一九六六年にすでに予告していたように、文化大革命の混乱を招く要因になったとして批判されたのだ。ストライキをする権利もその翌年に廃止された[19]。

しかし独裁者はだれしも、その前任者との差別化をはかる必要に迫られる。鄧小平はどうしても文化大革命にけりをつけたかった。共産党員のおよそ半数が一九六六年以降に入党しており、老幹部のほとんどがいずれかの時点で文革の汚い政治によって汚名を着せられていたために、徹底的にそれをあばいて償いをさせるとなると、途方もない規模の粛清を行なうはめになる。それゆえ、名誉回復を果たした者は多数に上ったが、起訴された者はほとんどいなかった。一九八〇年二月、劉少奇とその追随者全員について、公式に除名処分が取り消された。

共産党も、建国の父をも巻き込まずに、文化大革命の責任を取らせる方法として、政治的に最も手っ取り早いのは、四人組を裁判にかけることだった。一九八〇年一一月、江青、張春橋、王洪文、および姚文元は、一〇年間にわたり流血を伴う大混乱を首謀したとして告訴され、天安門広場近くの正義路に面した最高人民法院特別法廷で裁かれた。江青は傲然たる態度で、告発人に向かって毒舌を浴びせかけた。ある時、江青はこんなことも言った。「私は毛主席のイヌだったのよ。主席に噛みつけと言われれば、だれにだって噛みつくわ。」舞台裏では、彭真率いる特別チームが、見せしめのための公開裁判を行なう手はずを整えていた。その公開裁判で、江青と張春橋は死刑判決を受けたが、その後、無期懲役に減刑された。一〇年後の一九九一年、江青は自分のソックスとハンカチを繋ぎ合わせて作ったロープを使って病気治療仮釈放中に北京の自宅で首吊り自殺した。王洪文は、その翌年に刑務所内で死亡した。しかし、姚文元と張春橋は二〇年間服役したのち釈放され、警察の厳しい監視下で生き続けた。

陳伯達など、中央文革小組のそのほかの主要メンバーにも有罪の判決が下された。陳伯達は、一九七〇年の時点ですでに毛沢東によって投獄されており、一九八八年まで釈放されることはなかった。独立した司法制度がなかったため、誰を処罰し、誰を処罰せずに放免するかの判断は、各級党官僚が下すことになった。「造反派のなかには適正な処罰を受けた者もいたが、不当に処分された者もいれば、お目こぼしにあずかった者もいた。(20)」

一九八一年七月、中国共産党は結成六〇周年の節目にあたり、党史に関する正式決議を発表した。その決議書では、毛沢東が起こした大躍進政策後の大飢饉にはほとんど言及せず、また、文化大革命の責任を林彪や四人組に負わせる一方で、毛沢東の責任をあいまいにした。中国共産党史における毛沢東の役割を評価するにあたって、鄧小平は、毛沢東自身が文化大革命に対して下した評価をそのまま利用した。それは、毛沢東がスターリンについて下したのと全く同じ評価、すなわち「七分功、三分過」（七割の功績、三割の誤り）というものだった。

この決議は、共産党の過去の歴史に関する公の議論をすべて終わらせるためになされたものだった。大躍進政策や文化大革命といった重要な問題についての学術研究は断固阻止され、公式見解から外れた解釈に対しては敵意のこもった目が向けられた(21)。

しかし、この決議書には、過去の歴史よりもむしろ現在の政治に密接に関わる、もっと別の目的もあった。鄧小平は、この決議を利用して華国鋒を批判し、最高指導者としての自分の権威を確立しようとしたのだ。華国鋒政権が文化大革命といっしょくたに扱われる一方で、一九七八年一二月の三中全会（第十一期中央委員会第三回全体会議）は、鄧小平の主導下で党がついに「社会主義現代化路線」に踏み出した「歴史的大転換点」として神聖視された。

この路線は、周恩来の掲げた「四つの現代化」構想に基づく計画を展開していこうとするものだった。その最も注目すべき点は、やむなく導入せざるをえない経済改革の進め方にあった。一九七六年には、三〇年間におよぶ経済政策の失敗と長年の政治的混乱とで、国内の大部分の地域がよろめいていた。しかし、上からの改革はなかなか進まなかった。三中全会は「歴史的大転換点」というよりもむしろ、計画経済を文化大革命以前のレベルにまで回復させようとする節目であった。鄧小平とその追随者たちは、前方を見るのではなく、後ろを振り返っていた。たとえば農業政策においては、大躍進期に強行された急激な集団化から農村地域を守ろうと一九六二年に講じられたさまざまな施策を復活させた。小規模な自留地が再び認められるようになった。ただし、土地の分割は厳しく禁じられていた。一九七九年四月、指導部は、人民公社を離脱した農民に対し再び人民公社に加入するよう求めたりもしている。しかし、その一方で譲歩もした。毛沢東の死から三年経って、党はようやく、国家に強制売却される穀物の価格を二〇%引き上げた。農業機械、肥料、農薬の価格の一〇~一五%引き下げも実施した。[22]

真の変化を促したのは、下からの改革だった。少なくとも一〇年前から起きている静かな革命の中で、党幹部や村民たちは、昔ながらの習慣を取り戻すことで貧困から抜け出そうとしはじめていた。農村部の各地でひそかに土地の貸与が行なわれ、闇市が立ち、地下工場が稼働するようになった。このような自由な活動がどれほど深く、またどれほど広く浸透していたのかは判断がつきかねる。そのほとんどがこっそり行なわれていたからだが、毛沢東死去後にますます盛んになったことはまちがいない。一九七九年には、安徽省の多くの県の指導者が、農家に土地使用権を認めざるを得なくなっていた。ある地方指導者が述べているように、「農家生産請負制への移行は、予め設定した限度を超えて抗いがたい激流のように押し寄せ、抑え込むことも、方向を変えることもできなかった。」四川省でもやはり地方指導者は、土地の分割を阻止するのはもはや困難であると見ていた。一九七五年に四川省党委員会トップの座を引き継いだ趙紫陽《ちょうしよう》は、時代の趨勢に従うことにした。[23]

一九八〇年には、数万人におよぶ地方幹部が決断を下し、安徽省の生産隊の四割、貴州省の生産隊の五割、そして甘粛省の生産隊の六割が農家生産請負制を導入するようになっていた。鄧小平には、時代の潮流に逆らうつもりもなければ、逆らえるほどの力もなかった。周暁が書き記しているように、「政府が制限を撤廃したのは、あまりにも多数の農民がすでに人民公社を離脱しており、制限してももはや無意味だと認識したからにすぎない。[24]」

一九八二年から一九八三年にかけての冬の間に、人民公社は正式に解体された。それは、ひとつの時代の終わりを告げるものだった。文化大革命期の最後の数年間に農村部全域にひそかに広がっていた慣行が、いまや隆盛をきわめるようになった。農民たちは農家ごとの請負制に戻り、市場に出す換金作物を栽培したり、自分の店を出したり、あるいは工場で働くために都市部に出て行ったりした。農業の脱集団化が進んだことで、農村部の労働力がさらに解放され、農村企業が急速に発展していった。非効率な国有企業の業績をも補って中国に二桁成長をもたらしたのは、ほとんど農村工業の貢献によるものだった。

この大転換において、主役を演じたのは農民たちだった。都市部で始まった高度経済成長が農村部にトリクルダウン効果をもたらしたのではなく、逆に、農村部から都市部へと効果が波及していったのである。経済の変容をもたらしたのは、民間企業家として国家よりも巧みに立ち回った、無数の一般の農民たちだった。きわめて優れた経済改革の立案者がいたとしたら、それは人民であった[25]。

鄧小平は経済成長を利用して、共産党の結束を強化し、権力基盤の維持を図った。だがそれは代償を伴うものだった。農村部の大多数の人民は、更なる経済的機会を求めてやまなかっただけでなく、毛沢東主義という数十年来のイデオロギー的足枷から逃れようとした。文化大革命は、事実上、マルクス・レーニン主義や毛沢東思想をことごとく破壊したのだった。

思想改造運動が延々と続けられるうちに、党員たちの間にさえ反感が広がっていった。共産党のイデオロギー自体が力を失い、その正当性は著しく損なわれた。指導者たちは、常に民衆の政治的野心を抑え込む必要に迫られ、民衆の挙動に怯えながら生きていた。一九八九年六月、鄧小平は、民主化を求めて北京に集結していたデモ隊を武力で鎮圧するよう命令を下し、天安門広場に戦車が突入した。この虐殺は、一党独裁体制について問うべからずという、今日もなお脈々と受け継がれている国家の残忍な力と固い決意を見せつけるものであった。

## 謝辞

本書執筆のための研究をすることができたのは、香港の研究助成審議会、およびパリの国立研究機構からの共同研究助成 A-HKU701/12 のおかげである。この研究助成は、香港大学の文化大革命の専門家とフランス現代中国研究センターの共同研究の促進を目的とするものであり、ジャン・フィリップ・ベージャ、ミシェル・ボナン、セバスチャン・ベグ、および王愛和の各氏に感謝申し上げたい。ネルソン・シウ、キャロル・ガー・イー・ラウ、ザルダス・リーの各氏には、研究助手として、印刷物を選り分けたり最終版の巻末註をチェックしたりする作業を手伝っていただいた。多くの方々に草稿を読んで批評していただいたが、とりわけゲイル・バローズ、クリストファー・ハットン、フランソワーズ・コーレン、ロバート・ペッカム、プリシラ・ロバーツ、パトリシア・ソーントン、アンドリュー・ウォルダー、リン・ホワイトの各氏にはお世話になった。香港中文大学 中国研究服務中心の熊景明氏には多大なるご助力をたまわり、とくに、一般庶民の回顧録に関心の目を向けるように助言していただいた。トニー&エリザベス・ブリッシェン、デーヴィッド・チェン・チャン、トーマス・デュボア、ナンシー・ハースト、カール・ガース、郭健、郭子建、凌耿、李小琳、ロデリック・マクファーカー、潘翎、ジェニファー・ルース、イヴ・ソン、宋永毅、ヘレン・スン、姚蜀平、徐沢栄、王友琴、マシュー・ウィルズ、呉一慶、ジェニファー・ジュー・スコット、常成和、朱嘉明の皆様は、さまざまな話を惜しみなく聞かせて下さるとともに、貴重なご意見や情報を提供して下さった。文化大革命を研究する他の学生たちと同様に、私も、ロデリック・マクファーカー氏にはひとかたならぬ恩義を受けている。毛沢東配下でのエリート政治について、豊かな学識にもとづき簡明に書かれた彼の著書、とくにマイケル・シェーンハルス氏との共著の『毛沢東の最後の革命』がなかったならば、本書を執筆することなど到底不可能であったろう。

中国本土の友人や研究仲間からも力を貸していただいたが、それがだれなのかを申し上げるのは差し控えたい。あまりにも慎重になり過ぎだと思われるかもしれないが、ここ数年の中華人民共和国での事態の進展を見るに、またもや、慎重すぎるくらいのほうが賢明な状況になっているのではと思わざるをえない。その一方で、巻末註を見ると、毛沢東時代にかんする非常に勇気ある優れた研究が、海外での出版になるにせよ、中華人民共和国から頻繁に生まれていることがよくわかる。

文化大革命に関する基礎資料のデジタルデータベース化とその維持に多大な時間と労力をかけて下さっている何人かの方々にもお礼を申し上げたい。宋永毅氏率いるチームは、その「文化大革命データベース」で見つかるありとあらゆる資料を労を惜しまずに集めてくださった。呉一慶氏のウェブサイト(difangwenge.org)も、文化大革命に関する最も貴重なオープン・リサーチ・ライブラリの一つとなっている。

文化大革命にまつわる記憶を話して下さった方々に心よりお礼を申し上げたい。聞かせていただいた内容をすべて取り上げることはできなかったが、このナラティブ・ヒストリーを書くにあたって常に私の念頭にあったのは、あらゆる職業や地位の方々の記憶——紅衛兵に焦点を当てた記述ではしばしば埋もれがちな大勢の黒五類の方々の記憶をふくめた、皆様の記憶であった。

本書の出版に際しては、ロンドンのマイケル・フィッシュウィック氏、ニューヨークのジョージ・ギブソン氏、コピーエディターのピーター・ジェームズ氏にくわえ、アンナ・シンプソン、マリゴールド・アットキー、ローラ・ブルック各氏をはじめとするブルームズベリー出版社の皆様にたいへんお世話になった。著作権代理人であるニューヨークのアンドリュー・ワイリー氏と、ロンドンのサラ・シャルファンおよびジェームズ・プーレン氏に感謝の気持ちを届けたい。妻のゲイル・バローズには、愛を込めて、ありがとう。

二〇一五年一二月、香港にて

# 解説

谷川真一

本書の原著 *The Cultural Revolution: A People's History, 1962-1976* (2016) は、フランク・ディケーター氏による毛沢東時代の中国についての三部作の最後の一作である。著者はこれまでに *Mao's Great Famine: The History of China's Most Devastating Catastrophe, 1958-1962* (2010)、*The Tragedy of Liberation: A History of the Chinese Revolution, 1945-1957* (2013) を発表している。このうち二〇一〇年の著作はすでに日本語訳（『毛沢東の大飢饉』草思社、二〇一一年［文庫版、二〇一九年］）が出ていることから、日本の読者はこれでディケーターの「人民の三部作（People's Trilogy）」のうちの二作を日本語で読めるようになったことになる。

さて、本書のテーマである文化大革命については、開始から五〇年（本書は文化大革命の開始を一九六二年としているが、一九六六年とするのが一般的である。この点は改めてのちに触れる）を経た今日、近年研究が急速に進展しており、これまで不明または誤解されていた実態が次々と明らかになっている。過去一〇年間に出版された（または刊行予定の）日本語で読むことのできる代表的な著書に限っても、ロデリック・マクファーカー、マイケル・シェーンハルス『毛沢東　最後の革命（上・下）』（青灯社、二〇一〇年）、王友琴・小林一美・安藤正士・安藤久美子『中国文化大革命「受難者伝」と「文革大年表」』（集広舎、二〇一七年)、楊継縄『文化大革命五十年』(岩波書店、二〇一九年)、アンドリュー・ウォルダー『毛沢東時代の中国』(ミネルヴァ書房、近刊)などがある。本書はこれらの著者と比較しても、最新の研究成果を取り取り入れつつ、新たな資料を用いて独自の視点から書かれた良著である。また、文化大革命という複雑な歴史現象の全体像が一般の読者にも読みやすい文体(翻訳者の今西康子氏によるところも大きい)で提示されており、幅広い層の方々にこの中国現代史の重要なテーマについての理解を深めていただけるものと確信している。

## 本書の特色

本書の解説に当たって、まず最近の他の著作にも触れながら、本書の特徴を明らかにしておきたい。

副題にもある通り、本書は「人民の歴史」をテーマとしている。著者は、序文で本書の視点について、「一般庶民はこのような[文化大革命]研究の対象からもれてしまっていることが多い」としたうえで、「本書では、歴史の流れと結びつけながら、この人間ドラマの中心にいた男性や女性の物語を綴っていく」(上一九頁)、と述べている。確かに、上述の四つの著作のうち、マクファーカー、シェーンハルス『毛沢東　最後の革命』と楊『文化大革命五十年』は主に上層部の動態に、王友琴他『中国文化大革命「受難者伝」と「文革大年表」』はエリートや知識人に、そしてウォルダー『毛沢東時代の中国』は上層部に加え、紅衛兵や造反派、地方幹部、軍司令官といった主要なアクターたちの相互行為に、それぞれ焦点が当てられている。それに対して本書は、文化大革命で主要な役割を果たしたとは言い難い「一般庶民」にも焦点を当てている点が一つの特色となっている。

しかし、本書は民衆の視点からのみ文化大革命を捉えているのではない。本書を通読してみると、実際には毛沢東をはじめとする政権上層部の動態もかなり詳しく描かれていることがわかる。著者は、一方では上層部指導者の権力闘争とめまぐるしい政策の変化を詳細に跡付け、他方ではそのような暴政に対する民衆一人ひとりの対応やイニシアティブを描くことに力を注いだのではなかろうか。つまり著者は、国家権力・政治指導者側の横暴と歪んだロジックをまず明らかにしたうえで、それに対する民衆一人ひとりの支持、同調、抵抗、逃避、無関心、創意工夫といったいわばサバイバル戦略ともいうべきものを描きたかったのではなかろうか。

この壮大な「人間ドラマ」には、一つのメインストーリーが存在する。それは、文化大革命を発動した毛沢東の目論見が、民衆一人ひとりの抵抗と創意工夫が引き起こす「静かなる革命」によって覆される、というものである。著者は毛沢東が文化大革命を発動した理由を、中国が修正主義に陥るのを防ぐこと、そして政敵を粛清し自らがスターリンのように死後に批判されるのを防ぐことであったとみている（上一四〜一五頁）。しかし、このような独裁者の目論見は、「走資派（党内の資本主義の道を歩む実権派）を打倒せよ！」「階級敵を暴き出せ！」といった騒々しいスローガンとは裏腹に、民衆一人ひとりの静かなる抵抗によって、皮肉にも毛沢東が最も恐れたもの、すなわち資本主義の復活と共産主義イデオロギーの崩壊をもたらした、とされるのである。「結局のところ、さまざまな人々の選択の総計が、中国という国を、毛沢東が当初思い描いていたのとはまるで違った方向へと押し進めていったのだ。つまり、人々はブルジョワ文化の遺物と闘うことをせずに、計画経済を打ち崩し、共産党のイデオロギーを空洞化させていった。要するに、毛沢東主義を葬り去ったのである」（上二二頁）。

本書の原著は二〇一六年に出版されて以来、英語圏の一般の読者からは概ね高い評価を得ているようである。一方で、本書はこのように壮大な射程をもつ一冊であるゆえに、とりわけ研究者の間には批判もあることを指摘しておかなければならない。その主なものは、記述がややセンセーショナルに傾きがち、出典があいまいな箇所がある（Judith Shapiro による *The New York Times* 掲載の書評、二〇一六年五月六日）、民衆の「抵抗を過大評価し、順応、適応、黙認、無関心、日和見、政権への支持を過小評価している」（Felix Wemheuer による学術誌 *The China Journal* 掲載の書評、二〇一七年一月）といったものである。もっとも、ディケーター本人の主たる関心は別のところにあるようである。彼は香港の英字紙 *South China Morning Post*（二〇一六年六月二三日）のインタヴューに答えて、以下のように述べている。「第一に、歴史とは数字についてではない。歴史とは理論やアプローチについてでもなく、人間についてであり、本当の意味で命を吹き込まなければならない。そして第二に、それは現実だということである。それは単に紙の上だけの話ではない……」。つまり、「ヒストリー」は単に数字や理論ではなく、歴史を生きた人間の物語、「人間ドラマ」または「ストーリー」を描かなければならない、というのがディケーターの信条のようである。

しかし、この点をあまり強調し過ぎるのは誤りであろう。本書は基本的には文化大革命研究の最新の成果を取り入れたものをベースとし、その上に著者独自の視点を加えたものといえる。それは例えば、以下でも触れるように、文化大革命の暴力による犠牲者の数やその原因と時期についての記述が、最新の研究成果を反映していることからもわかる。さらに重要なことは、本書にはこれまで用いられていない地方（省・市）の檔案館資料が数多く用いられていることである。本書の特色である「人民の歴史」は、エリートやその子女によって書かれることの多い回顧録に加え、闇市や自留地の拡大といった農村の実態を伝える地方の檔案館資料を用いることによってはじめて可能になったといえる。そのため、本書に批判的な評者も、本書が文化大革命研究にとっての新たな貢献であるという点では一致している。

## 主な論点

1．時期区分

本書では文化大革命を一九六二年から一九七六年としたうえで、それを「大飢饉後（一九六二〜一九六六）」、「紅色の年代（一九六六〜一九六八）」、「黒色の年代（一九六八〜一九七一）」、「灰色の年代（一九七一〜一九七六）」の四つの時期に分けている。ここでまず興味深いのは、文化大革命の開始を一九六二年としていることである。一般には文化大革命は一九六六年五月の「五・一六通知」をもって開始されたとされることが多いため、一九六二年説はかなりユニークである。おそらく劉少奇が毛沢東を批判したとされる一九六二年初めの「七千人大会」（中国共産党中央拡大工作会議）を起点にしているのであろう。この会議は大躍進の総括を目的としていたため、著者がこの時点から一九六六年までを「大飢饉後」と呼び、大躍進から文化大革命への連続性を強調していることがわかる。ただし、一九六二年以降の四年間を文化大革命に入れる理由について十分な説明があるわけではなく、前述の Wemheuer のように、単に（『毛沢東の大飢饉』が一九六二年で終わっているため）三部作に毛沢東時代の全期間を含めたかったからではないかとする見方もある。

一方、一九六六年以降の三つの時期については概ねこれまでの研究と一致している。「紅色の年代（一九六六〜一九六八）」とは、紅衛兵と造反派が造反運動や派閥抗争を繰り広げた大衆動員の時期である。「黒色の年代（一九六八〜一九七一）」とは、全国の行政単位に革命委員会が成立したのちに、「階級隊列の純潔化」、「一打三反」などの弾圧・粛清運動が行われた時期であり、文化大革命による死者の数が最も多かった時期でもある。「灰色の年代（一九七一～一九七六）」は、林彪事件から毛沢東が死去し「四人組」が逮捕されるまでで、一方では経済・社会が安定を取り戻しつつも、他方では上層部の権力闘争が続いていた時期である。これまでは、最後の一九七一～一九七六年に関する研究が不足していたが、本書は文化大革命を最後まで描ききっており、それが本書の一つの特色となっている。

2．スターリンと毛沢東

第一章から第二章にかけて、著者は毛沢東が「スターリン主義の信奉者」であったとの見方に立ち、二人の独裁者が辿ったパラレルな運命のみならず、毛沢東がスターリンから引き継いだ階級闘争・党内粛清の方法について言及している。毛沢東は、大躍進がもたらした惨状が明らかになると、それを階級敵の仕業として責任を転嫁した。これは、かつてスターリンが農業集団化への抵抗を階級敵のせいにしたのと同じロジックであった。毛沢東はこの後、スターリンの『全連邦共産党史小教程』から学んだ「社会主義下の階級闘争」ロジックにのめり込んでいく。それは、「社会主義が進むにつれて階級闘争が激しさを増す」とし、それが党内の路線闘争にも反映するというものである。毛沢東はこのスターリンの「社会主義下の階級闘争」ロジックを用いて、指導者としての地位の強化を図る劉少奇をはじめとする、党内の「修正主義者」、「走資派」の粛清を思想面で準備した。このように文化大革命の思想がスターリン主義の影響を受けたものであったとする見方は、最近では有力な見方になりつつあり、本書も同じ見方に立っているといえる。

## 3. 文化大革命の犠牲者について

文化大革命による死者数は、これまで根拠が示されることなく一〇〇〇万人とか五〇〇〇万人といった数字のみが一人歩きしているような状態にあった。本書は、文化大革命による死者数を一五〇～二〇〇万人とし、大躍進の「大飢饉による死者数をはるかに下回っていた」ことを正確に指摘している（上一八頁）。この数字は明らかに、最近アンドリュー・ウォルダーが二二〇〇巻以上の地方誌（県誌、市誌）から作成したデータによる推計（一一〇～一六〇万人）に基づいている。また、これも同じウォルダーのデータによって明らかになったことであるが、文化大革命による死者数の大半は従来いわれてきたように紅衛兵や造反派の暴力によって生じたものではなく、一九六八年以降に事実上の軍部独裁であった革命委員会が実施した弾圧・粛清運動によるものであったことも正しく記述されている。読者は本書の暴力的な描写に唖然とされるかもしれないが、こと暴力の全体像の記述に関しては妥当性が高いのである。

また、文化大革命の暴力の特徴は死者数の多さにではなく、文化的・精神的喪失が社会に与えた深い傷跡にあるとの指摘も重要である。ウォルダーのデータによれば、「階級敵」のレッテルを貼られる、闘争集会での公開批判、吊るし上げ、殴打、監禁などの精神的・肉体的な迫害を受けた人々の数は二二〇〇～三〇〇〇万人に上り、仮に被迫害者に四～六人の家族がいたとすれば、一億人以上が精神的苦痛を受けたことになる。これは当時の人口約七億五〇〇〇万人の実に一三％に当たる。

著者のディケーターはアン・サーストンを引用しつつ、以下のように述べている。「文化大革命は、突然の大惨事でも大虐殺でもなく、多面的な喪失——すなわち『文化や精神的価値の喪失、地位や名誉の喪失、職業の喪失、尊厳の喪失』、そしてもちろん、人と人が敵対し合うなかで起きてくる信頼や予想性の喪失——を特徴とする極限状態であった」（上二〇頁）。このように、文化大革命の暴力の特徴は、人命の損失もさることながら、文化的・精神的喪失が社会に与えた深い傷跡にあったといえる。

4．派閥抗争

著者は第一〇章の「造反派と保皇派」で、文化大革命の派閥抗争を出身階級の良くない人々や工場の臨時工、農村に追放された人々、右派といった既存の秩序に不満をもつ人々（「造反派」）と、既存の秩序の恩恵を受けていた人々（「保皇派」）の間の争いとして描いている。このように文化大革命の派閥抗争を既存の秩序をめぐる現状打破派と現状維持派の争いとする見方はこれまで有力であったが、最近の研究によって疑問が呈されている。北京や南京の紅衛兵・造反派の派閥抗争を新たな資料をもとに詳細に跡付けたウォルダーは、派閥は出身階級や政治的背景といった既存の社会構造に基づいていたのではなく、きわめて流動的・不透明な状況におけるアクター・集団間の相互行為とその中での人々の決断によって形成されたと結論づけている（この点については、ウォルダー『毛沢東体制下の中国』の第一〇章「分裂した造反」を参照）。

なお、一九六七年初めの奪権から軍隊の派閥抗争への介入、そして軍隊を巻き込んだ派閥抗争の暴力化のプロセスについてはかなり正確かつ詳細に描写されている。

5．革命委員会のもとでの抑圧的暴力

第三部「黒色の年代（一九六八〜一九七一）」（とりわけ第一四章、第一七章、第一八章）では、事実上の軍部独裁であった革命委員会のもとでの弾圧・粛清運動について書かれている。著者は、最近の研究成果を踏まえ、文化大革命による死者数の大半はこの時期（実際には、死者数は「階級隊列の純潔化」運動が行われた一九六八年に突出している）の上からの抑圧的暴力によるものであったこと、その犠牲者の多くは出身階級の悪い人々や少数民族などの社会的弱者であったことを正確に指摘している。また、「集団殺戮」は広西、広東、内モンゴルなどの省・自治区のなかの一部の村や地域に限られていたとの記述も正確である（下一八〜一九、五九頁）。

「階級隊列の純潔化」や「五一六反革命集団」摘発運動、「一打三反」など個別の粛清運動に関する記述にはあいまい、不正確なところもあるが、これらについてはまだ研究が十分に進んでいないため、致し方ない面もある。読者の皆さんには、すでに触れた他の著書を合わせてお読みいただきたい。

6.「静かなる革命」

おそらく本書の最大の特色は、第四部「灰色の年代（一九七一〜一九七六）」に描かれている文化大革命後期の農村の変化であろう。文化大革命研究は、一九六六年から一九六九年（中国共産党第九回全国代表大会）か一九七一年（林彪事件）頃までのものが多く、それ以降の時期についての研究は数少ない。著者は地方の檔案館資料を用いて、党の規律の緩みや社会の混乱、飢えの拡大などを背景として、農村では一九七〇年代初めから「静かなる革命」が進展していたと主張している。すなわち、「静かなる革命のなかで、何百万、何千万もの農民たちが闇市場を開設し、共有財産を分配し、土地を分割し、闇市場を運営し、ひそかに伝統的習慣を取り戻していった。一九七六年九月に毛沢東が死去する前からすでに、農村部の広範な地域が計画経済を放棄していた」（上一九頁）。

これまでの研究でも、一九七八年の改革開放開始以前にも自留地や闇市場、さらには土地・収穫量の過少報告など農民のサバイバル戦略が農村幹部の暗黙の了解のもとで行われていたことが指摘されていた。しかし、事実上の脱集団化につながる共有財産の分配や土地の分割、さらには「計画経済を放棄していた」となると話は別であり、「誇張」ではないかとする見方もある（前述の Wemheuer による書評）。この点は、これまで研究者の間で議論されてきた人民公社の解体から家庭生産請負制へと至るプロセスの原動力を農民の自発性に求めるのか、指導者の政策に求めるのかという問題にも関連している。著者は、これまであまり使われてこなかった地方の檔案館資料を用いて、従来の見方よりもさらに早い段階から農民の自発的な「脱集団化」への動きが生じていたと主張していることになる。この点は、本書が提起する「静かなる革命」仮説の根幹をなす新たな「問い」であるといえ、今後の研究の進展を期待したい。

最後に、これまで文化大革命についての研究成果は、その複雑さ難解さゆえになかなか一般の読者に伝わりにくかったように思える。本書は、最新の研究成果を吸収しつつ、文化大革命の全体像をわかりやすく、また独自の視点も加えて書かれており、関連書の中でも一般の読者にとっては最良の一冊であるといえる。できるだけ多くの読者にお読みいただき、中国現代史における未曾有の動乱期についての理解を深めていただきたいと切に希望している。

5 Tan, *The Chinese Factor*, p. 241.
6 Palmer, *The Death of Mao*, pp. 167–71.
7 Wong, *Red China Blues*, pp. 173–4.
8 Chang, *Wild Swans*, p. 651（チアン『ワイルド・スワン』）.
9 Jean Hong, interview, 7 Nov. 2012, Hong Kong; Rowena Xiaoqing He, 'Reading Havel in Beijing', *Wall Street Journal*, 29 Dec. 2011.
10 張鉄志による艾曉明へのインタビュー，2010年12月22日，広州．
11 董国強による呉国平へのインタビュー，2013年12月1日，安徽省樅陽県．
12 Shan, 'Becoming Loyal', p. 145; Wong, *Red China Blues*, p. 175; Tan, *The Chinese Factor*, p. 245.
13 Wong, *Red China Blues*, p. 177.
14 PRO, 'Confidential Wire', 25 Oct. 1976, FCO 21–1493.
15 Cheng, *Life and Death in Shanghai*, pp. 483–4（鄭念『上海の長い夜』）; Garside, *Coming Alive*, p. 164.
16 Wong, *Red China Blues*, p. 181; Tan, *The Chinese Factor*, p. 251.
17 Wong, *Red China Blues*, pp. 188–9.
18 George Black and Robin Munro, *Black Hands of Beijing: Lives of Defiance in China's Democracy Movement*, London: Wiley, 1993, p. 50.
19 Tan, *The Chinese Factor*, p. 257; Potter, *From Leninist Discipline to Socialist Legalism*, p. 113.
20 Chang, *Wild Swans*, p. 656（チアン『ワイルド・スワン』）.
21 MacFarquhar and Schoenhals, *Mao's Last Revolution*, p. 457（マクファーカー，シェーンハルス『毛沢東 最後の革命』）.
22 Yang Dali, *Calamity and Reform in China: State, Rural Society, and Institutional Change since the Great Leap Famine*, Stanford: Stanford University Press, 1996, pp. 147–9.
23 Yang Dali, *Calamity and Reform in China: State, Rural Society, and Institutional Change since the Great Leap Famine*, p. 157.
24 White, *Unstately Power*, p. 96; Zhou, *How the Farmers Changed China*, p. 8.
25 Zhou, *How the Farmers Changed China*, pp. 231–4.

6 高文謙『晩年周恩来』, pp. 259-63（『周恩来秘録 党機密文書は語る』）; PRO, R. F. Wye, 'Appearances at the National Day Reception', 4 Oct. 1974, FCO 21-1224.
7 高文謙『晩年周恩来』, p. 264（『周恩来秘録 党機密文書は語る』）.
8 Li, *The Private Life of Chairman Mao*, p. 586（李志綏『毛沢東の私生活』）; Terrill, *Madame Mao*, p. 279.
9 浙江省檔案館, 1975年5月13日, J002-998-197509-2, pp. 1-6; Forster, *Rebellion and Factionalism in a Chinese Province*.
10 MacFarquhar and Schoenhals, *Mao's Last Revolution*, pp. 384-8（マクファーカー, シェーンハルス『毛沢東 最後の革命』）; Dru Gladney, *Muslim Chinese: Ethnic Nationalism in the People's Republic*, Cambridge, MA: Harvard University Press, 1996, pp. 137-40.
11 MacFarquhar and Schoenhals, *Mao's Last Revolution*, pp. 393-7（マクファーカー, シェーンハルス『毛沢東 最後の革命』）.
12 Li, *The Private Life of Chairman Mao*, p. 601（李志綏（『毛沢東の私生活』）; MacFarquhar and Schoenhals, *Mao's Last Revolution*, pp. 404-5（マクファーカー, シェーンハルス『毛沢東 最後の革命』）.
13 Cheng, *Life and Death in Shanghai*, p. 459（鄭念『上海の長い夜』）; MacFarquhar and Schoenhals, *Mao's Last Revolution*, pp. 409-11（マクファーカー, シェーンハルス『毛沢東 最後の革命』）.
14 Cheng, *Life and Death in Shanghai*, p. 466（鄭念『上海の長い夜』）; Tan, *The Chinese Factor*, p. 221.
15 MacFarquhar and Schoenhals, *Mao's Last Revolution*, p. 416（マクファーカー, シェーンハルス『毛沢東 最後の革命）; Wong, *Red China Blues*, p. 165.
16 Yan and Gao, *Turbulent Decade*, pp. 489-92.
17 Yan and Gao, *Turbulent Decade*, pp. 492-5.
18 Roger Garside, *Coming Alive: China after Mao*, London: Deutsch, 1981, pp. 115-28.
19 Li, *The Private Life of Chairman Mao*, p. 612（李志綏（『毛沢東の私生活』）; Yan and Gao, *Turbulent Decade*, pp. 497-9.
20 Tan, *The Chinese Factor*, p. 228; MacFarquhar and Schoenhals, *Mao's Last Revolution*, pp. 431-2（マクファーカー, シェーンハルス『毛沢東 最後の革命』）.
21 Chang, *Wild Swans*, p. 647（チアン『ワイルド・スワン』）.

## 第24章　その後

1 James Palmer, *The Death of Mao: The Tangshan Earthquake and the Birth of the New China*, London: Faber &Faber, 2012, p. 236.
2 山東省檔案館「中国科学院報告」, 1974年6月29日, A47-2-247, pp. 76-9.
3 Palmer, *The Death of Mao*, p. 131.
4 Palmer, *The Death of Mao*, Ibid., p. 132.

China', *Church History*, 74, no. 1 (March 2005), pp. 68-96; Chen yang Kao, 'The Cultural Revolution and the Emergence of Pentecostal-style Protestantism in China', *Journal of Contemporary Religion*, 24, no. 2 (May 2009), pp. 171-88 も参照 .

27 甘粛省檔案館，1974 年 5 月 26 日，91-7-283, pp. 1-7.

28 Zhai, *Red Flower of China*, pp. 226-7; Barbara Mittler, '"Eight Stage Works for 800 Million People": The Great Proletarian Cultural Revolution in Music – A View from Revolutionary Opera', *Opera Quarterly*, 26, nos 2-3 (Spring 2010), pp. 377-401 も参照 .

29 河北省檔案館「糧食部報告」，1968 年 1 月 23 日，919-1-185, pp. 24-5; 山東省檔案館「公安部報告」，1973 年 11 月 20 日，A1-8-24, p. 46; 陝西省檔案館，1968 年 4 月 25 日，194-1-1317, p. 59.

30 Liu, *Fengyu rensheng lu*, p. 40.

31 Chang, *Wild Swans*, p. 576（チアン『ワイルド・スワン』）；文化大革命期の家族については，Zang Xiaowei, *Children of the Cultural Revolution: Family Life and Political Behavior in Mao's China*, Boulder, CO: Westview Press, 2000 も参照 .

32 Orlando Figes, *The Whisperers: Private Life in Stalin's Russia*, New York: Picador, 2007, p. 300.

33 Chang, *Wild Swans*, p. 330（チアン『ワイルド・スワン』）.

34 甘粛省檔案館，1975 年 7 月，91-7-351, ページ付なし .

35 張紅兵の事例に関する最も広範な面接および研究が Philippe Grangereau, 'Une Mère sur la conscience', *Libération*, 28 April 2013, pp. 5-7 に記載されている .

36 Chang, *Wild Swans*, p. 574（チアン『ワイルド・スワン』）; Tan, *The Chinese Factor*, p. 157.

37 濯非『英租界名流在文革的故事』（香港，明報出版社有限公司，2005 年），p. 249.

38 Yang, *Spider Eaters*, pp. 197 and 248-9.

39 Emily Honig, 'Socialist Sex: The Cultural Revolution Revisited', *Modern China*, 29, no. 2 (April 2003), pp. 143-75.

## 第 23 章　反潮流

1 高文謙『晩年周恩来』，p. 252（『周恩来秘録 党機密文書は語る』）.

2 Guo, Song and Zhou, *The A to Z of the Chinese Cultural Revolution*, p. 61; Yan and Gao, *Turbulent Decade*, p. 430.

3 PRO, 'Shanghai Attacks Blind Worship of Foreign Things', 2 Oct. 1974, FCO21-1224.

4 Dong Guoqiang and Andrew G. Walder, 'Nanjing's "Second Cultural Revolution" of 1974', *China Quarterly*, no. 212 (Dec. 2012), pp. 893-918.

5 MacFarquhar and Schoenhals, *Mao's Last Revolution*, p. 366（マクファーカー，シェーンハルス『毛沢東 最後の革命』）.

8　山東省檔案館「教育局報告」，1975年5月15日及び6月3日，A29-4-47, pp. 75, 87及び99; 上海市檔案館「国務院報告」，1978年11月6日 B1-8-11, pp. 14-16; 河北省檔案館，1968年12月11日，919-1-148, ページ付なし．

9　Chang, *Wild Swans*, pp. 476-7（チアン『ワイルド・スワン』）.

10　Chang, *Wild Swans*, p. 552（チアン『ワイルド・スワン』）; Liang and Shapiro, *Son of the Revolution*, pp. 201-2.

11　李江琳へのインタビュー，2014年9月7日; Chang, *Wild Swans,* pp. 593-4（チアン『ワイルド・スワン』）.

12　これらの翻訳書については以下の文献を参照，Guo, Song and Zhou (eds), *The A to Z of the Chinese Cultural Revolution*, p. 107; Mark Gamsa, *The Chinese Translation of Russian Literature: Three Studies*, Leiden: Brill, 2008, p. 24; 楊健『中国知青文学史』（北京，中国工人出版社，2002年），第4-6章．

13　Guo, Song and Zhou (eds), *The A to Z of the Chinese Cultural Revolution*, pp. 98-9.

14　一例として，山東省檔案館，1975年5月30日，A1-8-59, p. 3を参照．

15　『少女之心』（又の名を『曼娜回憶録』）; 楊東曉「禁欲年代：文革査抄第一黄書『少女之心』」，『人物画報』23期（2010年），pp. 68-71を参照．

16　甘粛省檔案館，1970年5月26日，129-6-48, p. 100.

17　Gao, *Born Red*, p. 29.

18　上海市檔案館，1974年5月6日，B123-8-1044, pp. 4-9.

19　河北省檔案館「貿易部報告」，1966年5月18日，999-4-761, pp. 116-24; 陝西省檔案館，1970年10月27日及び11月20日，215-1-1844, pp. 50及び53-9.

20　PRO, 'China News Summary', 25 Sept. 1974, FCO 21-1223.

21　PRO, 'Overt Intelligence Reports, January to April 1972', 1 June 1973, FCO21-1089; PRO, 'Letter from Embassy', 10 May 1973, FCO 21-1089; 李江琳へのインタビュー，2014年9月7日．

22　上海市檔案館，1970年1月12日，B246-2-554, p. 1.

23　PRO, Richard C. Samuel, 'Play Games Not War', 17 April 1972, FCO 21-969; M. J. Richardson, 'Local Colour', 3 Oct. and 6 Dec. 1972, FCO 21-969.

24　Wang Aihe, '*Wuming*: Art and Solidarity in a Peculiar Historical Context',in *Wuming (No Name) Painting Catalogue*, Hong Kong: Hong Kong University Press, 2010, pp. 7-9; 以下の文献も参照のこと，Wang Aihe, 'Wuming: An Underground Art Group during the Cultural Revolution', *Journal of Modern Chinese History*, 3, no. 2 (Dec. 2009), pp. 183-99; Julia F. Andrews, *Painters and Politics in the People's Republic of China, 1949-1979,* Berkeley: University of California Press, 1994; 及び Ellen Johnston Laing, *The Winking Owl: Art in the People's Republic of China*, Berkeley: University of California Press, 1988.

25　河北省檔案館，1969年5月31日，919-1-290, pp. 54-5.

26　Joseph Tse-Hei Lee, 'Watchman Nee and the Little Flock Movement in Maoist

17 河北省檔案館「軽工業部報告」，1972 年 12 月 13 日，919-3-100, pp. 17-21.
18 広東省檔案館，1974 年 3 月 20 日，294-A2.13-8, pp. 1-28.
19 広東省檔案館，1974 年 3 月 20 日，294-A2.13-8, pp. 1-28.
20 White, *Unstately Power*, pp. 94 and 101.
21 White, *Unstately Power*, pp. 112-15.
22 White, *Unstately Power*,pp. 119-21.
23 これらの例については，Thaxton, *Catastrophe and Contention in Rural China*, pp. 286-91 を参照 .
24 陝西省檔案館，1973 年 8 月 20 日，123-71-70, pp. 1-6.
25 湖北省檔案館，1972 年 10 月 20 日，SZ75-6-77, p. 12; 湖北省檔案館，1973 年 11 月 26 日，SZ75-6-107, pp. 58-9; Bonnin, *The Lost Generation* も参照 .
26 PRO, 'Letter from Embassy', 23 May 1973, FCO 21-1089, p. 2; 山東省檔案館「公安部報告」，1974 年 8 月 30 日，A47-2-247, pp. 103-6.
27 山東省檔案館「国務院報告」，1974 年 3 月 3 日，A47-2-247, pp. 26-9.
28 山東省檔案館「公安部報告」，1973 年 11 月 20 日，A1-8-24, pp. 45-6.
29 その後何年間も再三指令が出された．以下を参照のこと，河北省檔案館「国務院報告」，1973 年 6 月 5 日，919-3-100, pp. 14-15; 山東省檔案館「国家計画委員会報告」，1974 年 7 月 25 日，A47-2-247, pp. 85-7; 山東省檔案館，1969 年 8 月 19 日，A47-21-100, pp. 38-9.
30 Sun and Ling, E*ngineering Communist China*, pp. 191-4.
31 O. Arne Westad, 'The Great Transformation', in Niall Ferguson, Charles S. Maier, Erez Manela and Daniel J. Sargent (eds), *The Shock of the Global: The1970s in Perspective*, Cambridge, MA: Harvard University Press, 2010, p. 79.

## 第 22 章　第二社会

1 Dikötter, *The Tragedy of Liberation*, pp. 190, 199-203.
2 第二の社会という概念は Elemér Hankiss が提唱したもので，私は彼の 'The "Second Society": Is There an Alternative Social Model Emerging in Contemporary Hungary?', *Social Research*, 55, nos 1-2 (Spring 1988), pp. 13-42 の中の言葉を何度か用いた．私はこの論文の未編集版（Wilson Center, Washington DC のウェブサイトで閲覧可）のほうがはるかによいと思っている.
3 Wong, *Red China Blues*, p. 46.
4 江蘇省檔案館，1972 年 4 月 17 日及び 10 月 13 日，4013-20-122, pp. 51, 163-4 及び 181.
5 河北省檔案館，1973 年，942-8-55, pp. 60-1.
6 山東省檔案館「教育局報告」，1975 年 10 月 9 日，A29-4-47, p. 61; 江蘇省檔案館，1972 年 6 月 3 日，4013-20-108, pp. 113-14.
7 江蘇省檔案館，1975 年 1 月 25 日，4013-20-106, pp. 1-3 及び 38.

住民の7人に1人，すなわち1500万人中200万人が甲状腺腫を患っていることが明らかになった）；湖北省檔案館，1974年7月19日，SZ115-5-32, p. 94.

46 Fang, *'Barefoot Doctors in Chinese Villages'*, pp. 205-13.

47 山東省檔案館「衛生局報告」，1972年3月31日及び1972年6月20日，A188-1-3, pp. 108及び149-52.

## 第21章　静かなる革命

1 陝西省檔案館，1975年1月24日，123-71-209, pp. 1-7.

2 陝西省檔案館，1975年1月6日，123-71-209, pp. 8-15.

3 陝西省檔案館，1975年2月6日，123-71-209, pp. 34-48.

4 David Zweig, *Agrarian Radicalism in China, 1968-1981*, Cambridge, MA: Harvard University Press, 1989, pp. 61-2; これらの施策は共産党用語で「農業六十条」と呼ばれている．

5 Huang Shu-min, *The Spiral Road: Change in a Chinese Village through the Eyes of a Communist Party Leader*, Boulder, CO: Westview Press, 1989, pp. 109-10; 明らかに Zhou, *How the Farmers Changed China*, p. 55 とも呼応している；以下の文献も参照のこと，Ralph Thaxton, *Catastrophe and Contention in Rural China: Mao's Great Leap Famine and the Origins of Righteous Resistance in Da Fo Village*, Cambridge: Cambridge University Press, 2008, p. 278; Daniel Kelliher, *Peasant Power in China: The Era of Rural Reform, 1979-1989*, New Haven, CT: Yale University Press, 1992.

6 湖南省檔案館，1976年7月7日，146-2-61, pp. 81-4.

7 Thaxton, *Catastrophe and Contention in Rural China*, pp. 278-84.

8 「借田到戸」と呼ばれていた（浙江省檔案館，1971年9月8日，J116-25-159, p. 155）；Lynn T. White, *Unstately Power: Local Causes of China's Economic Reforms*, Armonk, NY: M. E. Sharpe, 1998, pp. 120-1.

9 広東省檔案館，1975年11月1日，294-A2.14-6, p. 52.

10 広東省檔案館，1973年12月20日，296-A2.1-51, pp. 44-53; 広東省檔案館，1974年3月20日，294-A2.13-8, pp. 1-28.

11 広東省檔案館，1973年12月20日，296-A2.1-51, pp. 44-53.

12 広東省檔案館，1973年12月20日，296-A2.1-51, pp. 44-53.

13 山東省檔案館「広東省革委会報告」，1973年11月26日，A47-2-247, pp. 37-9; 広東省檔案館，1973年12月20日，296-A2.1-51, pp. 44-53.

14 広東省檔案館，1975年9月26日，253-2-183, pp. 95-9.

15 河北省檔案館「貿易部報告」，1972年12月13日，919-3-100, p. 37; 海外から荷物の中身については，広東省檔案館，1975年9月26日，253-2-183, pp. 95-9を参照．

16 Chris Bramall, 'Origins of the Agricultural "Miracle": Some Evidence from Sichuan', *China Quarterly*, no. 143 (Sept. 1995), pp. 731-55.

25　陝西省檔案館，1973年12月，123-71-55, p. 39.
26　陝西省檔案館，1975年12月3日及び24日，123-71-209, pp. 16-19及び34; 陝西省檔案館，1975年4月28日，123-71-204, pp. 104-5.
27　陝西省檔案館「陝西省革委会調査組的報告」，1976年4月10日，123-71-294, pp. 13-14; 陝西省檔案館，1976年12月10日，123-71-304, pp. 1-22;「糧食局報告」，1977年1月10日，123-71-294, pp. 9-11も参照.
28　河北省檔案館「糧食局報告」，1975年3月1日，997-7-44, pp. 5-8.
29　山東省檔案館，1973年4月19日及び23日，A131-4-35, pp. 1-3及び10; 山東省檔案館，1973年1月16日及び3月3日，A131-4-37, pp. 12及び17.
30　湖北省檔案館，1972年1月8日，18日及び3月28日，SZ75-6-77, pp. 47,56及び73.
31　湖北省檔案館，1974年3月15日，SZ75-6-194, pp. 5-7及び20-1.
32　上海市檔案館，1973年2月10日，B250-1-376, pp. 2-5; 浙江省檔案館，1976年5月21日，J002-998-197606, p. 2.
33　Wong, *Red China Blues*，p. 49.
34　Chad J. Mitcham, *China's Economic Relations with the West and Japan, 1949-79: Grain, Trade and Diplomacy*, New York: Routledge, 2005, p. 207.
35　Nicholas R. Lardy, *Agriculture in China's Modern Economic Development*, Cambridge: Cambridge University Press, 1983; Carl Riskin, *China's Political Economy: The Quest for Development since 1949*, Oxford: Oxford University Press, 1987; 陝西省檔案館「北京糧食会議報告」，1971年11月10日，123-71-35, pp. 11-12.
36　甘粛省檔案館，1972年3月29日，129-4-356, pp. 20-1.
37　Lardy, *Agriculture in China's Modern Economic Development*，p. 166.
38　湖北省檔案館，1967年5月3日，SZ115-2-826, p. 47; 河北省檔案館，1973年，942-8-55, pp. 63-4.
39　広東省檔案館，1973年11月24日，231-A1.3-8, pp. 122-9; 広東省檔案館，1974年3月1日，231-A1.3-8, p. 66.
40　広東省檔案館，1974年3月25日，231-A1.3-8, pp. 64-8.
41　Chang, *Wild Swans*, p. 558（チアン『ワイルド・スワン』）; 劉鐘毅『従赤脚医生到美国大夫』（上海，上海人民出版社，1994年），p. 25,（Fang Xiaoping, 'Barefoot Doctors in Chinese Villages: Medical Contestation, Structural Evolution, and Professional Formation, 1968-1983', doctoral dissertation, National University of Singapore, 2008, p. 117を引用．文体に若干の改変あり）
42　Zhou, *How the Farmers Changed China*，p. 39.
43　Fang, *'Barefoot Doctors in Chinese Villages'*，pp. 146-58.
44　陝西省檔案館，1975年3月15日，123-71-204, pp. 3-9.
45　陝西省檔案館，1974年2月20日，SZ115-5-32（30以上の県に関するこの調査から，

8 湖北省檔案館「関於政府的講話」，1972 年 10 月，SZ91-3-143, pp. 44-61.

9 William Bundy, *A Tangled Web: The Making of Foreign Policy in the Nixon Presidency*, New York: Hill &Wang, 1998.

10 Milton and Milton, *The Wind Will Not Subside*, p. 348; MacFarquhar and Schoenhals, *Mao's Last Revolution*, p. 339（マクファーカー，シェーンハルス『毛沢東 最後の革命』）.

11 新たな鉄鋼の目標生産量については 湖北省檔案館「余秋里・電話会議」，1972 年 9 月 8 日，SZ91-3-143, pp. 1-16 を参照；湖北省檔案館「関於燈火管制」，1973 年 2 月 1 日，SZ1-4-107, pp. 221-3.

12 謝声顕『黒与白的記憶：従文学青年到「文革犯」』（香港，三聯書店，2010 年），pp. 202-5.

13 広東省檔案館，1975 年 9 月 29 日，253-2-183, pp. 114-19; 甘粛省檔案館「財政局報告」1975 年 5 月 7 日，129-2-84, pp. 43-4; 陝西省檔案館，1975 年，123-71-217,p. 23; Jan Wong, *Red China Blues: My Long March from Mao to Now*, New York: Doubleday, 1996, p. 42.

14 陝西省檔案館「交通運輸部首長給交通運輸部的信件」，1975 年 9 月 26 日，144-1-1225, pp. 234-5.

15 甘粛省檔案館，1972 年 6 月 16 日，129-4-360, p. 2; 甘粛省檔案館「財政局報告」，1975 年 5 月 7 日，129-2-84, pp. 43-4.

16 陝西省檔案館，1975 年，123-71-217, p. 23.

17 上海市檔案館「上海調査組関於貿易的報告」，1970 年 10 月，B123-8-344, pp. 17-19.

18 上海市檔案館「上海調査組関於貿易的報告」，1970 年 10 月，B123-8-344, pp. 17-19.

19 広東省檔案館，1968 年 8 月 5 日，229-4-2, pp. 68-9; 張曼による張世明へのインタビュー ,江蘇省沭陽県，2013 年 11 月 22 日）.

20 広東省檔案館，1973 年 5 月 2 日及び 4 日，296-A2.1-25, pp. 151-8 及び 166-9; 河北省檔案館，1973 年 4 月 13 日，919-3-100, pp. 44-5.

21 Milton and Milton, *The Wind Will Not Subside*, p. 366.

22 河北省檔案館「軽工業部報告」，1972 年 12 月 13 日，919-3-100, pp. 17-21; 河北省檔案館「貿易部報告」，1972 年 8 月 25 日，919-3-100, pp. 29-32.

23 PRO, 'Economic Situation in China', 1971, FCO 21-841 を参照；Y. Y. Kueh, 'Mao and Agriculture in China's Industrialization: Three Antitheses in a 50-Year Perspective', *China Quarterly*, no. 187 (Sept. 2006), pp. 700-23 も参照 .

24 広東省檔案館，1974 年 6 月 26 日，229-6-202, pp. 24-9; Kueh, 'Mao and Agriculture in China's Industrialization' では「農村工業を支援する政策は「中国の工業化への道」として外国からは広く歓迎されたが，それはすべて 1958 年の大躍進運動最盛期の「裏庭溶鉱炉」を推進する破滅的運動の延長だった」と説明している .

*Top-Secret Talks with Beijing and Moscow*, New York: The New Press, 1999.
14 Jung Chang and Jon Halliday, *Mao: The Unknown Story*, London: Jonathan Cape, 2005, p. 605（ユン・チアン，ジョン・ハリデイ『マオ——誰も知らなかった毛沢東』).
15 Barnouin and Yu, T*en Years of Turbulence*, p. 229.
16 Peter Hannam and Susan V. Lawrence, 'Solving a Chinese Puzzle: Lin Biao's Final Days and Death, after Two Decades of Intrigue', *US News and World Report*, 23 Jan. 1994.
17 Qiu Jin, *The Culture of Power: The Lin Biao Incident in the Cultural Revolution*, Stanford: Stanford University Press, 1999, p. 161,（文体に若干の改変あり）.
18 事件後の林立衡の告白に基づいている；Jin, *The Culture of Power,* pp. 173-4 を参照．
19 Jin, *The Culture of Power*, p. 173.
20 Hannam and Lawrence, 'Solving a Chinese Puzzle'.
21 Yan and Gao, *Turbulent Decade*, p. 334.
22 MacFarquhar and Schoenhals, *Mao's Last Revolution*, p. 353（マクファーカー，シェーンハルス『毛沢東 最後の革命』).
23 Cheng, *Life and Death in Shanghai,* p. 335（鄭念『上海の長い夜』).
24 Sun Youli and Dan Ling, *Engineering Communist China: One Man's Story*, New York: Algora Publishing, 2003, pp. 175-6.
25 Nanchu, *Red Sorrow*, p. 152.
26 李江琳へのインタビュー，2014 年 6 月 26 日．
27 Li, *The Private Life of Chairman Mao*, p. 538（李志綏『毛沢東の私生活』).
28 Hannam and Lawrence, 'Solving a Chinese Puzzle'.

## 第20章　修復

1 Li, *The Private Life of Chairman Mao*, pp. 544-6（李志綏『毛沢東の私生活』)；Milton and Milton, *The Wind Will Not Subside*, p. 348.
2 PRO, Michael J. Richardson, 'Local Colour', 10 Feb. 1972, FCO 21-969; Michael J. Richardson, 'Naming of Streets', 26 Jan. 1972, FCO 21-962.
3 広東省檔案館「関於上海的報告」，1973 年 3 月 7 日，296-A2.1-25, pp. 189-98; PRO, Michael J. Richardson, 'Naming of Streets', 26 Jan. 1972, FCO21-962.
4 上海市檔案館，1969 年 12 月 9 日，B98-5-100, pp. 10-11; 上海市檔案館，1971 年 2 月 17 日及び 1972 年 2 月 12 日，B50-4-52, pp. 44 及び 67.
5 上海市檔案館，1972 年 12 月 18 日，B123-8-677, p. 1.
6 上海市檔案館，1978 年 12 月 28 日，B1-8-11, pp. 17-19; 上海市檔案館，1972 年 1 月 11 日，B246-2-730, pp. 54-5; 上海市檔案館，1971 年 12 月 10 日，B326-1-49, p. 30.
7 Li, *The Private Life of Chairman Mao*, p. 564（李志綏『毛沢東の私生活』).

月，129-4-202, p. 73; Lanzhou broadcast, 15 Oct. 1969, *BBC Summary of World Broadcasts* FE/3212,（Dennis Woodward, 'Rural Campaigns: Continuity and Change in the Chinese Countryside – The Early Post-Cultural Revolution Experience (1969-1972)', *Australian Journal of Chinese Affairs*, no. 6 (July 1981), p. 101 の引用には文体に若干の改変あり）.

21 Woodward, 'Rural Campaigns', p. 107.

22 甘粛省檔案館, 1970 年 11 月 16 日, 129-6-62, pp. 1-3; 河北省檔案館, 1971 年 12 月 1 日, 999-7-20, p. 37.

23 甘粛省檔案館, 1970 年 5 月 6 日, 129-6-45, pp. 46-7; 甘粛省檔案館, 1970 年 10 月 17 日, 129-6-48, pp. 105-20 も参照 .

## 第 19 章　後継者の死

1 Yan and Gao, *Turbulent Decade*, p. 163.

2 Li, *The Private Life of Chairman Mao*, p. 121（李志綏『毛沢東の私生活』）.

3 Li, *The Private Life of Chairman Mao*, p. 518（李志綏『毛沢東の私生活』）.

4 次の段落は，MacFarquhar and Schoenhals, *Mao's Last Revolution*, pp. 325-33（マクファーカー，シェーンハルス『毛沢東 最後の革命』），及び 高文謙『晩年周恩来』, pp. 201-6（『周恩来秘録 党機密文書は語る』）の詳細な記述に基づいている .

5 MacFarquhar and Schoenhals, *Mao's Last Revolution*, p. 300（マクファーカー，シェーンハルス『毛沢東 最後の革命』）.

6 Xia Yafeng, 'China's Elite Politics and Sino-American Rapprochement, January 1969-February 1972', *Journal of Cold War Studies*, 8, no. 4 (Fall 2006), pp. 3-28.

7 Jonathan Fenby, *Modern China: The Fall and Rise of a Great Power, 1850 to the Present*, New York: Ecco, 2008, p. 497.

8 Jean Lacouture, 'From the Vietnam War to an Indochina War', *Foreign Affairs*, July 1970, pp. 617-28; 以下の文献も参照のこと，Chen Jian, 'China, the Vietnam War and the Sino-American Rapprochement, 1968-1973', in Odd Arne Westad and Sophie Quinn-Judge (eds), *The Third Indochina War: Conflict between China, Vietnam and Cambodia, 1972-79*, London: Routledge, 2006, pp. 49-50.

9 Yan and Gao, *Turbulent Decade*, pp. 261-2 and 433; 以下の文献も参照のこと，Nicholas Griffin, *Ping-Pong Diplomacy: The Secret History behind the Game that Changed the World*, New York: Scribner, 2014.

10 PRO, 'Visit to the Forbidden City', 4 May 1971, 'Diplomatic Tour', 4 May 1971, FCO 21-858.

11 PRO, 'The Canton Fair Trade', 1 June 1971, FCO 21-842.

12 Cheng, *Life and Death in Shanghai*, p. 307（鄭念『上海の長い夜』）.

13 Margaret MacMillan, *Nixon and Mao: The Week that Changed the World*, New York: Random House, 2007; William Burr (ed.), *The Kissinger Transcripts: The*

4 Shan, 'Becoming Loyal', pp. 142-3 では，文化大革命に関する他書にも再三記載されている 27 万人という犠牲者数をあげているが，より信頼性が高いのは丁群のデータで，その数を 2 万 6100 人超としている．丁群「冤獄遍地的江蘇省清査「五一六」運動」，p. 30 を参照．

5 Thurston, *Enemies of the People*, pp. 202-3.

6 丁群「冤獄遍地的江蘇省清査「五一六」運動」，p. 29; Thurston, *Enemies of the People*, p. 144.

7 Guo, Song and Zhou (eds), *The A to Z of the Chinese Cultural Revolution*, p. xxxi.

8 Yan, *Turbulent Decade*, pp. 159-63.

9 黄峥『劉少奇的最後歳月 1966-1969』（北京，九州出版社，2012 年）；丁抒「風雨如磐的歳月：1970 年一打三反運動紀実」，『黄花崗雑誌』第 5 期，2003 年 3 月，pp. 69-80 も参照．

10 湖北省檔案館，1970 年 11 月 25 日，SZ139-2-290, ページ付なし（正確には，17 万 3000 人が一打運動に巻き込まれ，そのうちの 8 万 7000 人が罪に問われた．また，43 万 4000 人が三反運動に巻き込まれ，そのうちの 20 万 7000 人が罪に問われた．）；湖北省檔案館，1971 年 9 月 17 日，SZ139-2-114, ページ付なし（10 万 7000 人のなかには，2000 人の「五・一六分子」と 1 万 5000 人の『揚子江評論』支持者が含まれている）；湖北省檔案館，SZ139-2-290, p. 98 には異なる数字が示されており，一打運動のもとで 9 万 9000 人以上が反革命活動に関与し，33 万人以上が 1970 年 2 月から 1971 年 4 月までの間に汚職に関与したとされた．

11 Wang Shaoguang, *Failure of Charisma: The Cultural Revolution in Wuhan*, Oxford: Oxford University Press, 1995, pp. 219-20; 1 万 5000 人という数字は，湖北省檔案館，1971 年 9 月 17 日，SZ139-2-114（ページ付なし）より．

12 湖北省檔案館，1970 年 2 月 16 日及び 4 月 11 日，SZ139-2-303（ページ付なし）；湖北省檔案館，1971 年 9 月 17 日，SZ139-2-114（ページ付なし）．

13 湖北省檔案館，1971 年 9 月 25 日，SZ139-2-316（ページ付なし）．

14 湖北省檔案館，1970 年 3 月 13 日，SZ139-2-303（ページ付なし）．

15 甘粛省檔案館，1970 年 5 月 6 日，129-6-45, pp. 46-7; 甘粛省檔案館，1970 年 10 月 17 日，129-6-48, pp. 105-20; 甘粛省檔案館，1970 年 3 月 3 日，129-6-39, p. 21.

16 甘粛省檔案館，1970 年 10 月 17 日，129-6-48, pp. 105-20; 甘粛省檔案館，1970 年 5 月 18 日，129-6-46, p. 1.

17 甘粛省檔案館，1970 年 5 月 6 日，129-6-45, pp. 46-7; 甘粛省檔案館，1970 年 3 月 24 日，129-6-41, pp. 44-5; 甘粛省檔案館，1970 年 3 月 4 日，129-6-39, pp. 47-50.

18 甘粛省檔案館，1970 年 5 月 11 日，129-6-45, pp. 119-22; 甘粛省檔案館，1970 年 3 月 4 日，129-6-39, pp. 47-50; 甘粛省檔案館，1970 年 9 月 30 日，129-6-48, pp. 70-2.

19 甘粛省檔案館，1970 年 5 月 6 日，129-6-45, pp. 46-7; 甘粛省檔案館，1970 年 2 月 28 日，129-6-39, pp. 10-14.

20 甘粛省檔案館，1970 年 2 月 28 日，129-6-39, pp. 10-14; 甘粛省檔案館，1970 年 3

13 Dikötter, *Mao's Great Famine*, p. 88（ディケーター『毛沢東の大飢饉』）.

14 山東省檔案館「主恩来在糧油徴購会議上接見十四省・市代表団的講話」，1967 年 5 月 3 日，A131-2-851, pp. 6-10; 以下の文献も参照のこと；山東省檔案館「中央関於経済的指示」，1967 年 7 月 1 日及び 13 日 A131-2-853, pp. 62-3 及び 66-7; 山東省檔案館「周恩来在全国糧食工作会議上的講話」，1967 年 10 月 28 日，A131-2-851, pp. 51-4.

15 浙江省については Keith Forster, *Rebellion and Factionalism in a Chinese Province: Zhejiang, 1966-1976*, Armonk, NY: M. E. Sharpe, 1990 を参照.

16 浙江省檔案館「軍委指示」，1968 年 1 月 13 日，J116-25-60, pp. 20-9.

17 浙江省檔案館，1971 年 9 月 8 日，J116-25-159, pp. 160-2; 浙江省檔案館，1972 年 3 月 17 日，J116-25-250, pp. 73-6.

18 甘粛省檔案館，1969 年 9 月 1 日，129-4-179, pp. 95-104.

19 甘粛省檔案館，1969 年 9 月 1 日，129-4-179, pp. 95-104; Liang and Shapiro, *Son of the Revolution*, p. 182.

20 河北省檔案館，1974 年 9 月 5 日，925-1-51, pp. 69-72; 河北省檔案館，1972 年 2 月 10 日及び 3 月 5 日，11 日，925-1-19, pp. 44, 83-4 及び 93-6; 河北省檔案館，1971 年 4 月 6 日，999-7-20, pp. 83-5.

21 Shapiro, *Mao's War against Nature*, p. 101; 大寨については，宋連生『農業学大寨始末』（武漢，湖北人民出版社，2005 年）も参照.

22 Shapiro, *Mao's War against Nature*, p. 101.

23 Zhai, *Red Flower of China*, p. 190; Shapiro, *Mao's War against Nature*, p. 108.

24 Zhang Xianliang, *Half of Man is Woman*,（Shapiro, *Mao's War against Nature*, p. 108 に引用されている）.

25 河北省檔案館，1970 年 8 月 18 日，940-10-1, pp. 54-8; Shapiro, *Mao's War against Nature*, p. 113.

26 Shapiro, *Mao's War against Nature*, pp. 116-36.

27 Nanchu, *Red Sorrow*, pp. 97-100.

28 孫慶和『生死一條路』（北京，北京時代弄潮文化発展公司，2012 年），p. 42.

29 Shapiro, *Mao's War against Nature*, p. 137.

## 第 18 章　更なる粛清

1 Milton and Milton, *The Wind Will Not Subside*, p. 256.

2 MacFarquhar and Schoenhals, *Mao's Last Revolution*, p. 233（マクファーカー，シェーンハルス『毛沢東 最後の革命』）.

3「周恩来講話」，1970 年 1 月 24 日，中国文化大革命データベース；「関於清査「五一六」反革命陰謀集団的通知」，1970 年 3 月 27 日，中国文化大革命データベース；Barnouin and Yu, *Ten Years of Turbulence*, p. 198; 丁群「冤獄遍地的江蘇省清查「五一六」運動」，『文史精華』第 1 期，2009 年），pp. 24-31.

28 Bryan Tilt, *The Struggle for Sustainability in Rural China: Environmental Values and Civil Society,* New York: Columbia University Press, 2009, pp. 23-4, 最初の引用箇所では文体に若干の改変あり．

29 Judith Shapiro, *Mao's War against Nature: Politics and the Environment in Revolutionary China,* New York: Cambridge University Press, 2001, p. 152; Barry Naughton, 'The Third Front: Defence Industrialization in the Chinese Interior', *China Quarterly,* no. 115 (Sept. 1988), pp. 351-86.

30 Naughton, 'The Third Front', pp. 359-60.

31 湖北省檔案館，1970 年 4 月 25 日及び 6 月 9 日，SZ81-4-12，, pp. 1-3 及び 19-24.

32 湖北省檔案館，1970 年 4 月 25 日及び 6 月 9 日，SZ81-4-12，, pp. 1-3 及び 19-24.

33 湖北省檔案館，1972 年 9 月 19 日，999-7-41, pp. 76-82.

34 Naughton, 'The Third Front', pp. 378-82; White, *Policies of Chaos,* p. 184.

## 第 17 章　大寨に学べ

1 浙江省檔案館「関於学大寨的指示」，1968 年 1 月 13 日，J116-25-60, pp. 20-9.

2 南京市檔案館（編）『南京文化大革命大事初稿（1966 年 8 月 18 日）』（南京，南京市檔案館, 1985 年）; その 6 週間前に起きた牛を私有する世帯に対する攻撃については，南京市檔案館，1966 年 6 月 27 日，5003-3-1139, pp. 21-4 も参照．

3 Gao, *Born Red,* pp. 126-7.

4 南京市檔案館「中央命令」, 1966 年 9 月 14 日, 4003-1-298, p. 124; 周恩来・王任重「与北京紅衛兵代表団会面」，1966 年 9 月 1 日，中国文化大革命データベース．

5 Liang and Shapiro, *Son of the Revolution,* pp. 98-9.

6 道県での大虐殺については，Su Yang, *Collective Killings in Rural China during the Cultural Revolution,* Cambridge: Cambridge University Press, 2011, 及び 譚合成『血的神話：公元 1967 年湖南道県文革大屠殺紀実』（香港，天行健出版社，2010 年）を読まれたし．

7 陝西省檔案館，1967 年 4 月 8 日及び 8 月 21 日，215-1-1363, pp. 67-8 及び 81-3.

8 陝西省檔案館，1968 年 1 月 13 日，215-1-1363, p. 190.

9 陝西省檔案館，1967 年 12 月 3 日及び 1968 年 1 月 13 日，215-1-1363, pp. 190 及び 236-40.

10 陝西省檔案館「広州軍委会的報告」，1967 年 12 月 3 日，215-1-1363, pp. 146-52.

11 陝西省檔案館，1967 年 5 月 21 日，194-1-1274, pp. 1-22; 陝西省檔案館，1967 年 4 月 25 日，194-1-1283, p. 86.

12 甘粛省檔案館「林業局報告」，1967 年 4 月 6 日，129-4-62, pp.112-17; 江蘇省檔案館, 1967 年 8 月 21 日，4028-3-1611, pp. 28-9; 山西省革命委員会「第三通知」，1967 年 2 月 7 日，中国文化大革命データベース;『人民日報』，1967 年 2 月 11 日; 河北省檔案館，1967 年 2 月 11 日，921-5-3, pp. 42-3; 陝西省檔案館，1967 年 3 月 31 日及び 4 月 15 日，194-1-1283, pp. 33 及び 70.

Provinces and Regions', 28 Aug. 1969, *Cold War International History Project Bulletin*, no. 11 (Winter 1998), pp. 168-9.

9 PRO, Roger Garside, 'War Preparations: Peking', 30 Dec. 1969, FCO 21-483; 'China: War Scare', 28 Nov. 1969.

10 PRO, Roger Garside, 'War Preparations: Shanghai', 2 Dec. 1969, FCO21-483; George Walden, 'Preparations against War', 27 Jan. 1970, FCO21-683.

11 PRO, Roger Garside, 'War Preparations: Shanghai', 2 Dec. 1969, FCO21-483.

12 河北省檔案館，1969 年 12 月 6, 26, 及び 30 日，919-1-295, pp. 27-8, 72, 及び 114-15; 河北省檔案館，1969 年 12 月 26 日，919-1-294, p. 124.

13 Zhai, *Red Flower of China*, p. 199.

14 PRO, 'Shanghai', 4Nov. 1969, FCO21-513; Roger Garside, 'War Preparations: Peking', 30 Dec. 1969, FCO 21-483; George Walden, 'Preparations against War', 27 Jan. 1970, FCO 21-683.

15 上海市檔案館「1964 至 1974 年毛沢東関於空襲的語録」，B105-9-638, pp. 15-16.

16 PRO, J. N. Allan, 'Air Raid Shelters, Tunnels', November 1970, FCO21-683.

17 Craig S. Smith, 'Mao's Buried Past: A Strange, Subterranean City', *New York Times*, 26 Nov. 2001.

18 一例として，上海市檔案館，1971 年 1 月 25 日 及び 9 月 14 日，B120-3-23, pp. 32 及び 43 を参照.

19 上海市檔案館，1971 年 5 月 28 日，B120-3-23, pp. 1-2; 上海市檔案館，1970 年 5 月 30 日，B120-3-15, pp. 3-4; 上海の防空壕建設については，金大陸『非常与正常』第 2 巻，pp. 357-99 を読まれたし.

20 PRO, 'Underground construction in Peking', 25 Aug. 1970, FCO 21-683; 上海市檔案館，1970 年 8 月 29 日，B120-2-7, pp. 1-11; 1973 年 3 月 3 日，B120-2-26, pp. 45-6.

21 上海市檔案館，1971 年 9 月 14 日，B120-3-23, p. 32; 1975 年 12 月 5 日，B120-3-63, pp. 3-4.

22 Smith, 'Mao's Buried Past'; 上海市檔案館，1973 年 3 月 3 日，B120-2-26, pp. 45-6; 河北省檔案館，1969 年 11 月 19 日，919-1-294, pp. 11-12.

23 山東省檔案館，1971 年 11 月 25 日，A1-8-15, pp. 47-8; 甘粛省檔案館「張忠・関於防空洞的講話」，1970 年 9 月 20 日，91-7-50, p. 3; Zhai, *Red Flower of China*, pp. 198-200.

24 PRO, J. N. Allan, 'Air Raid Shelters, Tunnels', November 1970, FCO21-683.

25 Walter S. Dunn, *The Soviet Economy and the Red Army, 1930-1945,* Westport, CT: Greenwood, 1995, pp. 30-7.

26 Yang, 'The Sino-Soviet Border Clash of 1969', p. 24.

27 三線に関する最もすぐれた記述は，陳東林『三線建設：備戦時期的西部開発』（北京，中共中央党校出版社，2003 年）に見られる.

は，Jean C. Oi, *State and Peasant in Contemporary China: The Political Economy of Village Government*, Berkeley: University of California Press, 1989, pp. 48-9 を参照．

32 湖南省檔案館，1971 年 8 月 27 日，182-2-50, pp. 35-41.

33 河北省檔案館，1969 年 11 月 19 日，919-1-294, pp. 11-12.

34 上海市檔案館，1970 年 1 月 23 日，B228-2-240, pp. 124-6; 上海市檔案館，1968 年 4 月 1 日，B227-2-39, pp. 1-5.

35 毛沢東「対柳河五七幹校的評価」, 1968 年 9 月 30 日，中国文化大革命データベース；『人民日報』，1968 年 10 月 5 日．

36 Yue, *To the Storm*, pp. 259-60.

37 甘粛省檔案館，1970 年 3 月，129-4-202, p. 73; 甘粛省檔案館，1972 年 3 月 3 日，129-6-83, pp. 11-12; 甘粛省檔案館，1969 年，129-4-33, pp. 38-40; 河北省檔案館，1967 年 10 月 25 日，919-1-147, pp. 1-3.

## 第16章　戦争準備

1 Vitaly Bubenin, *Krovavyi Sneg Damanskogo: Sobytiia 1966-1969 gg.*, Moscow: Granitsa, 2004 の回顧録を参照.

2 Yang Kuisong, 'The Sino-Soviet Border Clash of 1969: From Zhenbao Island to Sino-American Rapprochement', *Cold War History,* 1, no. 1 (Aug. 2000), pp. 21-52; Lyle J. Goldstein, 'Return to Zhenbao Island: Who Started Shooting and Why It Matters', *China Quarterly*, no. 168 (Dec. 2001), pp. 985-97 も参照．

3 'Mao Zedong's Speech at the First Plenary Session of the CCP's Ninth Central Committee', 28 April 1969, History and Public Policy Program Digital Archive, Wilson Center, Washington DC.

4 第 9 回党大会に関する詳細な分析が MacFarquhar and Schoenhals, *Mao's Last Revolution*, pp. 285-301（マクファーカー，シェーンハルス『毛沢東 最後の革命』）に記載されている．

5 MacFarquhar and Schoenhals, *Mao's Last Revolution*, p. 301（マクファーカー，シェーンハルス『毛沢東 最後の革命』）．

6 Christian F. Ostermann, 'East German Documents on the Border Conflict, 1969', *Cold War International History Project Bulletin*, nos 6-7 (Winter1995), p. 187; Harvey W. Nelsen, *Power and Insecurity: Beijing, Moscow and Washington, 1949-1988*, Boulder, CO: Lynne Rienner, 1989, pp.72-3; Yang, 'The Sino-Soviet Border Clash of 1969', pp. 32-3; Lorenz Lüthi, 'The Vietnam War and China's Third-Line Defense Planning before the Cultural Revolution, 1964-1966', *Journal of Cold War Studies*, 10, no. 1 (Winter 2008), pp. 26-51 も参照．

7 Dikötter, Mao's Great Famine, p. 239（ディケーター『毛沢東の大飢饉』）．

8 'The CCP Central Committee's Order for General Mobilization in Border

157.

13 南京市檔案館「関於市場状況的報告」，1966年3月18日，5003-3-1139, pp. 78-86.

14 Ling, *The Revenge of Heaven*, pp. 149-50; 山東省檔案館，1966年4月17日，A1-2-1356, pp. 107-9; 山東省檔案館「糧食局報告」，1967年3月11日，A131-2-853, p. 16.

15 文貫中へのインタビュー，2012年8月22日.

16 湖南省檔案館，1971年3月12日，182-2-50, pp. 14-19.

17 Zhai, *Red Flower of China*, p. 173.

18 Nanchu, *Red Sorrow*, p. 91; 上海市檔案館，1973年3月，B228-2-335, pp. 65-70.

19 上海市檔案館，1973年3月，B228-2-335, pp. 65-70; 上海市檔案館，1969年7月5日，B228-2-224, p. 77; 上海市檔案館，1969年7月1日，B228-2-223, p. 160.

20 湖南省檔案館，1972年9月8日，182-2-52, p. 154; 劉小萌『中国知青史』，pp. 320-1.

21 湖南省檔案館，1970年10月23日，182-2-50, pp. 116-17; 湖南省檔案館，1971年2月24日，182-2-50, pp. 95-7.

22 Yang, *Spider Eaters*, p. 181; 湖南省檔案館，1970年10月23日，182-2-50, pp. 116-17; 侯永録『農民日記：一個農民的生存実録』（北京，中国社年出版社，2006年），p. 164.

23 湖北省檔案館，1973年5月30日，SZ139-6-510, pp. 187-92; 湖北省檔案館，1969年12月15日及び4月7日，SZ139-2-94（ページ付なし）も参照.

24 湖北省檔案館，1970年5月27日，SZ139-2-303（ページ付なし）；湖北省檔案館，1973年8月19日，SZ139-6-510, pp. 199-201.

25 湖南省檔案館，1971年12月，182-2-50, p. 148.

26 李慶霖のことが次の優れた論文に取り上げられている．Elya J. Zhang, 'To Be Somebody: Li Qinglin, Run-of-the-Mill Cultural Revolution Showstopper', in Joseph W. Esherick, Paul G. Pickowicz and Andrew Walder (eds), *The Chinese Cultural Revolution as History*, Stanford: Stanford University Press, 2006, pp. 211-39.

27 湖北省檔案館，1973年8月19日，SZ139-6-510, pp. 199-201.

28 湖北省檔案館，1973年6月26日，SZ139-6-510, pp. 142-9; 福建省檔案館，1973年，C157-1-10（Zhang, 'To Be Somebody', p. 219に引用されている）；湖北省檔案館，1974年3月9日，SZ139-6-589, pp. 62-75.

29 Dikötter, *Mao's Great Famine*, chapter entitled 'Exodus'（ディケーター『毛沢東の大飢饉』第27章「エクソダス」）を参照．

30 周恩来「在慶祝全国省市自治区成立革命委員会的大会上的講話」，1968年9月7日，中国文化大革命データベース．

31 上海市檔案館，1975年8月7日，B127-4-77, p. 1; 湖南省檔案館，1971年3月12日，182-2-50, pp. 14-19; 摂取カロリーの目安となる穀物のキログラム数について

285-9.

16 内蒙古檔案館「華北局会議・1966年6月12, 17, 18日及び7月24日相関文件」, 1967年1月23日, 11-2-555; 知（編）『内蒙古文革実紀』（香港, 天行健出版社, 2010年）, p. 70.

17 図們・祝東力『康生与「内人党」冤案』（北京, 中共中央党校出版社, 1995年）, pp. 202-3.

18 阿拉騰徳力海『内蒙挖粛災難実録』（フフホト, 内蒙古人権信息中心, 1999年, 私家版）; 楊海英「以『肉体的消滅』実現『民族的消亡』」（『民族学報』第29期（2009年12月）, pp. 1-23）は「ジェノサイド」という言葉を用いている. 高樹華『内蒙文革風雷』も参照のこと. 内蒙古の分割は1979年に取り消された.

## 第15章　上山下郷

1 周恩来「祝賀革命委員会成立的講話」, 1968年9月7日, 中国文化大革命データベース.

2 『人民日報』, 1968年12月22日; 中国研究の用語で「下放青年」あるいは追放青年と呼ばれる若い学生たちについては以下の文献を読まれたし, Michel Bonnin, *The Lost Generation: The Rustication of China's Educated Youth (1968-1980)*, Hong Kong: Chinese University of Hong Kong Press, 2013; Pan Yihong, *Tempered in the Revolutionary Furnace: China's Youth in the Rustication Movement*, Lanham, MD: Lexington Books, 2009; 定宣荘『中国知青史：初瀾（1953-1968）』（北京, 当代中国出版社, 2009年）; 劉小萌『中国知青史：大潮（1966-1980）』（北京, 中国社会科学出版社, 1998年）; 詳細な事例が, 朱政恵・金光耀（編）『知青部落：黄山腳下的10000個上海人』（上海, 上海古籍出版社, 2004年）に記載されている.

3 Roger Garsideへのインタビュー, 2012年7月19日; Zhai, *Red Flower of China*, p. 156.

4 Gao, *Born Red*, p. 353.

5 Yang, *Spider Eaters*, p. 159.

6 徐小棣へのインタビュー, 2013年3月13日.

7 湖南省檔案館, 1968年6月25日及び30日 June 1968; 1968年7月5日及び9日, 182-2-44, pp. 2-3, 6, 9及び41-5.

8 Yang, *Spider Eaters*, pp. 174-9.

9 湖北省檔案館, 1973年5月31日, SZ139-6-510, pp. 187-92; 湖南省檔案館, 1972年9月7日, 182-2-52, pp. 52-5.

10 Dikötter, *Mao's Great Famine*, pp. 174-5（ディケーター『毛沢東の大飢饉』）; Liang and Shapiro, *Son of the Revolution*, p. 162; 湖北省檔案館, 1973年8月19日, SZ139-6-510, pp. 199-201.

11 Liang and Shapiro, *Son of the Revolution*, p. 23; 牧蕭『風雨人生』, pp. 275-6.

12 正確には, 地元住民に販売された石炭の量は1966年には800万トンだったが, 1968年には550万トンに落ち込んだ; 山東省檔案館, 1969年3月19日, A47-2-87, p.

# 原　注

## 第14章　階級隊列の純潔化

1　甘粛省檔案館，1968年3月2日，129-1-40, pp. 10-13;「中共中央国務院・中央軍委・中央文革伝発黒竜江省革命委員会『関於深挖叛徒工作的報告』的批示及附件」，1968年2月5日，中国文化大革命データベース．

2　Milton and Milton, *The Wind Will Not Subside,* p. 315; 原文は，周恩来，康生，江青「対浙江代表団的講話」，1968年3月18日，中国文化大革命データベース より．

3　毛沢東「対掲穿北京新華印刷廠臥底叛徒報告的批示」，1968年5月15日，中国文化大革命データベース．

4　卜偉華『砸爛旧世界』，p. 677.

5　Frank Dikötter, *China before Mao: The Age of Openness,* Berkeley: University of California Press, 2008, pp. 78-80; Wang Youqin, 'The Second Wave of Violent Persecution of Teachers: The Revolution of 1968', Presented at the 35th International Congress of Asian and North African Studies, Budapest, 7-12 July 1997.

6　Cheng, *Life and Death in Shanghai*, pp. 251, 254 and 259（鄭念『上海の長い夜』）.

7　卜偉華『砸爛旧世界』，p. 677.

8　Yue, *To the Storm*, pp. 240-1.

9　Yue, *To the Storm,* pp. 161-2; Wang, 'The Second Wave of Violent Persecution of Teachers'.

10　卜偉華『砸爛旧世界』，pp. 677-8.

11　河北省檔案館，1969年4月7日，919-1-288, pp. 142-3; 河北省檔案館「給謝富治的報告」，1969年，919-1-274.

12　河北省檔案館, 1969年1月7日, 919-1-288, pp. 30-1; 河北省檔案館, 1969年1月27日, 919-1-288, pp. 46-7; 河北省檔案館「関於柏各荘国営農場政策実施的報告」，1974年7月10日，925-1-51, pp. 27-31.

13　河北省檔案館，1969年5月28日，919-1-290, pp. 42-3; 河北省檔案館，1969年12月27日．1969, 919-1-295, p. 57.

14　丁抒「文革中的「清理階級隊伍」運動」,『華夏文摘増刊』第244期, 2004年12月14日；Jonathan Unger, 'The Cultural Revolution at the Grass Roots', *China Journal,* no. 57 (Jan. 2007), p. 113.

15　「康生謝富治接見昆明軍区和雲南群衆代表時的講話」，1968年1月21日，中国文化大革命データベース；『当代雲南大事紀要』（昆明，当代中国出版社，2007年），pp.

劉文忠『風雨人生路：一個残疾苦囚世紀』澳門：崇適文化，2004 年.
劉小萌『中国知青史：大潮 1966-1980』北京：中国社会科学出版社，1998 年.
劉祖能『我的故事』北京：北京時代弄潮文化発展公司，2011 年.
盧弘『軍部内部消息』香港：時代国際出版社，2006 年.
譚合成『血的神話：公元 1967 年湖南道県文革大虐殺紀実』香港：天行健出版社，2010 年.
魏小蘭「「我信天総会亮：康生秘書談「沙韜事件」」『百年潮』第 9 期（2007 年 9 月），52-56 頁.
薄一波『若干重大事件与決策的回顧』北京：中共中央党史出版社，1997 年.

王盛沢「文革風暴中的葉飛上将」『党史博覧』第12期（2008年12月）
毛沢東『建国以来毛沢東文稿』北京：中央文献出版社，1987-1996年.
毛沢東『毛沢東外交文選』北京：中央文献出版社，1994年
江渭清『七十年征程：江渭清回憶録』南京：江蘇人民出版社，1996年．丁群「冤獄遍地的江蘇省清査“五一六”運動」『文史精華』第1期，2009年.
江渭清「開展四清運動」『四清運動親歴記』北京：人民出版社，2008年，36-65頁.
朱政恵与金光耀（編）『知青部落：黄山腳下的10000個上海人』上海：上海古籍出版社，2004年.
李鋭『廬山会議実録』鄭州：河南人民出版社，1999年.
李世華『共用的墓碑：一個中国人的家庭紀事』紐約：明鏡出版社，2008年.
余習広『位卑未敢忘憂国：「文化大革命」上書集』長沙：湖南人民出版社，1989年.
沈福祥『崢嶸歳月：首都工人造反派回憶録』香港：時代国際出版社，2010年.
宋柏林『紅衛兵興衰録：清華附中老紅衛兵手記』香港：徳賽出版有限公司，2006年.
定宜荘『中国知青史：初瀾（1953-1968）』北京：当代中国出版社.
金大陸『非常与正常：上海文革時期的社会変遷』上海：上海辭書出版社，2011年.
金沖及（編）『周恩来伝1989-1949』北京：中央文献出版社，1989年．〔『周恩来伝1898-1949』狭間直樹監訳，阿吽社，1992年〕
金沖及・黄峥（編）『劉少奇伝』北京：中央文献出版社，1998年.
周成豪『往事回憶』北京：北京時代弄潮文化発展公司，2011年.
高華「在貴州四清運動的背後」『二十一世紀』第93期（2006年2月），75-89頁.
高樹華，程鉄軍『内蒙文革風雷：一位造反派領袖的口述史』柳約：明鏡出版社，2007年.
郭徳宏，林小波（編）『四清運動親歴記』北京：人民出版社，2008年.
郭徳宏，林小波（編）『四清運動実録』杭州：浙江人民出版社，2005年.
孫慶和『生死一條路』北京：時代弄潮文化発展公司，2012年.
晏楽斌『我所経歴的那個時代』北京：時代文化出版社，2012年.
黄峥『劉少奇一生』北京：中央文献出版社，2003年.
黄峥『劉少奇的最後歳月1966-1969』北京：九州出版社，2012年.
黄延敏「破四旧運動的発展脈絡」『二十一世紀』第137期（2013年6月），71-82頁.
張素華『変局：七千人大会始末』北京：中国青年出版社，2006年.
陳東林『三線建設：備戦時期的西部開発』北京：中共中央党校出版社，2003年.
陳益南『青春無痕：一個造反派工人的十年文革』香港：香港中文大学出版社，2006年.
傳光明，鄭實『関於太平湖的記憶：老舍之死』深圳：海天出版社，2001年.
葉青『「文革」時期福建群衆組織研究』福建師範大学・博士論文，2002年.
当代雲南編集部（編）『当代雲南大事記要1949-2006』昆明：当代中国出版社，2007年.
董勝利「関於西安紅色恐怖隊的口述回憶」『記憶』第10期（2004年10月）.
楊健『中国知青文学史』北京：中国工人出版社，2002年.
劉統「掲示中南海高層政治的一把鑰匙：林彪筆記的整理与研究」発表於二十世紀中国戦争与革命国際研討会，上海交通大学，2008年11月8-9日.

American *Rapprochement*', *Cold War History*, 1, no. 1 (Aug. 2000), pp. 21–52.
Yang Lan, 'Memory and Revisionism: The Cultural Revolution on the Internet', in Ingo Cornils and Sarah Waters (eds), *Memories of 1968: International Perspectives*, Oxford: Peter Lang, 2010, pp. 249–79.
Yang, Rae, *Spider Eaters: A Memoir*, Berkeley: University of California Press, 1997.
Yang Xiaokai, *Captive Spirits: Prisoners of the Cultural Revolution*, New York: Oxford University Press, 1997.
Ye Tingxing, *My Name is Number 4: A True Story from the Cultural Revolution*, Basingstoke, NH: St. Martin's Griffin, 2008.
Yue Daiyun, *To the Storm: The Odyssey of a Revolutionary Chinese Woman*, Berkeley: University of California Press, 1985.
Zagoria, Donald, *Vietnam Triangle: Moscow, Peking, Hanoi*, New York: Pegasus, 1967.
Zang Xiaowei, *Children of the Cultural Revolution: Family Life and Political Behavior in Mao's China*, Boulder, CO: Westview Press, 2000.
Zhai Zhenhua, *Red Flower of China*, New York: Soho, 1992.
Zhang, Elya J., 'To be Somebody: Li Qinglin, Run-of-the-Mill Cultural Revolution Showstopper', in Joseph W. Esherick, Paul G. Pickowicz and Andrew Walder (eds), *The Chinese Cultural Revolution as History*, Stanford: Stanford University Press, 2006, pp. 211–39.
Zheng Yi, *Scarlet Memorial: Tales of Cannibalism in Modern China*, Boulder, CO: Westview Press, 1996.
Zhou, Kate Xiao, *How the Farmers Changed China: Power of the People*, Boulder, CO: Westview Press, 1996.
Zhou Zehao, 'The Anti-Confucian Campaign during the Cultural Revolution, August 1966–January 1967', doctoral dissertation, University of Maryland, 2011.
Zweig, David, *Agrarian Radicalism in China, 1968–1981*, Cambridge, MA: Harvard University Press, 1989.

## 中国語文献

Tang, George Y.『両代人的選択』北京：北京時代弄潮文化発展公司，2011 年.
卜偉華「北京紅衛兵運動大事記」『北京党史研究』84 期（1994 年），56-61 頁.
卜偉華「砸爛旧世界：文化大革命的動乱与浩劫」香港：香港中文大学出版社，2008 年.
方恵堅・張思敬（編）『清華大学志』北京：清華大学出版社，2001 年.
王光宇『青史難隠：最後一次交代』私家版，2011 年.
王年一『大動乱的年代』鄭州：河南人民出版社，1988 年.
王成林『重慶 " 砸爛公検法 " 親歴記』重慶：私家版，2003 年.
王端陽『一個紅衛兵的日記』私家版，2007 年.

White, Lynn T., *Policies of Chaos: The Organizational Causes of Violence in China's Cultural Revolution*, Princeton: Princeton University Press, 1989.

White, Lynn T., *Unstately Power: Local Causes of China's Economic Reforms*, Armonk, NY: M. E. Sharpe, 1998.

Williams, Philip F. and Yenna Wu, *The Great Wall of Confinement: The Chinese Prison Camp through Contemporary Fiction and Reportage*, Berkeley: University of California Press, 2004.

Wilson, Verity, 'Dress and the Cultural Revolution', in Valerie Steele and John S. Major (eds), *China Chic: East Meets West*, New Haven, CT: Yale University Press, 1999, pp. 167–86.

Wolin, Richard, *The Wind from the East: French Intellectuals, the Cultural Revolution, and the Legacy of the 1960s*, Princeton: Princeton University Press, 2010.

Wong, Frances, *China Bound and Unbound: History in the Making: An Early Returnee's Account*, Hong Kong: Hong Kong University Press, 2009.

Wong, Jan, *Red China Blues: My Long March from Mao to Now*, New York: Doubleday, 1996.

Woodward, Dennis, 'Rural Campaigns: Continuity and Change in the Chinese Countryside – The Early Post-Cultural Revolution Experience (1969–1972)', *Australian Journal of Chinese Affairs*, no. 6 (July 1981), pp. 97–124.

Wu, Harry, *Bitter Winds: A Memoir of my Years in China's Gulag*, New York: Wiley, 1993.

Wu, Harry Hongda, *Laogai: The Chinese Gulag*, Boulder, CO: Westview Press, 1992.

Wu Ningkun and Li Yikai, *A Single Tear: A Family's Persecution, Love, and Endurance in Communist China*, London: Hodder & Stoughton, 1993.

Wu, Tommy Jieqin, *A Sparrow's Voice: Living through China's Turmoil in the 20th Century*, Shawnee Mission, KS: M.I.R. House International, 1999.

Wu, Yiching, *The Cultural Revolution at the Margins: Chinese Socialism in Crisis*, Cambridge, MA: Harvard University Press, 2014.

Wylie, Raymond F., 'Shanghai Dockers in the Cultural Revolution: The Interplay of Political and Economic Issues', in Christopher Howe (ed.), *Shanghai: Revolution and Development in an Asian Metropolis*, Cambridge: Cambridge University Press, 1981, pp. 91–124.

Xia Yafeng, 'China's Elite Politics and Sino-American Rapprochement, January 1969–February 1972', *Journal of Cold War Studies*, 8, no. 4 (Fall 2006), pp. 3–28.

Xiao Mu, *Fengyu rensheng* (A stormy life), New York: Cozy House Publisher, 2003.

Yan Jiaqi and Gao Gao, *Turbulent Decade: A History of the Cultural Revolution*, Honolulu: University of Hawai'i Press, 1996.

Yang Kuisong, 'The Sino-Soviet border clash of 1969: From Zhenbao Island to Sino-

Tyler, Christian, *Wild West China: The Taming of Xinjiang*, London: John Murray, 2003.
Unger, Jonathan, 'The Cultural Revolution at the Grass Roots', *China Journal*, no. 57 (Jan. 2007), pp. 109–37.
Unger, Jonathan, 'Cultural Revolution Conflict in the Villages', *China Quarterly*, no. 153 (March 1998), pp. 82–106.
Usov, Victor, 'The Secrets of Zhongnanhai: Who Wiretapped Mao Zedong, and How?', *Far Eastern Affairs*, no. 5 (May 2012), pp. 129–39.
van der Heijden, Marien, Stefan R. Landsberger, Kuiyi Shen, *Chinese Posters: The IISH-Landsberger Collections*, München: Prestel, 2009.
Walder, Andrew G., *Fractured Rebellion: The Beijing Red Guard Movement*, Cambridge, MA: Harvard University Press, 2009.
Walder, Andrew G., 'Tan Lifu: A "Reactionary" Red Guard in Historical Perspective', *China Quarterly*, no. 180 (Dec. 2004), pp. 965–88.
Walder, Andrew G. and Yang Su, 'The Cultural Revolution in the Countryside: Scope, Timing and Human Impact', *China Quarterly*, no. 173 (March 2003), pp. 74–99.
Wang Aihe, 'Wuming: An Underground Art Group during the Cultural Revolution', *Journal of Modern Chinese History*, 3, no. 2 (Dec. 2009), pp. 183–99.
Wang, Helen, *Chairman Mao Badges: Symbols and Slogans of the Cultural Revolution*, London: British Museum, 2008.
Wang Shaoguang, *Failure of Charisma: The Cultural Revolution in Wuhan*, Oxford: Oxford University Press, 1995.
Wang Youqin, 'Finding a Place for the Victims: The Problem in Writing the History of the Cultural Revolution', *China Perspectives*, no. 4, 2007, pp. 65–74.
Wang Youqin, 'The Second Wave of Violent Persecution of Teachers: The Revolution of 1968', Presented at the 35th International Congress of Asian and North African Studies, Budapest, 7–12 July 1997.
Wang Youqin, 'Student Attacks against Teachers: The Revolution of 1966', *Issues and Studies*, 37, no. 2 (March 2001), pp. 29–79.
Watt, George, *China 'Spy'*, London: Johnson, 1972.
Welch, Holmes, *Buddhism under Mao*, Cambridge, MA: Harvard University Press, 1972.
Welsh, Frank, *A History of Hong Kong*, London: HarperCollins, 1993.
Westad, O. Arne, 'The Great Transformation', in Niall Ferguson, Charles S. Maier, Erez Manela and Daniel J. Sargent (eds), *The Shock of the Global: The 1970s in Perspective*, Cambridge, MA: Harvard University Press, 2010, pp. 65–79.
Westad, O. Arne and Sophie Quinn-Judge (eds), *The Third Indochina War: Conflict between China, Vietnam and Cambodia, 1972–79*, London: Routledge, 2006.

Shan, Patrick Fuliang, 'Becoming Loyal: General Xu Shiyou and Maoist Regimentation', *American Journal of Chinese Studies*, 18, no. 2 (Fall 2011), pp. 133–50.

Shapiro, Judith, *Mao's War against Nature: Politics and the Environment in Revolutionary China*, New York: Cambridge University Press, 2001.

Shen Xiaoyun, 'The Revolutionary Committee Grows out of the Barrel of a Gun during the Great Proletarian Cultural Revolution: The Unknown Truth of "Armed Conflict" in Guangxi', *Modern China Studies*, 20, no. 1 (2013), pp. 141–82.

Sheng, Michael M., *Battling Western Imperialism: Mao, Stalin, and the United States*, Princeton: Princeton University Press, 1997.

Sheridan, Mary, 'The Emulation of Heroes', *China Quarterly*, no. 33 (March 1968), pp. 47–72.

Shevchenko, Arkady N., *Breaking with Moscow*, New York: Alfred A. Knopf, 1985.

Shirk, Susan L., *The Political Logic of Economic Reform in China*, Berkeley: University of California Press, 1993.

Smith, Craig S., 'Mao's Buried Past: A Strange, Subterranean City', *New York Times*, 26 Nov. 2001.

Song Yongyi, 'The Enduring Legacy of Blood Lineage Theory', *China Rights Forum*, no. 4 (2004), pp. 13–23.

Song Yongyi, *Les Massacres de la Révolution Culturelle*, Paris: Gallimard, 2009.

Stalin, Josef, *History of the All-Union Communist Party: A Short Course*, New York: International Publishers, 1939.

Su Yang, *Collective Killings in Rural China during the Cultural Revolution*, Cambridge: Cambridge University Press, 2011.

Sun Youli and Dan Ling, *Engineering Communist China: One Man's Story*, New York: Algora Publishing, 2003.

Tan, Pamela, *The Chinese Factor: An Australian Chinese Woman's Life in China from 1950 to 1979*, Dural, New South Wales: Roseberg, 2008.

Tannebaum, Gerald, 'How the Workers Took over their Wharves', *Eastern Horizon*, 6, no. 6 (July 1967), pp. 6–17.

Taubman, William, *Khrushchev: The Man and his Era*, London, Free Press, 2003.

Terrill, Ross, *Madame Mao: The White-Boned Demon*, Stanford: Stanford University Press, 1990.

Thaxton, Ralph, *Catastrophe and Contention in Rural China: Mao's Great Leap Famine and the Origins of Righteous Resistance in Da Fo Village*, Cambridge: Cambridge University Press, 2008.

Thurston, Anne F., *Enemies of the People*, New York: Knopf, 1987.

Tilt, Bryan, *The Struggle for Sustainability in Rural China: Environmental Values and Civil Society*, New York: Columbia University Press, 2009.

Power Effects', in Christian Henriot and Yeh Wen-hsin (eds), *Visualising China, 1845–1965: Moving and Still Images in Historical Narratives*, Leiden: Brill, 2013, pp. 407–38.

Pantsov, Alexander V. and Steven I. Levine, *Mao: The Real Story*, New York: Simon & Schuster, 2012.

Pasqualini, Jean, *Prisoner of Mao*, Harmondsworth: Penguin, 1973.

Perry, Elizabeth J., *Challenging the Mandate of Heaven: Social Protest and State Power in China*, Armonk, NY: M. E. Sharpe, 2002.

Perry, Elizabeth J., 'Shanghai's Strike Wave of 1957', *China Quarterly*, no. 137 (March 1994), pp. 1–27.

Perry, Elizabeth J. and Li Xun, *Proletarian Power: Shanghai in the Cultural Revolution*, Boulder, CO: Westview Press, 2000.

Potter, Pitman, *From Leninist Discipline to Socialist Legalism: Peng Zhen on Law and Political Authority in the PRC*, Stanford: Stanford University Press, 2003.

Radchenko, Sergey, *Two Suns in the Heavens: The Sino-Soviet Struggle for Supremacy, 1962–1967*, Stanford: Stanford University Press, 2009.

Rees, E. A., *Iron Lazar: A Political Biography of Lazar Kaganovich*, London: Anthem Press, 2012.

Riskin, Carl, *China's Political Economy: The Quest for Development since 1949*, Oxford: Oxford University Press, 1987.

Rittenberg, Sidney, *The Man Who Stayed Behind*, New York: Simon & Schuster, 1993.

Robinson, Thomas W., 'The Wuhan Incident: Local Strife and Provincial Rebellion during the Cultural Revolution', *China Quarterly*, no. 47 (July 1971), pp. 413–38.

Rosen, Stanley, *Red Guard Factionalism and the Cultural Revolution in Guangzhou*, Boulder, CO: Westview Press, 1982.

Salisbury, Harrison E., *The New Emperors: China in the Era of Mao and Deng*, Boston: Little, Brown, 1992.

Schoenhals, Michael, *China's Cultural Revolution, 1966–1969: Not a Dinner Party*, Armonk, NY: M. E. Sharpe, 1996.

Schoenhals, Michael, '"Why Don't We Arm the Left?" Mao's Culpability for the Cultural Revolution's "Great Chaos" of 1967', *China Quarterly*, no. 182 (June 2005), pp. 277–300.

Schrift, Melissa, *Biography of a Chairman Mao Badge: The Creation and Mass Consumption of a Personality Cult*, New Brunswick, NJ: Rutgers University Press, 2001.

Service, Robert, *Stalin: A Biography*, Basingstoke: Macmillan, 2004.

Shakya, Tsering, *The Dragon in the Land of Snows*, New York: Columbia University Press, 1999.

MacFarquhar, Roderick, *The Origins of the Cultural Revolution*, vol. 1: *Contradictions among the People, 1956–1957*, London: Oxford University Press, 1974.

MacFarquhar, Roderick, *The Origins of the Cultural Revolution*, vol. 3, *The Coming of the Cataclysm, 1961–1966*, New York: Columbia University Press, 1997.

MacFarquhar, Roderick and Michael Schoenhals, *Mao's Last Revolution*, Cambridge, MA: Harvard University Press, 2006. 〔ロデリック・マクファーカー，マイケル・シェーンハルス『毛沢東 最後の革命（上・下）』朝倉和子訳，青灯社，2010 年〕

MacMillan, Margaret, *Nixon and Mao: The Week that Changed the World*, New York: Random House, 2007.

Marcuse, Jacques, *The Peking Papers: Leaves from the Notebook of a China Correspondent*, London: Arthur Barker, 1968.

Milton, David and Nancy D. Milton, *The Wind Will Not Subside: Years in Revolutionary China, 1964–1969*, New York: Pantheon Books, 1976.

Mitcham, Chad J., *China's Economic Relations with the West and Japan, 1949–79: Grain, Trade and Diplomacy*, New York: Routledge, 2005.

Mittler, Barbara, '"Eight Stage Works for 800 Million People": The Great Proletarian Cultural Revolution in Music – A View from Revolutionary Opera', *Opera Quarterly*, 26, nos 2–3 (Spring 2010), pp. 377–401.

Murck, Alfreda, 'Golden Mangoes: The Life Cycle of a Cultural Revolution Symbol', *Archives of Asian Art*, 57 (2007), pp. 1–21.

Murck, Alfreda (ed.), *Mao's Golden Mangoes and the Cultural Revolution*, Zurich: Scheidegger & Spiess, 2013.

Nanchu, *Red Sorrow: A Memoir*, New York: Arcade, 2001.

Naughton, Barry, 'The Third Front: Defence Industrialization in the Chinese Interior', *China Quarterly*, no. 115 (Sept. 1988), pp. 351–86.

Nelsen, Harvey W., *Power and Insecurity: Beijing, Moscow and Washington, 1949–1988*, Boulder, CO: Lynne Rienner, 1989.

Oi, Jean C., *State and Peasant in Contemporary China: The Political Economy of Village Government*, Berkeley: University of California Press, 1989.

Ostermann, Christian F., 'East German Documents on the Border Conflict, 1969', *Cold War International History Project Bulletin*, nos 6–7 (Winter 1995), pp. 186–91.

Palmer, James, *The Death of Mao: The Tangshan Earthquake and the Birth of the New China*, London: Faber & Faber, 2012.

Pan, Philip, *Out of Mao's Shadow: The Struggle for the Soul of a New China*, Basingstoke: Picador, 2009.

Pan Yihong, *Tempered in the Revolutionary Furnace: China's Youth in the Rustication Movement*, Lanham, MD: Lexington Books, 2009.

Pang Laikwan, 'The Dialectics of Mao's Images: Monumentalism, Circulation and

*Church History*, 74, no. 1 (March 2005), pp. 68–96.
Leese, Daniel, *Mao Cult: Rhetoric and Ritual in China's Cultural Revolution*, Cambridge: Cambridge University Press, 2011.
Leys, Simon, *Broken Images: Essays on Chinese Culture and Politics*, New York: St Martin's Press, 1980.
Leys, Simon, *The Chairman's New Clothes: Mao and the Cultural Revolution*, New York: St Martin's Press, 1977.
Li Hua-yu, 'Instilling Stalinism in Chinese Party Members: Absorbing Stalin's Short Course in the 1950s', in Thomas P. Bernstein and Li Hua-yu (eds), *China Learns from the Soviet Union, 1949–Present*, Lanham, MD: Lexington Books, 2009, pp. 107–30.
Li Jie, 'Virtual Museums of Forbidden Memories: Hu Jie's Documentary Films on the Cultural Revolution', *Public Culture*, 21, no. 3 (Fall 2009), pp. 539–49.
Li Kwok-sing, *A Glossary of Political Terms of the People's Republic of China*, Hong Kong: Chinese University of Hong Kong Press, 1995.
Li Zhisui, *The Private Life of Chairman Mao: The Memoirs of Mao's Personal Physician*, New York: Random House, 1994. 〔李志綏『毛沢東の私生活』新庄哲夫訳, 文春文庫, 1994 年 /1996 年〕
Liang Heng and Judith Shapiro, *Son of the Revolution*, New York: Alfred A. Knopf, 1983.
Liao Yiwu, *God is Red: The Secret Story of How Christianity Survived and Flourished in Communist China*, New York: HarperCollins, 2011.
Ling, Ken, *The Revenge of Heaven*, New York: Ballantine, 1972.
Liu Guokai, *A Brief Analysis of the Cultural Revolution*, Armonk, NY: M. E. Sharpe, 1987.
Loh, Christine, *Underground Front: The Chinese Communist Party in Hong Kong*, Hong Kong: Hong Kong University Press, 2010.
Lü Xiuyuan, 'A Step toward Understanding Popular Violence in China's Cultural Revolution', *Pacific Affairs*, 67, no. 4 (Winter 1994–5), pp. 533–63.
Luo Bing, 'Mao Zedong fadong shejiao yundong dang'an jiemi' (Revelations from the archives on the launching of the Socialist Education Campaign by Mao Zedong), *Zhengming*, Feb. 2006, pp. 10–13.
Luo Ruiqing, *Commemorate the Victory over German Fascism! Carry the Struggle against U.S. Imperialism through to the End!*, Beijing: Foreign Languages Press, 1965.
Lüthi, Lorenz, 'The Vietnam War and China's Third-Line Defense Planning before the Cultural Revolution, 1964–1966', *Journal of Cold War Studies*, 10, no. 1 (Winter 2008), pp. 26–51.

*Communist Party Leader*, Boulder, CO: Westview Press, 1989.
Hunter, Neale, *Shanghai Journal: An Eyewitness Account of the Cultural Revolution*, New York: Praeger, 1969.
Ji Fengyuan, *Linguistic Engineering: Language and Politics in Mao's China*, Honolulu: University of Hawai'i Press, 2004.
Jiang Hongsheng, 'The Paris Commune in Shanghai: The Masses, the State, and Dynamics of "Continuous Revolution"', doctoral dissertation, Duke University, 2010.
Jin, Qiu, *The Culture of Power: The Lin Biao Incident in the Cultural Revolution*, Stanford: Stanford University Press, 1999.
Jong, Alice de, 'The Strange Story of Chairman Mao's Wonderful Gift', *China Information*, 9, no. 1 (Summer 1994), pp. 48–54.
Kang Zhengguo, *Confessions: An Innocent Life in Communist China*, New York: Norton, 2007.
Kao, Chen-yang, 'The Cultural Revolution and the Emergence of Pentecostal- style Protestantism in China', *Journal of Contemporary Religion*, 24, no. 2 (May 2009), pp. 171–88.
Kapitsa, Michael Stepanovitch, *Na raznykh parallelakh: Zapiski diplomata*, Moscow: Kniga i Biznes, 1996.
Kelliher, Daniel, *Peasant Power in China: The Era of Rural Reform, 1979–1989*, New Haven, CT: Yale University Press, 1992.
King, Richard (ed.), *Art in Turmoil: The Chinese Cultural Revolution, 1966–76*, Vancouver: University of British Columbia Press, 2010.
Kueh, Y. Y., 'Mao and Agriculture in China's Industrialization: Three Antitheses in a 50-Year Perspective', *China Quarterly*, no. 187 (Sept. 2006), pp. 700–23.
Lacouture, Jean, 'From the Vietnam War to an Indochina War', *Foreign Affairs*, July 1970, pp. 617–28.
Ladany, Laszlo, *The Communist Party of China and Marxism, 1921–1985: A Self-Portrait*, London: Hurst, 1988.
Laing, Ellen Johnston, *The Winking Owl: Art in the People's Republic of China*, Berkeley: University of California Press, 1988.
Lardy, Nicholas R., *Agriculture in China's Modern Economic Development*, Cambridge: Cambridge University Press, 1983.
Law Kam-yee (ed.), *The Cultural Revolution Reconsidered: Beyond a Purge and a Holocaust*, London: Macmillan, 2002.
Lee, Hong Yung, 'The Radical Students in Kwangtung during the Cultural Revolution', *China Quarterly*, no. 64 (Dec. 1975), pp. 645–83.
Lee, Joseph Tse-Hei, 'Watchman Nee and the Little Flock Movement in Maoist China',

Brill, 2008.
Gao Wenqian, *Zhou Enlai: The Last Perfect Revolutionary*, New York: PublicAffairs, 2007.
Gao Yuan, *Born Red: A Chronicle of the Cultural Revolution*, Stanford: Stanford University Press, 1987.
Garside, Roger, *Coming Alive: China after Mao*, London: Deutsch, 1981.
Gladney, Dru, *Muslim Chinese: Ethnic Nationalism in the People's Republic*, Cambridge, MA: Harvard University Press, 1996.
Goldstein, Lyle J., 'Return to Zhenbao Island: Who Started Shooting and Why It Matters', *China Quarterly*, no. 168 (Dec. 2001), pp. 985–97.
Gong Xiaoxia, 'Repressive Movements and the Politics of Victimization', doctoral dissertation, Harvard University, 1995.
Griffin, Nicholas, *Ping-Pong Diplomacy: The Secret History behind the Game that Changed the World*, New York: Scribner, 2014.
Guo Jian, Yongyi Song and Yuan Zhou (eds), *The A to Z of the Chinese Cultural Revolution*, Lanham, MD: Scarecrow Press, 2009.
Guo Xuezhi, *China's Security State: Philosophy, Evolution, and Politics*, Cambridge: Cambridge University Press, 2012.
Grey, Anthony, *Hostage in Peking*, London: Weidenfeld & Nicholson, 1988.
Halberstam, David, *The Coldest Winter: America and the Korean War*, London: Macmillan, 2008.
Hankiss, Elemér, 'The "Second Society": Is There an Alternative Social Model Emerging in Contemporary Hungary?', *Social Research*, 55, nos 1–2 (Spring 1988), pp. 13–42.
Hao Ping, 'Reassessing the Starting Point of the Cultural Revolution', *China Review International*, 3, no. 1 (Spring 1996), pp. 66–86.
Hoare, James, *Embassies in the East: The Story of the British Embassies in Japan, China and Korea from 1859 to the Present*, Richmond: Curzon Press, 1999.
Holm, David, 'The Strange Case of Liu Zhidan', *Australian Journal of Chinese Affairs*, no. 27 (Jan. 1992), pp. 77–96.
Honig, Emily, 'Socialist Sex: The Cultural Revolution Revisited', *Modern China*, 29, no. 2 (April 2003), pp. 143–75.
Howe, Christopher, 'Labour Organisation and Incentives in Industry before and after the Cultural Revolution', in Stuart Schram (ed.), *Authority, Participation and Cultural Change in China*, London: Contemporary China Institute, 1973, pp. 233–56.
Hua Linshan, *Les Années rouges*, Paris: Seuil, 1987.
Huang Shu-min, *The Spiral Road: Change in a Chinese Village through the Eyes of a*

Origins of Cultural Revolution Conflict in Nanjing', *China Journal*, no. 65 (Jan. 2011), pp. 1–25.

Dong Guoqiang and Andrew G. Walder, 'From Truce to Dictatorship: Creating a Revolutionary Committee in Jiangsu', *China Journal*, no. 68 (July 2012), pp. 1–31.

Dong Guoqiang and Andrew G. Walder, 'Local Politics in the Chinese Cultural Revolution: Nanjing under Military Control', *Journal of Asian Studies*, 70, no. 2 (May 2011), pp. 425–47.

Dong Guoqiang and Andrew G. Walder, 'Nanjing's "Second Cultural Revolution" of 1974', *China Quarterly*, no. 212 (Dec. 2012), pp. 893–918.

Dunn, Walter S., *The Soviet Economy and the Red Army, 1930–1945*, Westport, CT: Greenwood, 1995.

Dutton, Michael, 'Mango Mao: Infections of the Sacred', *Public Culture*, 16, no. 2 (Spring 2004), pp. 161–87.

Esherick, Joseph W., Paul G. Pickowicz and Andrew G. Walder, *China's Cultural Revolution as History*, Stanford: Stanford University Press, 2006.

Faligot, Roger and Rémi Kauffer, *The Chinese Secret Service*, New York: Morrow, 1989.

Fan Ka Wai, 'Epidemic Cerebrospinal Meningitis during the Cultural Revolution', *Extrême-Orient, Extrême-Occident*, 37 (Sept. 2014), pp. 197–232.

Fang Xiaoping, *Barefoot Doctors and Western Medicine in China*, New York: University of Rochester Press, 2012.

Fenby, Jonathan, *Modern China: The Fall and Rise of a Great Power, 1850 to the Present*, New York: Ecco, 2008.

Feng Jicai, *Ten Years of Madness: Oral Histories of China's Cultural Revolution*, San Francisco: China Books, 1996.

Figes, Orlando, *The Whisperers: Private Life in Stalin's Russia*, New York: Picador, 2007.

Finnane, Antonia, *Changing Clothes in China: Fashion, History, Nation*, New York: Columbia University Press, 2008.

Fitzpatrick, Sheila (ed.), *Cultural Revolution in Russia, 1928–1931*, Bloomington: Indiana University Press, 1978.

Fokkema, Douwe W., *Report from Peking: Observations of a Western Diplomat on the Cultural Revolution*, London: Hurst, 1972.

Forster, Keith, *Rebellion and Factionalism in a Chinese Province: Zhejiang, 1966–1976*, Armonk, NY: M. E. Sharpe, 1990.

Friedman, Edward, Paul G. Pickowicz and Mark Selden, *Revolution, Resistance and Reform in Village China*, New Haven, CT: Yale University Press, 2005.

Gamsa, Mark, *The Chinese Translation of Russian Literature: Three Studies*, Leiden:

*War: Conflict between China, Vietnam and Cambodia, 1972–79*, London: Routledge, 2006, pp. 33–64.
Chen Ruoxi, *The Execution of Mayor Yin and Other Stories from the Great Proletarian Cultural Revolution*, revised edn, Bloomington: Indiana University Press, 2004.
Cheng, Nien, *Life and Death in Shanghai*, New York: Penguin Books, 2008.
Cheng, Tiejun and Mark Selden, 'The Construction of Spatial Hierarchies: China's *hukou* and *danwei* Systems', in Timothy Cheek and Tony Saich (eds), *New Perspectives on State Socialism in China*, Armonk, NY: M. E. Sharpe, 1997, pp. 23–50.
Cheng Yinghong, *Creating the 'New Man': From Enlightenment Ideals to Socialist Realities*, Honolulu: University of Hawai'i Press, 2009.
Cheung, Gary, *Hong Kong's Watershed: The 1967 Riots*, Hong Kong: Hong Kong University Press, 2009.
*Chinese Propaganda Posters: From the Collection of Michael Wolf*, Cologne: Taschen, 2003.
Clark, Paul, *The Chinese Cultural Revolution: A History*, Cambridge: Cambridge University Press, 2008.
Cohen, Arthur A., *The Communism of Mao Tse-tung*, Chicago: University of Chicago Press, 1964.
Cook, Alexander C. (ed.), *The Little Red Book: A Global History*, Cambridge: Cambridge University Press, 2014.
Cooper, John, *Colony in Conflict: The Hong Kong Disturbances, May 1967–January 1968*, Hong Kong: Swindon, 1970.
Cradock, Percy, *Experiences of China*, London: John Murray, 1994.
Diamant, Neil J., *Embattled Glory: Veterans, Military Families, and the Politics of Patriotism in China, 1949–2007*, Lanham, MD: Rowman & Littlefield, 2009.
Dikötter, Frank, *China before Mao: The Age of Openness*, Berkeley: University of California Press, 2008.
Dikötter, Frank, *Exotic Commodities: Modern Objects and Everyday Life in China*, New York: Columbia University Press, 2006.
Dikötter, Frank, *Mao's Great Famine: The History of China's Most Devastating Catastrophe, 1958–1962*, London: Bloomsbury, 2010. 〔フランク・ディケーター『毛沢東の大飢饉：史上最も悲惨で破壊的な人災 1958－1962』中川治子訳，草思社，2011/2019 年〕
Dikötter, Frank, *The Tragedy of Liberation: A History of the Chinese Revolution, 1945–1957*, London: Bloomsbury, 2013.
Domenach, Jean-Luc, *L'Archipel oublié*, Paris: Fayard, 1992.
Dong Guoqiang and Andrew G. Walder, 'Factions in a Bureaucratic Setting: The

Boterbloem, Kees, *The Life and Times of Andrei Zhdanov, 1896–1948*, Montreal: McGill-Queen's Press, 2004.

Bramall, Chris, 'Origins of the Agricultural "Miracle": Some Evidence from Sichuan', *China Quarterly*, no. 143 (Sept. 1995), pp. 731–55.

Brown, Jeremy, 'Burning the Grassroots: Chen Boda and the Four Cleanups in Suburban Tianjin', *Copenhagen Journal of Asian Studies*, 26, no. 1 (2008), pp. 50–69.

Bubenin, Vitaly, *Krovavyĭ Sneg Damanskogo: Sobytiia 1966–1969 gg.*, Moscow: Granitsa, 2004.

Bundy, William, *A Tangled Web: The Making of Foreign Policy in the Nixon Presidency*, New York: Hill & Wang, 1998.

Burr, William (ed.), *The Kissinger Transcripts: The Top-Secret Talks with Beijing and Moscow*, New York: The New Press, 1999.

Byron, John and Robert Pack, *The Claws of the Dragon: Kang Sheng, the Evil Genius behind Mao and his Legacy of Terror in People's China*, New York: Simon & Schuster, 1992.

Chan, Anita, 'Dispelling Misconceptions about the Red Guard Movement: The Necessity to Re-Examine Cultural Revolution Factionalism and Periodization', *Journal of Contemporary China*, 1, no. 1 (Sept. 1992), pp. 61–85.

Chan, Anita, 'Self-Deception as a Survival Technique: The Case of Yue Daiyun, *To the Storm–The Odyssey of a Revolutionary Chinese Woman*', *Australian Journal of Chinese Affairs*, nos 19–20 (Jan.–July 1988), pp. 345–58.

Chan, Anita, Stanley Rosen and Jonathan Unger, 'Students and Class Warfare: The Social Roots of the Red Guard Conflict in Guangzhou (Canton)', *China Quarterly*, no. 83 (Sept. 1980), pp. 397–446.

Chang Jung, *Wild Swans: Three Daughters of China*, Clearwater, FL: Touchstone, 2003. 〔ユン・チアン『ワイルド・スワン』土屋京子訳，講談社，1993 年 /2017 年〕

Chang Jung and Jon Halliday, *Mao: The Unknown Story*, London: Jonathan Cape, 2005. 〔ユン・チアン，ジョン・ハリデイ『マオ：誰も知らなかった毛沢東』土屋京子訳，講談社，2005 年〕

Chang, Tony H., *China during the Cultural Revolution, 1966–1976: A Selected Bibliography of English Language Works*, Westport, CT: Greenwood, 1999.

Cheek, Timothy, *Propaganda and Culture in Mao's China: Deng Tuo and the Intelligentsia*, Oxford: Oxford University Press, 1997.

Chen, Jack, *Inside the Cultural Revolution*, London: Sheldon, 1976.

Chen Jian, *Mao's China and the Cold War*, Chapel Hill: University of North Carolina Press, 2001.

Chen Jian, 'China, the Vietnam War and the Sino-American Rapprochement, 1968–1973', in Odd Arne Westad and Sophie Quinn-Judge (eds), *The Third Indochina*

B127　上海市労働局
B134　上海市紡績工業局
B163　上海市軽工業局
B167　上海市出版局
B168　上海市民政局
B172　上海市文化局
B173　上海市機電工業管理局
B182　上海市工商行管理局
B227　上海市革命委員会労働工資組
B228　上海市人民政府知識青年上山下郷弁公室
B244　上海市教育衛生弁公室
B246　上海市人民政府経済委員会
B248　上海市人民政府財政貿易弁公室
B250　上海市農業員会

## 刊行物


Ahn, Byungjoon, *Chinese Politics and the Cultural Revolution: Dynamics of Policy Processes*, Seattle: University of Washington Press, 1976.

Andrews, Julia F., *Painters and Politics in the People's Republic of China, 1949–1979*, Berkeley: University of California Press, 1994.

Andrieu, Jacques, 'Les gardes rouges: Des rebelles sous influence', *Cultures et Conflits*, no. 18 (Summer 1995), pp. 2–25.

Andrieu, Jacques, 'Mais que se sont donc dit Mao et Malraux? Aux sources du maoïsme occidental', *Perspectives chinoises*, no. 37 (Sept. 1996), pp. 50–63.

Baehr, Peter, 'China the Anomaly: Hannah Arendt, Totalitarianism, and the Maoist Regime', *European Journal of Political Theory*, 9, no. 3 (July 2010), pp. 267–86.

Barcata, Louis, *China in the Throes of the Cultural Revolution: An Eye Witness Report,* New York: Hart Publishing, 1968.

Barnouin, Barbara and Yu Changgen, *Ten Years of Turbulence: The Chinese Cultural Revolution*, London: Kegan Paul International, 1993.

Barnouin, Barbara and Yu Changgen, *Zhou Enlai: A Political Life*, Hong Kong: Chinese University of Hong Kong Press, 2009.

Bickers, Robert and Ray Yep (eds), *May Days in Hong Kong: Riot and Emergency in 1967*, Hong Kong: Hong Kong University Press, 2009.

Black, George and Robin Munro, *Black Hands of Beijing: Lives of Defiance in China's Democracy Movement*, London: Wiley, 1993.

Bonnin, Michel, *The Lost Generation: The Rustication of China's Educated Youth (1968–1980)*, Hong Kong: Chinese University of Hong Kong Press, 2013.

A47　山東省革命委員会
A103 山東省統計局
A108 山東省経済委員会
A131 山東省糧食庁
A147 山東省信訪局

**四川省檔案館，成都**
JC1　中共四川省委

**浙江省檔案館，杭州**
J116　浙江省農業庁

## 市の公文書

**南京市檔案館，江蘇省南京市**
4003　南京市委
5003　南京市人民政府
5013　南京市労働局
5020　南京市経済委員会
5023　南京市統計局
5028　南京市軽工業局
6001　南京市総工会

**上海市檔案館，上海市**
A36　上海市委工業政治部
A38　上海市委工業生産委員会
B1　上海市人民政府
B3　上海市人民委員会文教弁公室
B6　上海市人民委員会財糧貿弁公室
B45　上海市農業庁
B50　上海市人委機関事務管理局
B74　上海市民兵指揮部
B92　上海市人民広播電台
B98　上海市第二商業局
B104 上海市財政局
B105 上海市教育局
B109 上海市物資局
B120 上海市人民防空弁空室
B123 上海市第一商業局

997　河北省糧食庁
999　河北省商業庁

湖北省檔案館，武漢
SZ1　中共湖北省委員会
SZ29　湖北省総工会
SZ34　湖北省人民委員会
SZ75　湖北省糧食庁
SZ81　湖北省商業庁
SZ90　湖北省工業庁
SZ107　湖北省農業庁
SZ115　湖北省衛生庁
SZ139　湖北省革命委員会

湖南省檔案館，長沙
146　中共湖南省委農場工作部
163　湖南省人民委員会
182　湖南省労働局
194　湖南省糧食局

江蘇省檔案館，南京
4007　江蘇省民政庁
4013　江蘇省教育庁
4016　江蘇省文化庁
4018　江蘇省衛生庁
4028　江蘇省建設庁
4060　江蘇省糧食庁

陝西省檔案館，西安
123　中共陝西省委
144　陝西省交通庁
194　陝西省農業庁
215　陝西省商業庁

山東省檔案館，済南
A1　中共山東省委
A27　山東省文化局
A29　山東省教育庁

# 参考文献

## 公文書

### 中文以外の檔案

歴史檔案館（PRO）　公文書館，香港
英国国立文書館（PRO）　ロンドン

### 省の公文書

**甘粛省檔案館，蘭州**

91　中共甘粛省委
93　中共甘粛省委宣伝部
96　中共甘粛省委農場工作部
129　甘粛省革命委員会
144　甘粛省計画委員会
180　甘粛省糧食庁
192　甘粛省商業庁

**広東省檔案館，広州**

217　広東省農場部
231　広東省総工会
235　広東省人民委員会
253　広東省計画委員会
314　広東省教育庁

**河北省檔案館，石家荘**

879　中共河北省委農場工作部
919　河北省革命委員会
921　河北省革命生産指揮部
925　河北省農業生産委員会
926　河北省財政貿易委員会
940　河北省計画委員会
942　河北省統計局
979　河北省農業庁

## ら　行

## ま　行



## や　行

## は　行

## な　行

## た 行

## さ　行

## か　行

# 索引（上下巻）

## あ　行

### 著者

## フランク・ディケーター（FRANK DIKÖTTER）

フランク・ディケーターは、香港大学人文学院講座教授。檔案館（党公文書館）資料を利用した研究の先駆者で、名著 *The Discourse of Race in Modern China*（1992）、サミュエル・ジョンソン賞受賞作 *Mao's Great Famine*（2010）（『毛沢東の大飢饉』（2011年、草思社））、最新著書 *The Tragedy of Liberation*（2013）をはじめとする10冊の著書は、歴史学者の中国に対する見方や認識を変えた。既婚、香港在住。

### 監訳

## 谷川真一（たにがわ・しんいち）

スタンフォード大学大学院社会学研究科博士課程修了（Ph.D.）。現在、神戸大学大学院国際文化学研究科教授。専門は現代中国の政治と社会、国際関係。主な著書・論文に、『中国文化大革命のダイナミクス』（御茶ノ水書房、2011年）、"The Policy of the Military 'Supporting the Left' and the Spread of Factional Warfare in China's Countryside: Shaanxi, 1967-1968," *Modern China* 44 (Jan. 2018), pp. 35-67、訳書に、アンドリュー・ウォルダー『毛沢東時代の中国——脱線した革命』（ミネルヴァ書房、近刊）がある。

### 訳者

## 今西康子（いまにし・やすこ）

神奈川県生まれ。訳書に、ジョセフ・ヘンリック『文化がヒトを進化させた』（白揚社）、ジャスティン・シュミット『蟻と蜂に刺されてみた』（白揚社）、カール・ジンマー『ウイルス・プラネット』（飛鳥新社）、エイミィ・ステュワート『ミミズの話』（飛鳥新社）、キャロル・S・ドゥエック『マインドセット』（草思社）、アンドリュー・パーカー『眼の誕生』（共訳、草思社）、エドワード・ホフマン『カバラー心理学』（共訳、人文書院）など。

# 文化大革命　下
## 人民の歴史　1962－1976

二〇二〇年二月二九日　初版第一刷発行
二〇二〇年六月二〇日　初版第二刷発行

著　者　フランク・ディケーター
監訳者　谷川真一
訳　者　今西康子
発行者　渡辺博史
発行所　人文書院
〒六一二－八四四七
京都市伏見区竹田西内畑町九
電話〇七五・六〇三・一三四四
振替〇一〇〇〇－八－一一〇三
装　幀　濱崎実幸
印刷所　モリモト印刷株式会社

落丁・乱丁本は小社送料負担にてお取り替えいたします

ISBN978-4-409-51083-4 C1022